범죄국가, 북한 그리고 미국

범죄국가,
북한
그리고
미국

개번 맥코맥 지음 | 박성준 옮김

★ ★ ★ ★ ★ ★ ★ ★ 이카루스미디어 ★ ★ ★ ★ ★ ★ ★ ★
ICARUS MEDIA

| 차례 |

한국어판 서문

이 책은 2004년 미국과 호주에서 출판되었고, 이듬해 일본어 번역판이 나왔다. 나는 올해, 한국어판이 얼마간 확대·증보된 내용으로 나오게 된 것을 기쁘게 생각한다.

나는 한편으로는, 이 책이 처음 영어와 일본어로 나온 이후로 한반도에서 전쟁 가능성이 사라진 것을 반갑게 여기지만, 다른 한편으로는 그 뒤 북한이 핵 무장 국가임을 선언함에 따라 책의 출판이 사태 진전에 아무런 도움도 주지 못하게 된 것을 유감으로 생각한다. 21세기 세계 질서의 충격적인 역설은 안보를 확보하는 데 핵무기만한 것이 없다는 사실이다. 북한은 핵무기를 보유하고 있을지도 모르지만 이란은 핵무기를 보유하지 못하고 있으며, 정확히 핵무기가 없다는 사실 때문에 취약함을 면치 못하고 있다.

미국의 군사력은 어마어마한 규모로 성장했고 또한 그만큼 파괴적이다. 아프가니스탄과 이라크 사례는 미국의 군사력이 전쟁의 상처를 치유하고, 뭔가를 이루어 내거나 영감을 불어넣는 힘과는 어울리지 않는다는 비극적 사실에 대해 무언의 증언을 하고 있다. 2003년부터 2005년까지 열린 베이징 6자회담, 특히 미국이 극도로 주저하며 하는 수 없이 서명했던 2005년 9월19일의 합의는, 동북아에서 미국의 군사력과 영향력이 쇠퇴하고 있음을 부각시키는 데 기여했다. 이 책에 새로이 추가된 장은 미국이 그 뒤 대북 정책의 기조를, 이미 해결 방안에 대한 대강의 윤곽이 그려진 핵 이슈로부터, 해결 방안이 좀 더 난해한 것이 틀림없는 범죄와 인권 문제로 옮아가려는 시도를 분석하고 있다.

북한은 터무니없고 정신 나간 듯 보이며, 여러 측면에서 이는 실제에 가깝다. 그러나 지속적인 핵 협박에서 벗어나고 싶다는 간절한 바람은 이미 오래 전에 들어주어야만 했다. 또 핵 프로그램의 포기에 대한 대가로서 '정상화' (제재의 중단, 미국·일본과의 외교 및 경제 관계 수립, 그리고 안전 보장)가 불합리한 것만도 아니다. 타협은 1990년대에 가능했었다. 그리고 오늘날에도 여전히 가능해야 할 것이다. 6자 회담 방식은 이를 실현하기 위한 최선의 기회를 제공하고 있다.

이 책이 완성되고 난 뒤, 미국이 북한에 대한, 특히 그 지도자 김정일에 대한 혐오감을 공공연히 표현하고 있을 때인 지난 2004년 5월, 일본의 고이즈미 총리는 2차 평양 방문을 단행했다. 그는 일본과 북한간의 비정상적 관계가 정상화되고, 적대 관계가 우호 관계로, 대결이 협력으로 바뀌기 위해서는 상호 신뢰 회복이 필요함을 피력했다('日朝間の不正常な關係を正常化し, 敵對關係を友好關係に, 對立關係を協力關係に変えること'를 위한 '日朝間の信賴關係の回復'). 또 귀국 길에서 김정일을 "온화하고 쾌활하며, 농담도 잘하고, 머리 회전도 빠르다"고 평했다('穩やかで快活, 冗談も飛ばす', '頭の展開早い人', 「아사히신문」, 2004년 5월28일 자). 거의 모든 다른 분야에서 조지 부시

와 잘 맞았지만, 이 부분만큼은 미국 대통령이나 그의 최측근 보좌관들과도 견해를 달리하고 있었다. 하지만 이같은 견해는 김정일을 만나 얘기해본 사람들 공통의 견해인 것처럼 보인다.

고이즈미는 김정일이 한반도 비핵화에 대해 협상할 의향이 있으며, 이를 실현하기 위해 부시 대통령과 실질적이고 직접적인 협상을 바란다고 전했다. 부시 대통령에게 북한 지도자를 만나보라는 고이즈미의 간곡한 제의는, 심지어 그가 부시 대통령을 만나, 김정일이 대통령과 어울려 "목이 쉬도록 함께 노래 불러보고 싶다"고까지 말했다고(「아사히신문」, 2004년 6월22일 자) 전했을 때에도 쇠귀에 경 읽기였다. 이후 고이즈미는 자신의 남은 임기(2006년 9월까지) 안에 북한과의 관계 정상화를 위해 가능한 모든 일을 다 하겠다고 다짐했다. 그러나 강력한 정치적 반대, 심지어 최측근까지 반대하자 그는 북한과의 관계 정상화라는 의제를 밀어붙일 자신을 잃었다.

최근 몇 년간 북한 관계 책이 쏟아져 나왔다. 이 책은 무엇이 다르냐고 묻는다면, 나는 나의 문제의식, 일본말로 '몬다이 이시키'를 다음과 같이 말해보고자 한다.

첫째, 이른바 '북한 문제'는 원리주의나 악, 무법·범죄 국가 등의 도덕적 관점으로는 이해될 수 없으며, 오직 장기간의 역사라는 렌즈를 통해서만 이해할 수 있다.

둘째, 핵무기는 문제의 징후이지, 문제의 본질이 아니다.

셋째, 북한의 세계에 대한 메시지는, 그것이 아무리 소름끼치고 이상해보여도, 일말의 도덕적 진실을 내포하고 있다.

넷째, 북한의 정치·사회적 실제는 글로벌 스탠더드와는 동떨어져 있다. 하지만 '정권 교체'를 초래하려는 식의 외부 간섭은 사태를 개선하는 방법이 아니라, 정확히 그 반대가 될 공산이 높다.

다섯째, '북한 문제'는 '미국 문제'와 동일선상에서 논의될 수 있다. 이 책에서 새롭게 추가된 장은 국가간, 특히 무법적인 초강대국과 무법적인 미니 국가간 범죄성 수준문제에 답하려 한다.

여섯째, 이른바 '북한 문제'는 '서울이 그 중심'일 때에만 비로소 풀릴 가능성이 있다. 한국이 군사 독재에서 시민 민주주의의 꽃을 피웠듯이 북한도 오직 자국민의 노력과 희생을 통해서만, 그리고 워싱턴이나 도쿄의 압력에도 불구하고, 북한은 한국과 긴밀한 접촉을 유지하고, 바로 이를 통해서만 유사한 체제 전환을 이룰 수 있을 것이다.

일곱째, 한국은, 통일이 되든 아니면 일정한 과도기적 연방 형태가 되든, 새롭게 떠오르는 동아시아 공동체의 결정적인 중심이 될 것이며, 바로 이런 공동체는 점진적으로 스스로의 안보를 책임지며, 세계 체제 안에서 스스로의 정체성과 역할을 발전 시켜 나갈 것이다.

여덟째, '아시안'이냐 '비아시안'이냐의 정체성을 둘러싼 일본의 정신 분열, 그리고 무슨 일이 있어도 미국과의 동맹 관계에 집착하려는 태도는 동북아 공동체의 건설 과정에 중대한 정치 · 외교적 역할을 맡을 수 있는 일본 자신의 능력을 막고 있다. 이른바 '북한 문제'와 더불어, 일본 현대사의 이같은 핵심적인 딜레마를 풀지 못하는 일본의 무능력은 동북아의 불안정을 가져오는 심각한 원인이다.

끝으로 모든 한국 독자들에게 따뜻한 인사말을 전하고 싶다. 그리고 역자에게 진심으로 감사의 말을 전하고자 한다. 그의 대단한 노고가 없었다면, 이 한글판은 결코 가능하지 않았을 것이다.

2006년 6월 25일

개번 맥코맥

범죄 국가들, 소프라노 vs 바리톤

| 1 | 범죄 국가

······오늘날 세계에서 국가 경제 전략과 대외 정책의 핵심 부분으로 범죄행위를 지휘하는 데 직접 간여하는 것으로 확인되는 유일한 정부이다.······ 북한은 본질적으로 '소프라노 국가', 즉 그 행위와 태도 및 제휴가 갈수록 정상 국가라기보다는 조직화된 범죄 가문을 닮아가는 노동당 리더십에 의해 지도받는 국가가 되었다.

2005년 9월부터 미국은 북한을 '범죄 국가' 또는 '소프라노 국가'라고 비난하며, 북한에 대한 주된 관심의 초점을 핵무기로부터 범죄와 인권으로 옮겼다.

2005년 11월 위의 글을 쓴 이는 부시 정부의 북한 실무 그룹 조정관이었던 데이비드 애셔 David Asher로서, 나는 이 국가 범죄행위에 대한 언급을 좀 더 자세히 뜯어보고자 한다. 현재 국가 책임에 대한 명확한 증거도 별로 없이, 다양한 종류의 범죄행위가 북한 탓으로 돌려지고 있다. 지금까지는 이처럼 미국의 조직범죄를 소재로 한 인기 시리즈물에서 유래한 '소프라노'라는 라벨을 붙여 북한의 범죄성을 가지고 말장난을 삼은 경우는 거의 없었다. 나는 우리가 하나는 작고 보잘 것 없는 국가이며, 다른 하나는 세계의 초강대국인 두 범죄 정권 사이의 대립을 목도하고 있다고 말하고 싶다. 공생 관계로 묶인 두 나라는 법과 핵 개념에 대한 주의가 부족하거나, 이를 경멸한다. 핵 비확산 레짐이 누더기가 된 채 핵 시대 개막 61주년을 맞는 이 때, 이들 두 정권 사이에 이미 수십 년 전 해결을 봤어야 할 쟁점을 둘러싼 대립은 동아시아 지역 전체를 불안에 빠뜨리고 있는 문제이자 계속되어서는 안 될 문제이기도 하다.

| 2 | 전망 – 핵의 정치학과 이중 기준

적대 관계의 핵심은 오랫동안 핵과 관련된 것이었다. 국가의 핵 범죄행위는 국제법 또는 (1970년 이후 법전화한 핵 비확산조약과 같은) 각종 조약의 의무 조항에 대한 도전 행위, 특히 핵무기의 생산,

실험, 거래, 저장 또는 사용과 관계되어 있다. 미국은 지난 2000년 '핵병기의 철폐'를 '명료한 책임'이라고 재확인한, 이 조약 제6조상의 의무 조항을 분명히 위반하고 있으면서도 다른 핵 국가(영국 러시아 프랑스 중국)와 더불어 다른 비핵 국가를 무시하고 있다. 미국은 불법적인 특전을 고집하고 있을 뿐만 아니라, 자신의 핵 병기고를 보존·확대·'개량'하고 있으며, 그것을 비핵 국가를 포함한 다른 나라를 위협하는 데 사용하고 있다.

지난 반세기 이상 미국에 의한 핵 협박을 돌아볼 때, 북한으로서는 아무리 욕을 얻어먹을 만한 일이라 해도 '핵으로 가려는' 결정이 비논리적이거나 이해 못할 바가 아니다. 게다가 합법성의 문제는 일반적으로 생각하는 것보다 훨씬 더 복잡하다. 한국전쟁 기간, 맥아더와 릿지웨이 사령관, 트루먼과 아이젠하워 대통령, 그리고 미국의 합동참모회의는 모두 한두 번씩은 북한을 핵 공격하려다 소련의 보복이 예상됨에 따라 이를 겨우 참았다. 그 뒤 냉전 시대 전 기간에 걸쳐, 미국은 1953년의 정전협정을 위반하고 즉각적인 배치와 사용이 가능한 핵무기를 남한에 보관하고 있었다. 심지어 핵무기를 철수한 이후에도, 북한 지역의 대부분은 남한의 고집에 따라, 미국의 해군 및 공군 핵 전투 체계의 표적으로 남아 있다. 미국의 적대행위는 여러 차례 재론되었으며, 한국전쟁의 적대 관계는 여전히 1953년의 깨지기 쉬운 정전에 의해 겨우 중지되어 있는 상태이다.

명백한 핵 협박 대상으로서 수십 년에 걸친 고통스런 경험은, 북한에 자신의 안보는 다른 초강대국과 마찬가지로, 스스로 핵보유국이 되어 그 같은 지위에 수반되는 견고함을 확보하거나, 아니면 가상 또는 실제 핵 프로그램을 핵 위협 또는 비핵 위협으로부터 안전을 지키는 협상 도구로 이용함으로써 성취될 수 있다는 사실을 일깨웠다. 북한이 지난 1994년부터 2002년까지 동결했던 핵 프로그램(영변 원자로의 핵폐기물에 기반 함)의 내용이 무엇이든, 합법성의 문제 또한 마찬가지다. 그렇지 않을 경우 합법성 문제는 1994년 이전으로 거슬러 올라가거나, 이 문제가 기본 합의에 의해 근본적으로 해결을 본 상태이긴 하지만, 2002년 이후로 내려가야만 할 것이다. 2003년, 핵무기가 없었던(사실상 다른 분야 무기 수준도 별 볼일 없었던) 이라크에 대한 미국의 침공은 정교한 거짓 선전과 왜곡된 정보에 의해 정당화되었다. 이는 한편으로는 북한에게 실제 핵무기를 갖고 있는지 여부와 상관없이, 그것을 가지고 있다고 세계를 믿게 해야만 한다는 교훈을 더 절실하게 만들었다. 핵 정치학의 비뚤어진 논리에선 모든 인간이 불안을 느끼며 어떤 국가도 안전할 수 없다.

2005년 5월, 비확산조약(NPT) 검토회의가 실패로 끝났을 때, 그것은 재앙이자 충격이었지만 놀랄 일은 아니었다. 이에 대한 책임은 위선으로 체제 자체를 불신하게 만든 기존의 핵 국가들과, 초강대국의 논리로 스스로를 정당화하려는 핵 국가클럽에 들지 않은 (북한을 포함한) 아웃사이더들이 공유하고 있다. 여기서 초강대국 논리란 핵이 없으면, 안전도 없다는 것이다. 지미 카터는 이를 다음과 같이 요약하고 있다. "미국은 NPT를 잠식시킨 주범이다. 미국은 한편으로론 이라크 리비아 이란, 그리고 북한의 핵확산 위협으로부터 세계를 지켜야한다고 주장하면서……또한 과거의 약속을 저버리고, 현재에는 비핵 국가들에게 대해서까지 핵무기 선제 사용을 위협하고 있다."

미국은 NPT 가입을 거부하고, 핵비확산 발상에 코웃음 치는 우방(이스라엘)의 거대한 핵 병기고 비밀 축적분에 대해서는 까막눈이며, 인도에 대한 30년간의 민간 핵기술 금수 조처를 해제했다. NPT 비서명국과의 민간 핵기술 협력이 NPT의 핵심 부분을 위반하는 것임에도, 인도가 '선진 핵기술을 가진 책임성 있는 국가'라는 이유에서였다.

미국은 NPT 질서에 대한 전복 행위를 일삼으면서도, 북한에 대해선 먼저 무장해제할 것을 고집하고 있다. 또한 미국은 지난 2003년 3월에는 이라크가 핵무기를 생산하고 있다는, 교묘하게 꾸민 거짓 정보를 근거로 이라크에 대해 파괴적인 전쟁을 일으켰으며 핵탄두 1만개 가량(이중 2천 개는 유사시 즉각 작동할 수 있는 초고도 경계 상태에 있다)의 핵병기고를 유지하고 있다. 게다가 미국은 수세기간 지속될 수 있는 최악의 오염을 퍼트리는 열화우라늄을 장착한 폭탄을 배치하고, 반탄도미사일조약(ABM)을 탈퇴했으며, 포괄적 핵실험금지조약(CTBT)을 반대하고 있다. 게다가 '낮은 파괴력'을 가진 차세대 미니뉴크의 개발에 온갖 노력을 다하면서 핵 헤게모니를 지구를 벗어나 우주로까지 확대할 것이 분명하다. 미국의 핵 시스템을 관리했던 로버트 맥나마라(케네디 정부 때의 미국 국방장관)는 2005년 3월, 미국의 핵 헤게모니를 '부도덕하고, 불법적이며, 군사적으로 불필요하고, 치명적으로 위험한 것'이라고 표현했다. 북한 측의 그 어떤 핵 범죄 행위도 미국의 그것과는 거의 비교가 안 될 정도다.

그렇다면 북한의 범죄행위는 실제 어떻게 구성될 수 있는가? 1994년부터 2002년 12월까지 북한은 흑연감속로의 운전 중단, 플루토늄 폐기물에 대한 국제 감시의 측면에서 '기본 합의 the Agreed Framework' 하의 의무 조항들을 지켰다. 이 점에 대해선 이론이 없다. 하지만 2002년 10월, 미국은 북한을 제2의 은밀한 경로를 통한 우라늄 기반 핵 프로그램을 갖고 있다고 고발했다. 북한이 이를 부인하자, 미국은 기본 합의상의 의무 이행을 중지했고, 이에 따라 북한이 NPT를 탈퇴하면서 현재의 위기 국면이 시작된 것이다. 비밀 핵 프로그램에 대한 미국 측 주장은 북한 측 배신행위에 대한 주장의 핵심을 이룬다. 과연 그렇다면 미국 측의 주장은 믿을만한 것인가?

미국의 일급 북한 전문가 셀릭 해리슨 Selig Harrison은 지난 2005년 미국 외교 전문지 「포린 어페어즈 Foreign Affairs」에서, 미 당국의 주장은 증거가 결정적이지 못하며, 오히려 '최악의 시나리오'에 교묘하게 치우친 것이라고 주장했다. 미국 주요 동맹국들도 회의적이었다. 미국 측 주장이 나온 뒤 2년간, 미국의 고위 관계자가(증거 수집을 위해) 동아시아 각국의 수도에 파견되었으나, 이상하게도 성공적이지 못했다. 중국 외교부장 리자오싱과 한국의 국가정보원장은 우라늄 농축 프로그램을 확신할 수 없다고 밝혔다. '좋은 동맹' 소리를 들으려면 한국은 미국의 주장을 액면 그대로 믿어야만 했지만, 이는 한국 관리들의 회의적 시각을 더욱 더 깊게만 했을 수 있다.

2005년 말, 우리는 파키스탄으로부터 A.Q 칸(파키스탄 핵 개발의 아버지) 네트워크가 북한에 원심분리기(우라늄 농축의 핵심 설비)를 제공했다는 사실을 알게 됐다. 하지만 제공된 원심분리기는 무기급 우라늄을 생산하는 데 필요한 수천 개가 아니라, 고작 12개의 기본형이었을 뿐이다. 원심분리기 12개가 위험하다면 얼마나 위험할까? 미국 국방 정보평가국(NIE)에 따르면, 이란은 2006년 초, 원심분리기 1백64개를 갖고 있는 것으로 추정되고 있다. 이는 최소 10년 또는 그 이상 순조롭게 가동될 경우, 겨우 핵탄두 한 개를 제조하는 데 필요한 농축우라늄을 생산할 수 있는 규모였다. 우리는 북한이 러시아와 독일로부터 핵 관련 물질을 구입하려다 실패한 사실을 잘 알고는 있지만, 얼마든지 다른 데에서 다른 물질을 구입했을 수도 있다. 그러나 12개의 원심 분리기가 인간에 대한 중대하고 즉각적인 위협이 될 수 있는가에 대해서는 심히 의심스럽다. 미국 정보 당국조차 최근에는, 북한이 무기급의 고농축우라늄(HEU)을 생산하려면 '아무리 빨라도 2010년 말'이나 되어야 할 것으로 평가하고 있다. 핵 비확산 조약상 의무 조항에 도전하여 고농축 프로그램을 추구하는 범죄행위가 벌어지고 있을 가능성은 있다. 하지만 검증되지는 않았다.

더욱이, 에너지 발전용 저준위 농축은 NPT상의 합법적인 권리이다. 미국은 북한의 권리에 대한 취소를 요구하면서, 정작 저준위(합법적)와 고준위(불법적)간의 명확한 구분에 대해서는 얼버무리고 있다. 이같은 모든 것에 우선하는 요구는 법적 근거가 없다. 결국 '있을 법하지 않은 일'이 한번도 만족스럽게 밝혀진 바 없는 핵 범죄 행위를 미국이 비난하면서, 과거 8년간 엄격한 국제 감독 하에 북한의 흑연감속로와 핵폐기물을 동결시켜왔던 기본 합의는 파기되었고, 북한도 더 이상 제지를 받지 않고 무기 프로그램을 재개하게끔 상황이 전개된 것이다. 확실히 북한은 불순한 생각을 품고 핵무기를 열망해왔을 것이다. 그러나 북한이 불성실하고 신뢰할 수 없으며, 범죄적이라고 판단하는 근거로서 우라늄 농축 이야기는 신뢰성이 현저히 떨어진다.

NPT 탈퇴 이후 북한은 3년 이상 플루토늄 기반 핵무기 프로그램을 추진해왔다. 그것이 이제는 더 이상 지킬 필요가 없어진, 그래서 기술적으로는 비확산 조약에 대한 위반 행위가 아닐 수도 있다. 그렇다고 해도 이는 국제 사회에 대한 모욕이요, 1992년의 남북한 합의(비핵화 선언을 뜻함)와 2002년 9월 일본과의 공동 선언(비핵화 원칙의 재확인)에 대한 위반임은 분명하다.

| 3 | 베이징 구상

기본 합의의 붕괴와 북한의 NPT 탈퇴 이후, 핵 이슈는 동북아 국가와 미국을 사로잡았다. 그리고 중국은 2003년부터 해결을 중재하려는 뜻에서 '6자회담'을 주최하면서 중요한 역할을 하기 시작했다.

회담은 2년 동안 교착 상태였다. '회담'이 '협상'으로 전환되지 못했기 때문인 것으로 보인다. 미국 부통령 체니는 2004년 초반, "당신은 악과 협상해서는 안 된다. 쳐부숴야한다"라고 말했다. 베이징의 미국 대표는 미국의 요구를 되풀이하는 것 이외에 북한측 상대와 말하지 말라는 지시를 받았다. 더욱이 그는 북한에 자신이 말한, 모든 핵 프로그램에 대한 'CVID(완전하고 검증 가능한, 돌이킬 수 없는 폐기)'를 요구했을 뿐만 아니라, 미사일도 버리고 통상 전력도 감축하며, 테러리즘과 인권문제에도 관심을 가지라고 요구했다. 반면 그는 북한의 요구, 즉 불가침에 대한 보장과 포괄적인 정상화에 대한 간청을 뿌리쳤다. 북한의 요구는 불필요하거나, 관련이 없다거나, 아직 이르거나, 그렇지 않으면 '공갈'이었던 것이다. 2003년 8월 회담 직후, 협상에서 최대 장애가 무엇이었느냐는 질문에 주최국 사회자인 왕이(王毅)는 "미국의 대북 정책, 그것이 우리가 직면했던 주요 문제였다"고 답했다.

2003년부터 베이징 회의장에 한국과 함께 둘러앉은 5개국의 단

합된 모습에 대한 워싱턴 측의 정기적인 언급에도 불구하고, 6자회담은 오히려 단합이 강조되는 것과 반비례해 불화하는 양상을 보였다. 미국의 입장은 협상 파트너로부터의 압력뿐만 아니라, 이라크 침공 및 점령 이후 현지에서 혼돈 상태가 깊어지면서 생긴 외교적·도덕적 신뢰의 상실로 인해 꾸준히 약화됐다. 그 결과 미국의 대북 압력을 위한 연합전선 동원시도로 마련된 베이징 회담장은 한국, 중국, 러시아의 '역 압력'에 따른 진정한 다자적인, 그리고 협상이 진행되는 장으로 변화되기 시작했다. 2년간의 협상 끝에 미국은 어조를 누그러뜨리고 북한에 대한 욕설을 중단했으며, 북한과 회담할 용의가 있음을 보여주었다. 다자적 압력 하에 미국은 마지못해 태도를 바꾼 것이다. '응징의 동맹'(이라크 전 당시 미국이 내세운 '의지의 동맹'을 빗댄 표현)은 무정하게도 개입의 동맹으로 바뀌었고, '북한 문제'의 무게 중심도 워싱턴에서 서울과 베이징으로 옮겨갔다.

미국 국무부 전 최고 북한 전문가 잭 프리처드Jack Pritchard는 "6자회담에서 다른 동맹과 우방 네 나라의 주류로부터 떨어진 외톨이"라고 이같은 상황을 묘사했다. 회담의 주최국 중국이 '합의에 서명하지 않으면 6자회담이 물 건너 간 데 대한 책임을 뒤집어써야 할 것'이라고 최후통첩을 보내고 나서야 미국은 겨우 양보했다. 2005년 9월, 베이징의 '6자회담' 당사국들은 마침내 원칙과 목표에 대해 역사적인 합의를 이뤄냈다.

북한은 '상호 존중과 평등의 정신'으로, '모든 핵무기와 기존의 핵 프로그램'을 폐기하고, 비확산조약에 복귀하며, 국제 사찰을 받아들이기로 했다. 한편, 이에 대한 대가로 미국은 '한반도에 핵을 갖지 않으며, 북한을 공격하거나 침공할 의사도 없음'을 선언했다. 북한의 주권을 존중하고, 북한에 대한 외교적 승인과 경제 지원 및 협력을 위해 전향적인 조처를 취하겠다고도 했다. 모든 회담 당사국들은, '핵에너지를 평화적으로 사용할 권리'에 대한 북한 측 발언에 '존중' 의사를 표시했으며, '적절한 시기에 조선 인민민주주의공화국에 경수로를 제공하는 문제에 대한 주제를 논의'하기로 동의하는 항목도 포함시켰다. 미사일이나 인권, 심지어 논란 많은 우라늄 농축 프로그램에 대해선 아예 언급이 없었다(다만 맨 마지막 사항의 경우, 여러 가지 해석의 여지가 있는 '기존의 프로그램'으로만 언급). 이는 엽총을 들이대고 강제로 시킨 결혼과도 같은 것이었다. 여기서 엽총은 (한국과 러시아의 지원을 받은) 중국이 휘둘렀다. 이로써 '무법 국가' 북한은 동북아 사회에 통합되는 것처럼 보였다.

2005년 9월의 합의는 비록 모호하고 불완전하기는 해도 국제법에 합당한 원칙을 선언했고 한반도 비핵화에 대한 역내 국가들의 이해를 인정했으며, 북한의 불만에 공감했다. 하지만 베이징 협상 테이블에서 이룬 듯했던 '상호 존중'은, 그것이 어떤 내용이든, 협상 대표들이 가방을 싸들고 베이징을 떠나자마자 증발해버렸다.

북한이든 미국이든, 양측의 화해 가능성을 차단하려하는 강경파가 주도권을 잡았다. 북한은 무기 프로그램을 끝내고, '신뢰 구축을 위한 물적 보증'으로서 경수로의 '우선 공급'을 조건으로 NPT 복귀를 약속했다. 민간 핵 프로그램에 대한 NPT 회원국들의 권리는 조약 4조에 '양도할 수 없는 것'으로 규정되어 있으며, 이는 북한도 조약에 복귀하면, 한국 러시아 중국이 누리는 것과 똑같은 권리를 누리게 됨을 뜻하는 것이었다. 미국의 협상 대표 크리스토퍼 힐 Christopher Hill은 그러나, 북한을 NPT에 복귀시키는 다른 모든 조처가 완료될 때까지 경수로(LWR)는 고려될 수조차 없다고 주장하며, 이를 배제해버렸다. 미국은 이를 강조하기라도 하듯, 한국에너지개발기구(KEDO) 협정(1994년 기본 합의의 핵심으로서, 2002년부터 동결되기는 했지만 철회되지는 않았던 경수로 공급 계획)을 즉석에서 끝내버렸다. 그 결과 상황은 기본 합의가 없었을 때처럼 됐다. 북한에 대한 경수로 제공의 '적절한 시기'는 평양 측으로서는 '지금 당장'이었지만, 워싱턴 측으로서는 먼 미래이거나, 아예 없는 것이었다.

원자력의 사고 가능성, 경제성, 안정성은 심각한 문제를 야기할 수 있다. 특히 북한에게 경수로가 실제 에너지 위기에 대응하는 적절한 대안이 될 수 있는지는 믿기 어려운 측면도 있다. 경수로는 터무니없이 값이 비싸고 건설하는 데 몇 년이 걸리며, 전력이 공급되기 전 배전망을 업그레이드시키는 데에만 몇 십억 달러가 들기 때문이다. 하지만 미국(그리고 일본)이 북한에 복귀를 종용했던 바로 그 조약에 분명하게 확립된 권리를 북한만 박탈당해야 한다는 주장은 설득력이 거의 없었다. 한국과 일본이 전체 전력량의 40% 안팎을 원자력을 통해 생산하고, 중국이 원자력 부문의 대규모 확대를 계획하고 있다는 사실은 미국의 요구를 더더욱 정당화하기 힘든 것으로 만들었다.

| 4 | 범죄와 인권

북한 핵 무기와 관련 프로그램(플루토늄·우라늄 모두 포함)의 완전 철폐는 부시 정부에게 최우선의, 그러나 결코 독점적인 것과는 거리가 먼 목표이다. 부시 정부는 탈(脫)군사화, 특히 북한 미사일 프로그램의 철폐, (인권의 관점에서) 획기적인 정치 변화를 요구하고 있으며, 부시 정부와 밀접하게 연결된 일부 인사들은 정권 교체(regime change)까지 외치고 있다.

부시 정부는 집권 초기부터, 한편으로는 클린턴 정부에 의해 이미 내려진 외교 해법을 따르고 국제 협력 메커니즘을 통해 해결책을 협상하려는 실용파와, 다른 한편으로는 신보수주의 및 근본주의적 '정권 교체' 파 사이에서 정책이 오락가락하는 모순적 경향으로 분열되어 있었다. 김정일 '혐오'와 북한 정권에 대한 거듭된 언급, 북한에 민주주의와 인권을 실현시키는 사명에 대한 언급으로 유명한 대통령 자신은 후자에 속하는 것이 틀림없다. 2005년 9월 베이징 합의는 미국이 갈수록 소외되고, 특히 미국에서 잠시나마 '정권 교체' 보다 핵 문제 해결에 우선순위를 둔 실용파들이 주도권을 잡았기 때문에 가능했다. 하지만 실용파의 주도권은 오래가지 못했다.

이런 상황에서, 북한과의 '협상'은 불가능했고, 북한은 무조건 따라야만 했다. 2004년 12월 미국 국가안보회의(NSC)의 아시아 담당 국장 자리에 오른 빅터 차 Victor Cha에 따르면, 북한을 고무하기 위한 적절한 외교 수단은 '응징의 동맹'이었다. 워싱턴에서 서로 싸우고 때때로 정책을 좌우하는 비타협적인 도덕론자들에게 북한은 붕괴가 임박한 나라로서, 그 같은 결과를 보장하기 위해 압박을 가해야 할 나라였다. 압박의 측면에서는 한국도 사정은 별로 나을 것이 없었다. 미국의 강경파들은 한국 정부 내 유화 찬성론자들이 '갈수록 대학원 평화 연구의 학계 요구 사항에 따라 나라를 통치하는' 것으로 여겼다.

외교적 해결 지지파와 정권 교체 찬성파 사이에서 요동쳐온 부시 정부 정책의 비일관성은, 당초 상정했던 목표와 거의 변함없이 지속한 북한의 정책 일관성과는 사뭇 대조된다. 북한의 목표는 1953년의 정전협정을 항구적인 평화 조약으로 전환하고 안보·외교·정치·경제 등 전 영역에 걸친 미국·일본과의 관계 정상화를 통해 고립·협박·제재로부터 해방되는 것이었다.

2005년 말, 데이비드 애셔가 최고위급의 '전략적 결정'이라고 언급한 데 이어 워싱턴의 정책 방향은 '정권 교체'파의 수중에 떨어졌다. 딕 체니 부통령의 지시 아래, 국무부 무기 통제 담당 차관 로버트 조지프 Robert Joseph를 조정관으로 하고, 테러와의 전쟁을 위해 마련된 애국법의 안보 관련 조항을 적용해, 이들은 전방위로, 특히 불법 행위와 인권 침해 경력에 대해 북한 조이기에 나선 것이다. 미국 재무부, 그리고 당연한 수순으로 연방수사국(FBI)과 중앙정보국(CIA)이 동원됐다. 북한은 핵 야심을 포기해야 할 뿐만 아니라, '정치 체제를 개방해 국민들에게 자유를 누리도록 해야'만 했다.

　이같은 새 정책 공조 메커니즘 하에서, 미국 행정부는 지난 2003년 럼스펠드 장관의 지시로 미국 국방부에 의해 마련되었으며, '금융망을 파괴하고, 역정보를 퍼트리는' 내용을 담은 '작전 계획 5030'으로 알려진 전쟁 계획 중 최소한 일부를 실행에 옮기기로 결정했던 것 같다. 정책 목표가 핵무기 프로그램의 중단과 북한 안보 불안 상황의 시정으로부터 정권을 타도하는 쪽으로 옮겨감에 따라, 베이징 프로세스는 방치된 채 무력화되었다. 동시에 의제는 일부 진척이 있었던 핵 문제로부터 북한 정권의 성격 그 자체로 확대되었다. 미국은 여기서, 북한의 정당성에 대한 미국 내 지지가 전혀 없다는 사실 뿐만 아니라, 작고 피폐한 북한이 '악귀' 노릇을 하게 된, 따라서 중국이나 이란을 능가하는 '미국의 최대 위협'으로 여겨지게 된 문제의 근원과 본질에 대해 광범위한 무지와 오해가 존재한다는 사실로부터 큰 도움을 받았다.

　'전략적 결정', 마약과 돈 세탁·위조지폐 및 가짜 담배 거래 등의 혐의에 이어, 북한의 인권 전력(前歷)이 다시금 각광받았다. 마약 문제의 핵심은 2002년 헤로인 1백50kg을 부린 뒤 호주 영해에서 나포된 북한 화물선 봉수호 사건이었다. 사건 관련자 두 사람이 기소 및 재판을 통해 장기 징역형을 선고받았지만, 북한에 대한 국가적 차원의 책임 문제는 논란의 여지가 있음이 드러났다. 호주 배심원단이 지난 2006년 초, 범죄 혐의를 받고 있는 선장과 선원 모두에 대해 무죄 판결을 내렸기 때문이다. 북한에 의한 암페타민 밀수(일본의 야쿠자를 경유)에 대한 일본 측의 주장, 1970~1980년대 일본인·한국인, 그 외 다른 국적 국민의 납치 사건에 대한 추가 폭로도 널리 보도됐지만, 이 부분 또한 (결코 불가능한 일은 아니지만) 국가 책임의 증거가 부족하기는 마찬가지다.

　미국 정부는 돈 세탁을 이유로 마카오의 은행 뱅코 델타 아시아에 대해 거래를 정지시켰다. 이 은행이 북한의 마약 및 위조 대금 세탁을 도왔다는 것이다. 아울러 미국은 다른 기업들의 자산을 북한의 무기 거래와 연루됐다는 혐의로 동결시켰다. 이와 동시에 미국은 대규모 아편 생산과 미국산 담배의 위조 생산에 북한 정권이 개입되어 있다는 탈북자들의 진술을 선전하며, 북한이 미국의 1백 달러짜리 지폐, 즉 '슈퍼노트(super note)'를 제조·유통시키고 있다고 고발했다. 일련의 재판을 통해 '북한 외교관과 관리, 중국인 조직 폭력단 및 기타 범죄 조직, 유명한 아시아계 은행, 아일랜드 게릴라, 그리고 전직 KGB 요원이 연루된 대규모 범죄망'을 생생하게 그린 문서도 공개됐다. 신임 주한 미국 대사 알렉산더 버쉬바우Alexander

Vershibow는 북한을 '불량 국가에 대한 무기 수출, 국가 활동의 일부로서 마약 거래, 미국 화폐에 대한 대량 위조'에 책임 있는 '범죄 정권'으로 비난했다. 미국이 암시하는 바에 따르면, 이같은 정권과의 '관계 정상화'는 미국 정부와 마피아가 관계를 정상화하는 것이나 진배없다는 것이다. 북한 외무성 대변인은 2005년 12월11일, '대화는 무기한 연기될 것'이라고 주장하고, 버시바우 대사의 발언을 '전쟁 선포 행위'라고 맞불을 놓았으며, 며칠 뒤에는 다시 버시바우의 소환을 요구했다.

우라늄 농축에 대한 선전전과 마찬가지로, 이같은 범죄 관련 주장은 상당 부분 미국 정보 소식통에 근거한 것이었다. 미국 대통령에 의해 표명된 지독한 대북 혐오감, 대(對) 이라크 전쟁 명분에 짜맞추기 위한 정보 조작 경력 등을 감안해볼 때, 이같은 정보는 확실히 의심스러웠다. 북녘 동포에 대해 정확한 정보를 유지하고 있다 할 수 있는 한국의 국가정보원은 이와 관련해 적어도 부분적으로는 다른 견해를 내놓았다. 북한은 1990년대에도 위조에 가담했을지 모르지만, 1998년 이후로는 그렇지 않았다는 것이다.

범죄로서의 위조와는 달리, 정치적 책략으로서 위조의 연원은 그 자체가 정치적이며, 따라서 이에 대한 해법도 정치적 과정, 특히 북한의 경우, 관계 '정상화'를 통해서만 나올 수 있다. 더욱이, 북한이 만약 1백 달러짜리 지폐 위조에 개입했다면, 그것은 워싱턴의 적수들이 쓰는 수법, 특히 작전 계획 5030상의 '상대의 금융망 파괴'

수법에 대한 연구 결과를 채용한 것이다. 슈퍼노트는 대개 소규모로 이루어진다. 1989년 이후, 미국 재무부는 1백30개 나라에서 고작 5억 달러어치만 추적할 수 있었는데, 이는 전 세계 금융 흐름의 맥락에서 보자면 코끼리 비스킷이나 마찬가지다. 미국 당국을 혼란에 빠트렸던 것은 슈퍼노트의 양이라기보다는 질이었던 것으로 보인다. 이같은 결과를 북한 탓으로 돌림으로써, 미국 정보 당국은 자신도 모르게 북한에 대해 일종의 경탄을 보낸 셈이었다. 사실 첨단 기술로의 접근이 차단된 나라가 그처럼 양질의 정교한 가공품을 생산할 수 있었다면, 그것은 분명 놀랄만한 일이었다.

게다가 전문가의 견해는 극도로 회의적이다. 위폐 문제에 대한 최신 연구의 한 저자는 위폐와 관련되는 원료 및 위조 과정의 기술적 복잡성을 언급하면서, "(미국인들 스스로가 아닌) 다른 누군가가 이 원료들을 우연히 얻었다고는 상상할 수 없다"고 결론 내렸다. 당초 시리아와 이란이 비난받았던 사실을 언급하면서, 이 저자는 "미국 CIA는 지폐를 제조하는 데 필요한 정교한 기술을 갖춘 비밀 인쇄 시설을 자체 운영하고 있다"라고 의미심장한 말을 덧붙였다.

의도야 어쨌든, 미국의 캠페인은 '합법적인 사업이 실제 범죄자들에 의해 악용되는' 결과를 초래하며, 전 분야를 금지하려는 것 같았다. 그러나 한편으로, 진짜 범죄행위는 '지하로 숨어들어 추적하기가 더 어렵게' 되고 말았다. 인권 문제에 대해서는 아무도 북한을 변호하지 않을 것이고, 북한의 범죄 연루 가능성 또한 부정하는 사람이 거의 없을 것이었기 때문에, 미국이 지지를 이끌어낼 수 있을 것으로 기대할만한, 그러면서도 외교적 해결 가능성은 거의 없는 이슈들이 있었다. 베이징에서는 주변국들의 반대로 어쩔 도리가 없었지만 그래도 여전히 평양 정권을 전복시킬 의지가 단호했던 미국은 (프랑스 르몽드지의 필립 퐁크 Philippe Poncs가 표현한 것처럼) '금융을 통한 북한 목조르기'를 집중 시도하기로 결심한 듯했다. 어떤 물증도 나온 바 없지만, 전 세계 은행들, 특히 스위스 은행들은 북한과 거래하거나, 북한을 대신하여 어떤 거래도 할 수 없도록 봉쇄 협박을 받아야 했다.

　　인권 문제도 범죄 문제와 더불어 미국의 주요 정책 수단이 됐다. 미국 의회의 '북한인권법' 채택(양원 만장일치)에 이어, 미국의 북한 인권 특사가 2005년 사무실을 열었으며, 북한 국경 지대에서의 개입과 무선 통신을 통한 개입이 강화되었다. 일련의 활동들은 비군사적 수단을 통해 북한 정권에 흠집을 내거나 정권을 불안에 빠뜨릴 목적을 지녔으며, 이를 통해 과거 냉전 해체기의 '동유럽 사태'를 재연하려는 뜻을 담고 있는 것으로 여겨졌다. 북한 인권법은 다음과 같은 내용을 나열하고 있다. "고문, 공개 처형, 임의적인 구금, 적법 절차의 결여, 강제 노동의 광범위한 사용, 높은 유아 영양실조 비율, 인도적 구호 단체에 대한 제한……종교의 자유와 집회 및 국내 또는 해외로의 자유로운 이동에 대한 엄격한 제한은 물론, 성적 착취를 위한 여성 인신 매매, 강제 결혼, 그리고 강제 낙태……"

핵 문제로부터 범죄 행동과 인권으로의 초점 이동, 지원사격을 받기 점점 더 어려워진다고 느끼는 베이징으로부터 세계무대로의 이동은 역내 국가들 간 협상을 통한 문제 해결 노력을 약화시켰다. 북한과 미국 양측에 압력을 넣어 핵 관련 견해 차이를 해소시키는 데 성공했던 주변국들의 성과는 점점 더 재현되기 어려운 일로 변해갔다.

| 5 | 전망

비난받아 마땅하긴 하지만 북한의 불만 또한 일리가 있다. 핵 협박에서 벗어나고자 하는 북한의 욕구에 대해선 벌써 오래 전에 주의를 기울였어야 했다. 핵 프로그램을 포기하는 대가로 '정상화'에 대한 북한의 간청이 '공갈'로만 받아들여진 것 또한 합리적이라 할 수 없다. 약 40년 동안, 세계는 북한이 미국으로부터 직면했던 핵 위협에 대해 무관심했으며, 북한이 강대국이나 쓰는 표현인 이른바 '억지력'이라는 것을 개발하기 시작하고 나서야 겨우 관심을 쏟기 시작했다.

흔히 '북한 문제'로 정의되는 현상의 논의 수준과 이해 수준은 이처럼 일천하다. 이같은 상황에서 북한 핵 개발에 대한 미국의 반대는 미국의 선제적 핵 특권은 물론, 미국의 핵 병기고를 확대·현대화시키겠다는 공약의 반복을 동반하고 있다는 사실에 대해선 별다른 주의 없이 받아들여지고 있다. 미국의 탐사 보도 전문 기자 세이모어 허쉬 Seymour Hirsh에 따르면, 미국은 (NPT를 위반했다는 증거가 없는데도) 이란에 대해서도 핵무기 사용을 적극적으로 검토했었으며, 이와 유사한 계획이 북한에 대해서도 진행되고 있었음은 거의 의심할 여지가 없다.

한반도에 핵무기가 터지는 것이 무엇을 의미하는지는 상상을 무색케 한다. 2003년 1월 미국 대통령의 비밀 지시에 의해 작성된 미국 국방부의 '전면 공격 계획 Global Strike Plan'은 핵무기를 '통상적인' 전투 능력과 통합시켜, 선제 공격권의 보유를 명확히 했다. 2005년 한국 정부의 한 연구에 따르면, 미국이 북한 핵 시설에 대한 '외과 수술적' 정밀타격에 핵무기를 사용할 경우, 최악의 시나리오는 전체 한반도가 10년간 거주 불가능 지역으로 바뀌는 것이다. 이보다 좀 더 나은 시나리오 상으로도, 핵폭탄 투하 지역으로부터 반경 10~15km 이내의 생물 80%가 폭탄 투하 첫 두 달 사이에 죽게 되고, 방사능은 서울을 비롯해 1천4백km 떨어진 지역까지 한반도 전역으로 확산된다.

2003년 북한의 NPT 탈퇴와 플루토늄 비축분에 대한 동결 해제, 그리고 흑연감속로의 재가동은 지역을 불안케 한 유감스런 일이었다. 만약 북한이 2005년 3월 공언했던 바로 그 핵무기를 생산했다면, 그것은 확실히 NPT와 남북한 '비핵화' 선언문에 표현된 국제사회 의사에 대한 도전 행위가 될 것이다. 하지만 '만약' 어떤 나라도 억지력으로 핵무기를 개발할 권리가 있다면, 북한 또한 그래야 할 것이다. 북한은 지구상의 다른 어느 나라보다도 오랫동안 명확한 핵 위협을 받아왔기 때문이다. 오늘날 북한은 자기네가 보유한 것을, 핵 협박을 포함한 협박의 제거·제재의 해제·경제 및 정치 정상화를 위한 명분을 얻기 위한 협상 수단으로서만 사용하고 있다.

북한은 미국과 달리, 공격적인 전쟁을 (적어도 과거 50년 동안) 벌이거나, 민주적으로 선출된 정부를 전복하거나, 핵무기로 이웃나라를 위협하거나, 또는 고문과 암살 관행을 정당화한 바 없다. 북한이 자국민의 권리를 무도하게 짓밟고 있는 것은 명백하지만, 북한 죄수들이 당하는 고통과 인권의 부정은 아브 그라이브나 관타나모의 죄수들이 당하는 것보다 더 중하다 할 수 없으며, 북한의 인구 대비 구금자 비율 또한, 2백10만 명(전체의 0.7%)이 구금된, 특히 흑인과 빈곤 계층의 구금 숫자가 극히 비정상적으로 많은 미국의 경우보다 높다고 할 수 없다. 2006년 4월 미국 대통령은 북한에 의한 피랍자 가족 일본인 대표들을 백악관으로 초대해 환영하면서, '엄마'의 품에서 오랫동안 떨어져 있었던 어린 일본인 소녀의 운명에 대해 감동적인 설교를 전한 바 있다. 이 때 미국 CIA가 최근 몇 년간 비밀리에 전 세계에서 납치해, 어떤 법의 손길도 미치지 않는 곳에 건설된 전 세계 곳곳의 강제노동수용소에 있는 고문기술자들에게 인도한 각국 시민들에 대한 심각한 인권침해를 언급한 사례는 없었다.

문제는 북한이든 미국이든 국제 행동 규범을 따르지 않는다는 사실이다. 둘은 모두 '불량 국가'이거나 '범죄 국가'들이다. 다만 증명된 범죄행위 사례를 따지면, 북한이 상대적으로 사안이 경미하거나 (밀수 또는 위조), 사안이 매우 중할 경우에도 오래 전 과거지사이며 사죄까지 한 데(납치 문제) 비해, 미국 범죄는 중대하고 현재 진행형이며, 사죄를 하지 않고 있다는 차이는 있다.

만약 가짜 담배나 달러 지폐를 제조하는 국가에 대해 '범죄 국가' 딱지를 붙인다면, 2003년 UN헌장에 반하여 전쟁을 벌였으며, 차세대 핵무기를 생산하겠다고 공언하는가 하면, 선제적으로 그리고 국제법과 무관하게 핵무기를 사용하겠다고 위협하고 있고, 국가 최고위급 사법 관리가 고문을 정당화하기 위한 길을 찾기 위해 골몰하는 나라에는 어떤 표현이 적용될 수 있는가.

미국에 의해 '악'으로 묘사되는 북한은 역사적 맥락에서 보면 너무도 오랫동안 소홀히 다뤄진 20세기적 모순과 실패의 화석화된 타임캡슐로 보는 편이 훨씬 더 낫다. 문제를 피상적인 현상으로서가 아닌, 역사적이고 구조적인 뿌리로 들여다보고자할 때, 한국, 그리고 이보다 훨씬 덜한 정도로 러시아와 중국은 모두 미국(그리고 어느 정도로는 일본)과 다르다. 앞의 세 나라는 북한을 조이거나, '악'으로 취급하거나 이유 없이 무역을 중단하거나, 자금 흐름을 막거나, 항복 또는 쿠데타·전복을 위해 비밀 작업을 벌이지는 않는다. 대신 이 세 나라는 북한을 점진적으로 지역 협력 망에 통합시켜왔다. 다시 말해, 미국과 일본 방식과는 정확히 정반대인 것이다. 비록 세 나라는 모두 베이징 회담에서 미국의 '동반자' 국가로 간주되고 있지만, 심지어 일본을 포함해 어떤 나라도 미국의 '범죄 국가' 의제 설정 노력에 참가하지 않았다는 점은 의미심장하다.

한국의 '햇볕' 접근법은 미국 정부에 의해 나약한 것으로 조롱받았지만, 북한에 다른 바람이 불 수 있도록 다양하게 문호를 여는 데 기여해왔다. 2000년 이후 남북간에는 17회의 장관급 회담, 1백65회에 걸친 다양한 차원의 만남이 있었다. 한국은 2006년, 한해 전보다 두 배 늘어난 원조금 26억 달러를 지원키로 했고, '경제 협력 청사진'을 마련 중이며, 북한에 연간 2백만kw의 전력을 공급하겠다고 제의했다. 또한 2020년까지 남북경제연합체 구성을 검토 중이다. 2005년, 당시 정동영 통일부장관은 다섯 시간동안 김정일 국방위원장과 회담했으며, 양측은 또한 같은 해 6월과 8월, 일련의 광복 60주년 관련 공동 기념행사에 수많은 대표들을 교환했다. 한국 정부의 투자는 개성공단과 금강산 관광 분야에서 가속화되어 왔으며, 베이징 올림픽 때 남북한 단일팀을 구성하는 방안도 계획 중이다. 2006년 4월 두 개의 한국은 '한국전쟁 시기 전쟁 포로 문제와 민간인 납치 문제에 대한 실질적인 해결'과 탈군사화를 위해 노력하기로 합의했다. 김대중 전 대통령의 2006년 6월로 예정된 2차 평양 방문(북한 미사일 위기로 연기)은 만약 추후에라도 실현된다면, 남북 화해 과제와 양측 경제의 통합을 촉진시킬 것이 거의 확실하다.

북한에 대한 경쟁은 '응징의 동맹'을 동원해 정권을 교체하려는 미국과 '햇볕'을 북한에 쐬어 창문을 열도록 하는 서울의 접근법이 맞붙고 있는 형국이다. 이는 또 선과 악의 절대 모순이라는 미국의 기독교 근본주의적 접근법과 인간 본성은 궁극적으로 선하며 덕성과 이성에 부응한다는 유교적 패러다임 간의 경쟁이기도 하다. 부시 정부 입장으로는, 개성에서의 대규모 남북 협력은 북한 노동자의 급료가 너무 낮다는 점에서 규정 위반이다. 노무현의 입장에서, 김정일은 '함께 일할 만한 사람'이며, 그를 권좌에서 밀어내려는 부시 정부의 노력은 '근본주의적'이다. 하지만 최근 몇 년의 성적표로 볼 때 '도발적인 언사가 아닌 대화가 일을' 성사시킨다는 사실에는 의문이 없다.

역설적인 피드백 과정으로 인해 미국의 적대적 태도만큼이나 북한의 독재 유지에 득이 되는 요소도 없다. 평양 정권은 자신을 정당화하고 강화하는 데 미국의 적대적 태도를 악용할 수 있기 때문이다. 장기적 관점에서, 김정일 정권의 기반을 잠식하고 북한을 '정상화'시키는 데, 햇볕정책의 지속과 확대만큼 효과적이고 확실한 정책은 없다. 마찬가지로, 미국이 동아시아 지역에서의 군사적 우세와 한국 일본 등지의 기지를 유지하는 데, '북한의 공격 가능성에 대비할 수 있는 능력'만큼 효과적인 것 또한 없다. 두 무법 또는 범죄 '가문', 철천지원수는 서로를 필요로 할 뿐 아니라, '지원'하고 있다.

외부 간섭을 통해 북한을 '해방'시키려는 운동은 이라크 '해방' 운동만큼이나 심각하고 재앙적인 결과를 초래할 가능성이 높다.

미국은 '작전 계획 5030'을 보류하고, 베이징에서 합의된 방향으로 복귀해야 하며, 자신의 무법적인 길을 재검토하고, 핵 무장해제 의무를 재개하라는 소리를 들을 것이 틀림없다. 평양 또한 북한의 안보는 핵무기가 없어도 보장될 수 있으며, 비핵화 동아시아 공동체 내에서 북한의 미래가 현재보다 훨씬 더 낙관적일 것이라는 소리를 들을 것이 틀림없다. 2005년 9월 베이징 합의는 지금까지 북한에 대한 최선의 합의였다. 한국과 중국의 연계는 도덕적 핵심이자 베이징 프로세스의 희망이며, 워싱턴과 평양에 대해 합의를 지키고 확대하라고 새롭게 압박하는 일이야말로 진전을 이룰 수 있는 유일한 방법이다.

한국 국제정치학회 '세계속의 동아시아와 미래의 한국' 세미나 발표논문

2006년 5월12~13일

세계에서 가장 위험한 정권

미국이 2세기가 넘는 역사 속에서 가장 오랫동안 불화를 겪은 나라는? 혹자는 조지 3세의 영국이나 히틀러 치하의 독일, 스탈린의 소련 혹은 호치민의 베트남, 피델 카스트로의 쿠바, 아니면 사담 후세인의 이라크라고 생각할지 모른다. 그러나 정답은 이들 어느 나라도 아니다. 영예의 주인공은 작고 피폐해 있으며, 걸핏하면 굶주리는 인구 2천2백만의 아시아 국가에게 돌아간다. 바로 북한이다.

약 3만7천 명에 이르는 미국인과 3백만으로 추산되는 한국인이 1950~1953년의 한국전에서 사망했다. 그 전쟁은 냉전의 뜨거운 한복판이기도 했던 대리 세계대전이었다. 한국전쟁은 평화정착 없이, 아직도 계속되고 있으며 비할 데 없이 위태로운 잠정적인 정전 상태에서 미해결로 끝났다. 21세기 벽두 2002년 1월의 연두교서에서 미국의 조지 W. 부시 대통령은 북한을 '악의 축'의 하나로 선포했다. 같은 해 9월, 부시 행정부에 의해 발표된 국가안보전략 National Security Strategy 문서는 상궤를 벗어난 나라, 국민을 혹사시키고 국제법을 무시하며, 대량살상무기(WMD)를 추구하고 테러리즘을 후원하며, 인간의 기본 가치를 거부하고 미국과 그 미국이 표방하는 모든 것을 증오하는 나라를 '불량국가'라고 작명하며 두 나라를 지목했다. '모든 국가에 대한 떠오르는 위협'이 되고 있는 두 나라는 바로 이라크와 북한이었다. 부시는 또 북한을 '세계에서 가장 위험한 정권'이라고 묘사한 바 있다. 그는 「워싱턴 포스트」의 밥 우드워드 기자에게 자신은 북한의 지도자 김정일을 '혐오'하며 '본능적인' 반감을 갖고 있다고 말했다.[1] 이 외에도 그는 김정일을 가리켜 '피그미'라고도, '밥상머리의 버릇없는 아이'라고도 했다.[2] 2003년 4월 이라크의 사담 후세인을 전복시키면서 북한은 (미국의) 공공의 적 1호의 자리를 차지할 가장 강력한 후보로 남게 되었다.

적대적인 교착상태가 50년이 지났건만 한반도의 평화는 아직 멀기만 하다. 북한은 거의 백만 병력을 자랑하는 상비군을 유지하고 있으며, 이 병력은 남한의 수도 서울로부터 북쪽으로 불과 30마일도 안 되는 비무장지대(DMZ)를 따라 배치되어 있다. 또한 2만 정에 이르는 재래식 대포와 수백 기의 노동미사일이 비무장지대의 야산 속에 은닉된 것으로 알려지고 있으며, 이는 서울과 일본의 일부 지역을 초토화시킬 수 있다. 수십 년을 지속해온 북한과 미국간 긴장의 강화

양상은 더 이상 지속되어서는 안 된다. 각 방면에서 상황이 정상화되고 피폐해진 북한 경제를 근본적으로 재건하는 길이 열려 잠정적인 휴전 상태가 항구적인 평화 조약으로 대체되어야 할 것이다. 그렇지 않으면 핵무장 대결은 대재앙으로 악화될 수 있다.

미국의 철천지원수인 북한은 도대체 어떤 종류의 나라이며, 대관절 무엇 때문에 북한의 지도자는 그토록 미움을 받는가? 참혹한 결과가 뻔한 데도 미국의 코앞에서 그토록 반항적인 자세를 취하는 것은 터무니없는 광기 때문인가? 이 책은 북한의 기원과 특징, 국가와 사회, 그 역사와 현재의 세계와의 대결을 살필 것이다. 이 책은 북한이 핵무기와 미사일을 개발했다는 주장의 증거들을 찾아볼 것이다. 하지만 이 책의 주요 관심사는 현대 북한의 실상을 이해하기 위한 틀을 짜는 데 있다. 북한이 사실 우리 모두에게 이상하게 보이는 이유는 한편으로는 20세기 최악의 모순과 난제들 —— 제국주의와 식민주의로부터 분단, 전쟁, 그리고 핵무기까지 —— 이 그대로 방치된 채 곪아 터졌기 때문이다. 현대 북한의 격렬한 도전 태도는 쓰라린 역사 경험을 반영하고 있다. 북한의 자기 인식은 외부 침략의 주요 희생자라는 것이다. 내 연구의 결론은 북한이 동북아 지역 또는 세계 전체에 대해 공격적이고 광적인 위협이 되지 못한다는 것이며, 북한의 도전적 태도는 각국과의 관계 정상화와 고립으로부터의 탈피에 대한 열망을 감추고 있다는 것이다. 그러나 북한의 자존심과 명분의 정당성은 압력을 동원하는 것만으로는 해결하기 어렵다. 코너에 몰리면 몰릴수록 북한 정권은 난국을 타개하기 위해 더더욱 필사의 노력을 기울이기 쉽다. 북한이 완전히 잿더미가 되기 전에 상대방에 대해 크나큰 피해를 입힐 능력이 있느냐는 전적으로 다른 문제다.

적어도 겉으로는, 북한은 대단히 도시화되어 있고 교육 수준도 높은 사회이다. 1990년대 이후 근대화·산업화된 상태에서 지속적으로 퇴보하기는 했지만 하이테크 무기를 생산하고 인공위성까지 발사할 능력을 가진 근대화된 독특한 산업국가이기도 하다. 지구상에 북한 같은 나라는 없을지 모른다. 북한의 행동 패턴은 낯설고, 북한이 동원하는 말은 불가해할 정도이며, 개인숭배와 관습 또한 이해하기 어렵다(1950년대와 1970년대 사이 중국이 그랬던 것처럼). 우리 언론이 골라내 끊임없이 반복하는 장면들 —— 오리걸음의 군인과 평양 시내를 관통하는 거대한 미사일 퍼레이드, 구닥다리 핵 시설에서 손잡이를 만지작거리는 흰 가운의 기술자들, 로봇 같은 동작으로 매스게임을 펼치는 아이들, 땅딸막한 지도자의 요란한 손짓, 굶주린 아이들의 퀭하고 무표정한 얼굴 —— 은 보면 볼수록 북한을 현대 세계의 한계를 훨씬 뛰어넘는 이상한 나라라는 느낌이 들게 한다. 그러나 국제 언론이 보여주지 않는 것이 있다. 일상생활의 어려움을 힘겹게 헤쳐 나가는 보통 사람들의 그리 낯설지 않은 모습이다. 북한에 대한 동정이나 애정은 거의 없다고 할 정도로 드물다. 남한을 예외로 치면, 중국과 러시아 정도가 동북아 질서에 대한 관심사와 강한 역사적 유대 탓에 내키지는 않지만 어느 정도 이해해 줄 뿐이다.

공식 국호로 '조선인민민주주의공화국(DPRK)' 인 북한은 화석
화된 '유격대 국가' 또는 '빨치산 국가' 이다. 1930년대 야만적인 일
본 식민주의에 대한 무장 투쟁을 통해 형성되었고 한국전쟁의 격전
을 통해 더욱 더 다져진 북한의 건국 신화와 국가 정체성은 그 뒤 고
립주의와 반세기에 걸친 대결 상태의 간단없는 긴장에 의해 유지되
어 왔다. 지난 백 년 동안 한반도를 둘러싼 지역에서 '정상 상태' 란
존재하지 않았다. 1930년대 일본에 대항해 무기를 든 이래 끊이지
않았던 냉전·열전 등 온갖 전쟁 탓에 북한은 한 번도 동원 상태를
해제한 바 없으며, 바로 이때문에 시대착오를 되풀이 하고 있다. 즉
북한은 1930년대와 1940년대에 형성된 게릴라 특유의 비밀주의, 배
외주의, 지도자 제일주의로 20세기를 일관했던 것이다. 북한이 '수
령' 체제, 정치 지상주의, 사회적 획일성은 다름 아닌 전전(戰前) 일
본 천황 체제(一億一心)를 그대로 빼다박은 것이다. 물론 북한이 결
코 일본은 아니다. 허약하고 주변적이며 두려움에 떠는 북한은 다른
나라의 주의를 끌기 위해 강력하고 중심적이며, 포악한 것처럼 보이
려고 애쓰고 있다. 그러나 북한의 공격 의도는 사라지고 있다.

냉전이 끝나자 한반도는 당연히 안정을 찾을 것으로 여겨졌다.
공산국가와 예전의 공산국가들이 한국과 관계를 정상화하는 동시에
자본주의 국가와 서구 여러 나라들도 북한에 대해 마찬가지로 관계
를 정상화할 것으로 여겼기 때문이다. 그러나 그런 일은 벌어지지 않
았다. 북한과 세계에서 가장 중요한 두 나라인 미국·일본과의 관계

는 베를린 장벽이 무너지는 순간에 그랬던 것처럼 여전히 비정상이다. 따라서 북한은 '현생 국가'들 사이의 '네안데르탈 국가'라 할 수 있다. 그러나 북한을 단순히 '악'이라고 치부하는 것은 무심코 그런 상태를 만들어낸 특수한 역사적 환경에 대한 무지를 무심코 드러내는 것이다. 중국과 베트남은 모두 분단 국가였다 (중국은 대만과 지금도 분단 상태이다). 그러나 두 나라는 모두 치 떨리는 전쟁 또는 내전의 열망을 극복했거나 극복하는 과정에 있으며, 평화로운 미래를 건설하기 위해 협력하고 있다. 남북한도 그렇게 하려는 적극적인 의지를 보이고 있다.

북한의 군 중심 사고와 핵에 대한 집착은 무엇보다 미국에 의해 지탱되어온 끊임없는 포위 상태에 의해 규정되어 왔다. 미국의 일거수 일투족을 두려운 눈으로 지켜보면서, 또한 반세기 동안 지속적인 핵 공격 위협이라고 간주하는 사태에 반응하면서 북한은 미국 식 행동 코드와 핵에 대한 가치관을 흡수해버렸다. 북한 지도부는 국가의 (그리고 정권의) 안전은 오직 미국의 공격에 대한 국제적인 안전보장에 의해서만 확보될 수 있다고 결론내린 것 같다. 결국 부시 행정부가 이같은 요구를 묵살하면 할수록, 북한이 점점 더 핵 확산의 길로 내몰릴 공산은 높아지는 것이다. 역사적으로 핵 위협은 항상 핵 방어를 야기했다. 그것 밖에는 다른 방법이 없다고 확신한 스탈린의 소련이 맨 처음 그랬고, 소련의 위협에 대응한 영국과 프랑스가 그랬으며, 사방의 위협에 대한 중국이 그랬고, 그런 중국에 대해 인도가 그랬으며, 인도에 대해 파키스탄, 그리고 미국에 대해 현재의 북한이 그렇게 하고 있다. 조너선 쉘 Jonathan Schell은 "억지는 확산의 원인이자 결과라는 면에서, 억지와 확산은 같다"라는 일반 원리를 발표했다.[3] 모든 나라는 저마다 위험 또는 인지된 위협에 핵 능력을 개발하는 식으로 대응하며, 이는 다시 다른 나라에 대한 위협이 된다. 핵 국가 가운데 단 한 나라만 실제 핵무기를 사용하고, 일관되게 그것도 비핵국가에 대해서까지 핵무기를 휘둘러왔으며, 오늘날에도 신세대 '미니뉴크(mininukes)'와 전 지구를 커버할 수 있는 우주 – 기반 운반 체제의 개발을 목표로 연구를 추진하고 있다. 바로 그 단 하나의 나라가 북한에게 불구대천의 원수인 미국임은 말할 나위도 없다.

북한이 미국·일본과 관계를 정상화하지 않는 한 북한이 국가로서 정상 상태를 이룰 공산은 그리 높지 않다. 하지만 두 나라는 아직도 북한이 먼저 자신을 정상화하고, 핵 프로그램을 포기해 '정상' 국가가 되라고 주장하고 있다. 이는 곧 북한이 이같은 일을 해야만 국제 사회가 반길 수 있도록 손길을 뻗칠 것이고, 북한의 불만이나 고민도 들어주겠다는 것을 뜻한다. 그러나 북한은 국제적 주목을 받을 수 있는 유일한 방법은 바로 자신의 무력을 과시하는 것임을 깨달았다. 더욱이 북한은 이라크에서 일어난 일 —— 처음에는 악마화하고, 다음엔 무장해제와 함께 극도의 궁핍 상태로 몰아넣은 뒤, 유사한 요구에 맞추려고 조처를 취할 때 점령해버리는 —— 을 목격하면서 일괄타결만이 넓게는 동북아 전체와 좁게는 한반도 문제를 해결할 수 있다고 주장하고 있다. 미국과 그 동맹국들은 무장해제가 대화의 조건이라 주장하는 반면, 북한은 일괄타결의 한 부분으로서만 무장을 해제할 수 있다고 주장하면서 상황은 여전히 교착상태에 빠져있다.

북한은 유엔 안보리 상임 이사국들의 핵무기 개발과 보유는 전폭 수용하거나 꽤 많은 추가적 국가들, 대표적으로 인도, 파키스탄, 이스라엘 등의 권리는 암암리에 인정하면서, 기타 나라의 권리는 부인하는 국제 체제의 위선을 지적한다. 평양이 초강대국과 똑같은 특권을 향유하겠다고 나서는 일은 건방지고 도발적이며 참을 수 없는 일이다. 그러나 북한의 지적은 일리가 있다. 원칙적으로 북한의 주장에 대해 반박하는 유일한 도덕적 근거는 북한은 그럴 자격이 없다는 것이지만, 국제 핵 체제의 위선에 대한 북한의 지적은 사실 맞는 말이며 세계적 핵 무장해제 과제는 긴급을 요하는 것이기도 하다. 어느 국가도 핵무기에 대해 타고난 권리를 갖고 있는 것은 아니다. 마찬가지로 어떤 핵 무장 국가도 다른 나라의 핵 특권을 부정할 권한은 없다. 보편적 핵금지를 성취하기 위한 범지구적 운동만이 도덕적인, 그리고 종국적으로는 정치적인 신뢰성을 얻을 수 있다.

지난 2002년 9월 일본 고이즈미 총리의 평양 방문은 식민지 시대 일제에 대한 북한의 장구한 독립 투쟁과 오늘날의 국가 · 사회에서 차지하는 항일 유격대 전통의 중요성을 감안하면 역사적 사건이다. 두 지도자가 함께 발표한 평양선언은 흠이 없지는 않지만 양측의 변화된 태도를 부각시켰다. 그러나 추후 회담의 약속은 공포와 혐오의 선전전 —— 처음에는 1970년대와 1980년대 초반기 일본인의 납치 문제에 대해, 나중에는 북한 정권이 일본을 핵 장착 미사일로 위협할지 모른다는 위협에 대해 —— 이 일본 언론을 대대적으로 휩쓸면서 급격하게 사라졌다. 세계적으로 드문 경우로서 헌법상 평화 국가인 일본은 이제 북한에 대해 전쟁을 벌이거나 심지어 선제공격을 가할 수 있는 단계를 밟고 있다. 반면 북한은 빈틈없이 무장하고는 있지만, 지난 50년간 어느 누구도 공격한 적이 없고, 미국으로부터 명백한 위협에 직면해 있으며, 오로지 생존만 바라고 있다. 세계 제5위 무력이라고 호들갑을 떠는, 겉보기에 엄청난 북한 군사력은 고리짝 장비만 보유하고 있으며, 안정적인 연료 공급원도 없고, 지독하게 굶주린 군인들만 훈련시키고 있을 뿐이다. 북한이 일본을 공격한다면 얻을 것은 전혀 없고 잃을 것은 태산이다. 이 책은 북한의 경력에서 자살 충동을 보여주는 예가 전무함을 입증할 것이다.

나의 질문은 북한이 '침략을 물리치는 숲 속의 고슴도치'인가 아니면 '닥치는 대로 다른 짐승을 잡아먹는 밀림의 호랑이'인가 하는 것이다.[4] 2003년 6월 20일 일본 텔레비전에 출연한, 김정일의 전 스승으로 원수의 나라 남한으로 망명한 황장엽은 김정일이 대일본 공격을 명령하는 것은 터무니없는 상상이라고 주장했다.[5] 김정일에 대해 가장 잘 알고 있으며, 그에 대한 적대감으로는 둘째가라면 서러워할 황장엽도 북한에 대한 고슴도치론에 찬성하고 있다. 북한이 생존에 당장 위협을 받을 때만 비로소 세차게 움직일 것이라는 데 전문가들 대부분의 견해는 일치한다. 다른 경우, 북한은 고슴도치처럼 단순히 털을 빳빳이 세우고 최대한 위협적으로 보이려고만 애쓴다는 것이다. 6)

북한은 자국의 주권이 존중되고 일방적인 공격 대상이 되지 않도록 보장받는 것을 추구한다고 누구이 말해왔다. 이같은 항변은 일반적으로 '협박' 또는 '공갈'로 표현되어 왔다. 북한의 항변은 매사 요구하는 식이며 신랄한 수사를 동원하고 있지만 그 자체로는 결코 비합리적이지만은 않다. 사실 그 어느 나라도 (북한처럼) 근본적이고도 보편적인 권리를 보장받는 것 자체를 국가목표로 삼을 정도로 취약하지는 않다. 북한은 이같은 취지에 대한 만족할만한 보장의 대가로 핵과 미사일 프로그램을 포기하겠다고 되풀이 제안해왔다. 지역적 또는 세계적 평화와 안보를 양보(compromise)하는 것이 아닌, 향상시키는(enhance) 방식으로 이같은 희망을 들어주는 것이 결코 불가능한 것만은 아니다.

한국은 21세기에 들어서서 다시금 일본의 국가 및 사회 변동의 축이 될지 모른다. 일본이 한반도 위기에 제국주의와 군국주의 정책으로 대응했던 19세기 말에 그랬던 것처럼 말이다. 현재 일본 정부 안에서 지배적인, 북한에 대한 강제적인 정권 교체 주창자들은 현재 체제가 평양에 그대로 유지되는 한, 문제 해결은 있을 수 없다고 믿고 있다. 전쟁은 그들이 명백한 침착성을 가지고 대면하는 미래 전망이다. 그런 전쟁을 치를 수 있는 국가로 일본을 탈바꿈시키는 것, 이

것이 또한 바로 그들의 목표다.

워싱턴은 북한을 '악의 축' 멤버로 묘사하고는 있지만, 세상의 어느 나라에 대해서도 이데올로기나 외교적으로 그렇게 절대적이고 일방주의적으로 몰아세울 수 없다. 북한이 스스로를 '악의 축'으로 만들 가능성도 별로 없다. '범죄 국가' '불량국가' 그리고 '무법국가'는 더 그럴듯한 딱지들이다. 북한이 마약과 미사일의 제조 및 거래에서부터 위조, 밀수, 납치, 간첩 행위, 파괴활동 등 책에 나오는 거의 모든 범죄를 저지르면서, 국경 안에서는 자국의 국민에게 가장 기본적인 권리와 자유를 부인하는 한편, 광범위한 감시체제를 운영하고, 공개처형 등 가혹한 처벌을 행하고, 불평불만 분자들을 노동수용소에 감금시키고 있기 때문이다. 북한 바깥의 그 누가 이같은 전력을 변호할 수 있을까. 그러나 북한은 최근 들어 대단히 괄목할 정도로 최소한 몇몇 범죄 사실을 시인했으며(일본 국민에 대한 납치와 간첩의 일본 영해 침투), 이에 대해 사과하고, 앞으로는 "착실하게 살겠다"는 의사를 피력했다. 북한은 또 핵무기 개발과 보유 사실도 시인했다. 물론 마지못해서 한 일이고, 그것을 사용할 의도는 없으며, 자국의 안보가 적절히 보장되면 항복 문제를 협상하고 싶다는 주장도 빠트리지 않으면서 말이다. 다른 범죄들의 경우 북한은 시인하지 않았지만, 밀수, 마약 거래, 화폐 위조와 관련된 증거들은 실질적으로 부인하기에는 너무 강력한 것들이며, 북한이 1980년대 주요 테러 공격에 연루됐을 수 있다고 의심할만한 강력한 정황적 이유도 있다.

하지만 북한을 단순히 '테러 분자'라고 이름 붙이는 것만으로는 과거의 짐을 이해하지도, 현재나 미래를 위한 처방을 제공하지도 못한다. 범죄 행위는 국가간의 관계에서는 드문 일이 아니지만 사죄의 경우는 다르다. 김정일이 과거 전과를 깨끗이 지워버리고 포괄적인 정상화를 꾀하려 했던 것이 아니었다면, 2002년 왜 그런 대담한 조처를 취했을까를 이해하기는 쉽지 않을 것이다. 그런데도 그의 사죄는 오히려 빗발치는 욕설을 불러일으켰고, 자신에 대한 (일본인의) 적개심을 강화시켰으며, 그 결과 그는 다시 강경 입장으로 돌아섰다.

잔인하고 상식을 넘어선 나라라는 서구의 북한 이미지는 1950~53년 한국전쟁에 뿌리박고 있다. 당시는 한마디로 결정적인 순간이었다. 남북 할 것 없이 한국 전체가 물리적으로 초토화됐다. 분단된 남북이 냉전 논리와 열망을 스스로 내면화하면서 냉전의 종속적 역할에 갇혀버리자 통일 국가 창조라는 민족적 열망은 한 세대 만에 무디어졌다.

한국전쟁에 대한 서구인 일반의 인상과 이해는 반세기 동안 별로 달라진 바 없지만, 전문가들의 연구는 이같은 이해가 얼마나 흠결이 많았는가를 확실히 보여주고 있다. 사실 전쟁은 북한이 먼저 시작했고 소련의 독재자 조지프 스탈린이 지원했다. 그러나 한국전쟁은 동아시아의 지역 패권을 노린 소련의 공격이었다기보다는 수십 년간의 식민지 폭정에서 갓 벗어난 민족이 1945년 외부세력의 힘으로 갑작스럽게 분단되면서 탄생한 한반도의 두 경쟁적 정권 사이에 벌어진 내전으로 보아야 한다. 유엔은 전쟁을 초래하게 된 사건들에 깊숙이 연루되었을 뿐 아니라, 역사상 처음으로 전투의 실제 주인공이 되기도 했다. 따라서 유엔은 한반도 딜레마에 대해 특별하고도 지속적인 책임이 있다. 야만에 대한 문명의 전쟁, 무법국가에 대한 국제 정의의 전쟁 등 한국전쟁에 대한 그간의 설명은 근본적으로 잘못된 것이다. 우리는 이제 무시무시한 전쟁에서 노근리 학살, 대전 학살 등 최악의 잔학행위 다수가 남한과 미국에 의해 자행됐으며, 그 뒤 북한에 대한 공습을 통해 국제법까지 위반하며 댐과 발전소, 각종 사회 기간 시설을 파괴한 미국에 의해 단독 자행됐다는 사실을 알고 있다. 바꿔 말해 만약 한국전쟁이 테러 전쟁이었다면, 테러의 상당수가 유엔의 이름으로 행동한 세력에 의해 가해졌다는 것이다.

미국과 일본이 최후의 수단인 무력 위협으로 북한을 굴복시키려는 목조르기 방식을 선호한다면, 한국은 경제·문화 및 기타 다른 접촉을 장려하는 한편 대화 분위기를 조성하고 장기적인 민족통일을 강조하는 '햇볕정책'을 선호한다. 지금까지 이 정책의 최대 성공작은 1950년 이래 끊어졌던 남북한 철도 연결 및 복원이었다. 비록 지난 2003년말까지 운행 재개 준비를 갖추고 남북한 모두 그렇게 되기를 바랐지만, 열차가 실제로 언제 달리게 될지는 매우 불투명하다.

'햇볕'은 확실히 북한에서 반길 일이다. 북한은 북풍한설을 벗어날 길을 찾고 있다는 징후를 여러 번 보였기 때문이다. 2001년 9·11 테러 직후, 북한은 국제적인 반테러 조약들을 비준했다. 북한은 또 국제시민정치권리규약(International Covenance on Civil and Political Rights) 하의 각종 의무 사항을 국제사회에 보고하기 시작했다.[7] 북한은 또한 경제 체제를 세계 경제에 연결시키기 위해 10년 이상 분투해왔다. 그러나 경제개혁과 정치 자유화는 북한이 거대한 군사 체제를 지속적으로 필요로 하는 안보 위협에 직면해 있는 한, 그리고 미국이 열쇠를 쥐고 있는 세계은행이나 국제통화기금(IMF) 등 국제기관에 대한 접근이 허락되지 않는 한 불가능하다. 북한이 일본·미국과 평화를 이룩할 때만 이같은 구조가 해소될 수 있는 전망도 열릴 것이다.

이해 불능 수준이라 할 정도로 격한 평양의 언사는 흔히 '협박' 또는 '공갈'이라는 용어로 해석되어져 왔으며, 미국은 이에 결코 굴복하지 않을 것이다. 그러나 북한의 행동은 구조적으로 한계가 있는 과장된 행동으로 해석하는 편이 더 나을 것이다. 세계 유일 초강대국의 집중적인 적대 행위에 직면해 있고 그 어떤 의미 있는 외교적 지원도 박탈당할 때 취약함과 두려움은 허세와 도발적인 언사, 공격적인 제스처의 탈을 쓴다. 약자로서 북한에 가해지는 불의에 대한 압박감은 언사의 톤을 높여줄 뿐이다. 북한은 미국 캘리포니아 주의 1/3 크기에 샌프란시스코만 지역의 알라메다 카운티 정도의 경제력을 가진 나라다.[8] 그런 외적인 조짐들이 호랑이의 으르렁거림과 혼동되어서는 안 된다. 절제, 그리고 북한이 철저한 개혁을 추진하면서도 얼마간의 '체면'을 유지할 수 있는 길을 찾는 진지한 노력, 이런 것들이 지구상의 유일 초강대국 미국이 북한에 반응하는 현명한 길이 될 것이다.

현재의 위기는 너무도 심각해 상상력의 비약만이 어떤 해결책을 근본적으로 생각해낼 수 있을 정도지만, 바로 그 손도 대보지 못할 정도의 심각성이 한편으로는 희망의 원천이 되기도 한다. 동아시아가 새롭게 흥기하는 미 제국의 통치권에 적응해야 하는 절대적인 과제에 직면하면서, 대안적인 지역 질서를 찾는 목소리가 상당히 다양한 지역에서 새어나오기 시작하고 있다. 도쿄 · 서울 그리고 평양이 확실하게 동의를 표시하는 것은 특정 형태의 동아시아(또는 아시아) 공동체를 향한 움직임의 필요성이다. 20세기 지역 체제 및 세계 체제에 대한 세 번에 걸친 시도 —— 전반에는 일본 파시즘, 후반에는 자본주의와 공산주의 냉전 체제 —— 의 한 중심이었던 한국은 이제 자신이 21세기 신흥 질서의 중심에 있음을 깨닫고 있을 것이다.

봄날의 따뜻함이 언 강물을 녹이듯이 북한에도 여지없이 변화가 도래하고 있다. 그 진로는 예측할 수 없다. 부분적으로는 얼음이 얼었던 시간과 깊이 때문이다. 1997년 김대중 대통령 당선과 그의 (북한에 대한 수십 년간의 적대감과 절연한) 햇볕정책은 포위된 조선인민민주주의공화국에 대해 그들이 필사적으로 바랐던 자본투자를 위한 개방의 기회를 제공했다. 평양은 자긍심은 있으나 취약함을 신경 쓰면서, 최후의 협상거리로서 과도한 군사적 우세를 염두에 둔 채 협상에 들어갔다. 2000년 6월 김대중은 김정일과 역사적 정상회담을 하러 북으로 갔다. 양측은 한반도 전역의 들뜬 기대 속에서 사회 · 경제 · 문화 협력과 통일을 향한 공동의 전진을 약속했다. 이때부터 온갖 위기에도 남과 북의 협상과 협력 망은 두터워져갔다.

북한이 거쳐 온 특수한 환경의 측면에서 북한을 이해하려고 하는 것이 반드시 그 체제의 정당화를 뜻하는 것은 아니다. 그 체제의 주요 피해자가 외부인이 아닌 북한 인민 자신임은 말할 필요도 없다. 많은 기본적인 사실들에 대해 견해가 대체로 일치한다. 1백만에서 2백만 —— 전체 인구의 5%~10% —— 이 아사한 것으로 추산된다. 수십만 명의 난민이 주로 중국으로 도망쳤다. 2003년 초 유엔아동기금(UNICEF)은 전체 약 2천2백만의 인구 중에 1천5백만 명의 부녀자와 아동이 "생존과 성장을 위해 외부 원조가 필요한 상태가 지속되고" 있으며, 모성의 1/3이 영양실조이거나 빈혈을 앓고, 전체 아동의 9%가 소모성 또는 급성 영양실조를, 또 전체의 42%가 발육저하 또는 만성 영양실조를 앓고 있다고 보고했다.[9] 또 20만 명 —— 전체 인구의 1% 남짓 —— 에 이르는 인민이 노동 수용소에 갇혀 있는 것으로 여겨지고 있다.

북한의 테러와 동원 및 은둔의 독특한 복합체제는 냉전이 끝난 이래 그 강고함을 서서히 잃어가고 있지만, 전체 체제는 여전히 '친애하는 지도자'의 절대 권위와 (역사적 현실에 바탕을 둔 것이긴 하지만) 일본 및 미국에 대한 불신 이데올로기에 의해 강고하게 결합되어 있다. 양국(일본과 미국)의 지속적인 적대성은 북한에 '요새 국가'

를 유지하는 데 일조하고 있으며, 한편으로 고도의 긴장감과 공포감은 폐쇄적인 전체주의 체제의 정당화와 유지에 일조하고 있다. 그런 체제가 계속되어야할 까닭은 없다. 그러나 아프가니스탄과 이라크의 성적이 보여주듯이 폭력과 테러라는 복잡한 문제를 반폭력과 반테러로 해결하려는 시도는 항구적인 문제 해결의 전망을 제공하지 못한다.

2003년 (미국의) 이라크 침공은 예방적 무력이 독재자를 쉽게 권좌에서 몰아낼 수 있다는 사실을 보여주었다. 그러나 바로 그 직접적인 과제의 성공 여부는 다른 결과 —— 중동의 위기 심화, 테러의 확산, 그리고 핵과 다른 대량살상무기의 잠재적 확산 가능성 —— 와 대비해 측정되어야할 것이다. 더욱이 '예방적' 공격이 아무리 '제한된' 것일지라도, 미국의 네오콘이 오랫동안 촉구하던 바대로 북한의 핵 시설 및 미사일 기지에 가해진다면, 이에 대한 군사적 대응은 가공할 정도가 될 것이 틀림없다. 북한은 이라크가 일찌감치 포기했던 것과 같은 종류의 가공할 군사력을 유지하고 있기 때문이다. 네오콘이 선호하는 또 다른 길 —— 압력을 가해 북한 정권의 붕괴를 강요하는 것 —— 또한 효과가 지극히 의문스런 제안이다. 남한과 중국은 모두 평양의 경제적 내부 폭발(또는 내폭 · implosion)이 동북아 전체에 혼돈을 확산시킬 수 있으며, 지구적 규모의 경제 파국을 초래할 수도 있을지 모른다고 걱정한다.

부시 행정부가 폭력이나 압력을 통한 문제 해결에 우선순위를 두는 것은 다른 길 —— 유토피아적이거나 꿈에 젖은 것이 아닌 실현 가능하고, 궁극적으로는 북한, 동아시아 지역, 그리고 심지어 미국마저 더 나은 상태로 심대하게 변화시킬 수 있는 —— 로부터 우리의 주의를 돌려놓는 경향이 있다. 북한의 재난을 최악의 방식으로 해결되지 않게 하는 것, 또는 북한에 손도 대지 못할 최후의 재난이 닥치지 않게 회피하려는 시도가 그리 늦은 것만은 아니다. 이같은 세계적인 구속 상황에서 벗어날 길은 있다. 그 길은 관계 당사국들 모두가 현재의 입장에서, 현재의 위치 이면에 있는 역사, 그리고, 그들이 함께 공유하고 있는 열망을 이해하는 것이다.

| **2장** |

1950～1953년의 전쟁

한국전쟁은 외국의 개입에 의해 대리 세계대전으로 비화된 내전이었다. 미국인과 (중국군 군복을 입은) 러시아인이 공중에서 싸우는 한편, 지상에서는 영국인, 호주인, 터키인, 그리고 다른 국민이 미국 주도의 '의지의 동맹(coalition of willing · 2003년 미국의 이라크 침공을 정당화하면서 미국 내 신보수 세력이 내걸었던 구호)'에 참여해 북한 정규군 및 중국 '지원군'(한국전 참전 중국군의 공식 명칭은 '중국인민지원군')과 싸웠다. 전투는 조선인민군 병력이 남한으로 밀고 들어간 1950년 6월25일 개시됐다. 당시 세계무대에서 미국의 힘은 유엔이 직접 전쟁을 벌이는 결의안을 확정케 하고, 북한의 공격을 막기 위한 16개국 연합군을 유엔 깃발과 미국의 지휘 아래 파병케 할 정도였다. 비록 서울이 며칠 만에 함락됐지만 전쟁의 흐름은 서서히 북한군에 불리하게 돌아갔고, 3개월 뒤에는 유엔군이 북한군을 38선 넘어 중국 접경 지역까지 후퇴시켜 '중국인민지원군' 의 개입을 불렀다. 양측은 1953년 6월27일, 마침내 정전 협정이 체결되어 (군사) 분계선에 의해 전쟁이 개시될 당시와 거의 똑같이 남과 북으로 갈릴 때까지, 당면 현안과 이데올로기를 놓고 끊이지 않는 입씨름을 벌이면서 민둥산 고지 점령 싸움을 계속했다.

한국전쟁은 전쟁을 촉발한 문제들을 더 악화시키기만 한 승자 없는 전쟁이었다. 전쟁은 소모적인 교착상태로 끝났고, 나라는 경제적으로 재건하는 데에만 한 세대가 걸릴 정도로 황폐화됐다. 물론 심리적·감정적인 치유 과정은 여전히 지속되고 있다. 한국전은 미국과 중국간 지역 및 세계 우세를 다투는 싸움의 개막전이기도 했다. 더욱이 한반도에서의 전쟁은 미국에게 반세기 후 9월11일(2001년 9·11을 지칭)처럼, 적대적인 이데올로기와 체제에 대한 봉쇄로부터 '반격(rollback)' 으로, 평화 체제로부터 전시 경제 체제로의 거대한 전환을 격발시키는 방아쇠 구실을 했다. 두 개의 한국이 벌이는 현재의 대결 양상은 한국전이 초래한 결과를 돌이켜보지 않고서는 이해할 길이 없다.

1950년 왜 전쟁이 터졌는가에 대한 문제의 답은 간단하다. 미국이 자신의 세계적 필요성에 맞추어, 천년 넘게 통일을 유지해왔고 문화와 전통 또한 아주 특별히 일관적이었던 한 나라를 분단시켰다는 것이다. 소련 군대는 1945년 8월9일 국경을 넘어 한국으로 진입했고, 6일 뒤 일본이 항복할 때에는 이미 북한의 대부분을 장악했다. 반면 당시 미군은 한반도에 가장 가까웠던 병력조차 오키나와 섬에서 수백 킬로미터 떨어진 곳에 있었다. (미국) 국무부는 과거에는 전혀 정치적 또는 문화적 의미가 없었던 지리상의 표시인 38선에 황급히 임의의 선을 그어 한국의 수도 서울과 인구의 대부분을 미국의 영향권 아래 두었다. 미국의 지상 병력이 없었는데도 러시아의 독재자 조지프 스탈린은 고분고분 자기네 군대에 미국 전선에서 철수하라는 명령을 내렸다. 독일의 경우처럼 유럽의 전례를 따랐다면, 아시아에서는 침략 국가인 일본이 분할 점령되었을 것이다. 그러나 정작 아시아의 경우, 분할(분단)된 쪽은 거의 반세기 동안 잔혹한 일본 식민 통치를 겪은 피해국인 한국이었다. 한국인들에게 이같은 분단 행위는 원죄가 되었다 —— 그리고 이후 20세기 내내 장구한 고통의 원인이 되었다.

한국인들에게 20세기는 고통으로 가득 차 있다. 20세기 전반부는 한국을 아예 흡수·합병해 버리려는 일본의 집중적인 노력이 기울여지면서 흘러가버렸다. 20세기 후반부는 1945년 일본의 패전에 이은 분단 결과를 처리하느라 또 한 세월이 흘렀다. 일본은 1910~1945년 한국인들에게 정부만 강요한 것이 아니라 한국인의 민족 정체성을 말살하고, 일본 천황과 그 조상에 대한 숭배를 국가 종교화하여 대체하려 들었고, 한국식 이름과 한국 언어를 일본식 이름과 일본 언어로 바꾸려들었다. 또 제2차 세계대전 기간 일본이 전

시총동원 체제로 돌입하자 한국의 젊은이들을 일본 군대에 동원하거나 광산 및 건설 현장에서 노역시켰으며, 수만 명의 젊은 여성들, 대개는 16~19세 꽃다운 나이의 처녀들을 '대일본 제국군'에 성적으로 봉사할 '위안부'로 끌고 갔다.

일본 제국주의 질서의 붕괴로 야기된 1945년 8월의 '진공 상태'는 민족해방과 사회 변화에 대한 열망으로 불타오르는 한국인들로 채워졌다. 북에서는 스탈린의 후원 아래 강력한 항일 경력의 정권이 형성됐고, 남에서는 민족주의 세력이 무자비하게 숙청당했다. 일제로부터의 해방을 민족적 사명의 완수로 환영하고, 독립적이며 정의로운 한국적 사회 질서를 만들 절호의 기회로 받아들였던 38선 이남의 한국인들은, 그러나 독립이 아닌, 반공을 존재 이유로 하는 예속 국가를 강요받을 수밖에 없었다. 미국 정책 결정자들의 목표는 부정적이고 선제적이었다. 즉 가능한 한 소련에게 많은 땅을 넘겨주지 않는다는 것과 미국의 전략적 이해를 반영하는 협력적인 정권을 수립한다는 것이다. 특히 통일된 공산 한국을 우려한 미국인들에게 한국의 민족주의 열망은 아주 질색이었으며, 훗날 소련이 헝가리와 체코슬로바키아의 민족적 열망에 대해 그랬던 것처럼 한국의 민족주의적 열망은 분쇄될 운명에 처해 있었다.

일본의 항복 선언과 함께, 들뜬 기대감이 수도 서울을 휩쓸었고, 자발적인 대중 지방 조직망인 '인민위원회'가 구질서의 부역자들과 수혜자들을 뿌리 뽑고 좀 더 정의롭고 평등한 세상을 만드는 것을 뜻하는 새 국가 질서의 중추 조직으로 등장했다. 이 두 가지 열망은 과거 계급적으로 새로운 민주적 민족 국가를 탄생시켰던 것과 같은 근본적인 사회 변동을 초래할 잠재력이 있었다. 하지만 결과는 그렇지 못했다. 인민위원회는 서둘러 '공산주의 통일전선'으로 규정되어 금지되었으며, 초보수적이고 강경한 반공주의자 이승만이 새 정권의 대표에 앉혀졌다. 그는 미국 워싱턴에서 수십 년간 살았던 한국인 망명객 출신으로, 미국 보수 세력과 강력한 유대 관계를 다져놓고 있었다.

이승만과 그의 미국인 스승이 세운 국가 구조는 이념적 반공주의를 한국 내 지방 토착 엘리트의 보수주의와 결합한 것이며, 구 일본 식민 국가로부터 물려받아 일부 면모를 일신한 치안 및 경찰 기구가 이를 떠받치고 있었다. 전제적이고 보수적인 엘리트 배경, 친밀한 대미 관계, 반공주의라는 새로운 '반격' 국면에 대한 공약 등으로 이승만은 새 질서의 완벽한 상징이 됐다.

이런 연유로 미국인들은 한반도에 도착한 지 불과 몇 개월 만에 널리 비난의 대상이 됐다. 미군 사령관 핫지 Hodge 장군은 '친미'가 '친일 민족 반역자' '친일 부역자' 비슷한 형용사가 됐음을 깨달았다. 핫지의 정보원은 1946년 2월 그에게 공정하게 선거를 치를 경우 남한의 좌파 분자들이 이기게 될 것이라고 보고했으며, 같은 달의 한 조사 결과는 남한 인구의 49%가 일제 치하 때보다 미국인 치하에서 생활 조건이 더 나빠졌다고 느끼고 있음을 보여주었다.[1)]

인민위원회와 태동기의 북측 공화국 관련자들은 권력을 동결당한 뒤 체포되거나 지하로 숨어들었다. 1946년 8월 미국 「시카고 선」지의 한국 특파원 마크 게인 Mark Gayn은 "수백만 명은 아니더라도, 수십만 명"이 관련된 "전면적인 혁명"으로 상황이 급변할 위험이 있다고 묘사했다.[2] 인민위원회를 지키려는, 또는 심지어 각 시 · 도 · 군 · 구 지방 권력을 장악하려는 도시 · 농촌의 비조직적인 시도는, 그러나 일제 하에서 훈련받은 치안대의 적수가 되지 못했다. 많은 사람들이 죽었다. 광범위한 민족적 합의를 약속했고 북에 대해 타협을 추구했던 가장 유명한 인물 여운형은 1947년 암살당했다.

1947년 11월11일 도쿄의 호주 외교 대표부의 책임자 패트릭 쇼 Patrick Show는 남한의 상황을 다음과 같이 묘사했다.

진짜 힘은 미국 GHQ (연합군총사령부 · 종전 후 일본 점령 당국)의 G2(연합총사령부의 주요 기구로 정보 및 정치 담당)와 이승만의 지도에 따라 움직이는 무자비한 경찰력 그리고 김구('한국임시정부'의 일부가 있었던 중국에서 1945년 귀국)에게 있는 것이 분명하다. 한국의 형무소들은 현재 일본 통치기 때 이상으로 정치범으로 가득 차 있다. 극우파의 정적에 대한 고문과 살해는 묵인되고 있으며 점점 더 일상사가 되고 있음이 분명하다.

38선 이북 소련 관할 구역에서 당초부터 높은 수준의 자율성이 허용되었고, 민족적 · 사회적 해방에 대한 열망도 장려되었다. 친일 부역자에 대한 숙청, 토지개혁, 여성해방, 그리고 일본인 재산에 대한 공공으로의 소유권 이전 등 급진적인, 그러나 폭넓은 대중적 사회 · 경제개혁이 수행되었다. 소련과 북한 사이의 영향력 경쟁에 대하여 컬럼비아대학 찰스 암스트롱 Charles Armstrong의 최근 연구는 '북한의 소련화' 이상으로 '소련 공산주의의 한국화'가 있었다고 결론짓고 있다. 즉 "북한은 형식상 스탈린주의화 되었지만 실제 내용상 명백히 민족주의적이었다"는 것이다.[3] 이는 소련이 비상한 힘으로 자신의 정책을 지시했음을 뜻하는 것이 아니라, 북한 사회의 혁명적 역동성에 좀 더 많은 재량권을 주는 것이 오히려 소련의 이해에 도움이 됐음을 지적한 것이다. 스탈린은 간섭할 필요가 없었다.

이같은 새 체제의 최고 자리에 등장한 김일성은 향후 45년간 북한의 지배자가 되게 된다. 1930년대 유격대 지도자로서 그의 항일투쟁경력은 흠잡을 데가 없었다. 그가 '무한한 천재성'를 지닌 신과 같은 인물은 결코 아니지만 평양은 그를 적어도 일본에 저항했다는 점에서 능력과 추진력을 겸비한 인물로, 또 중국과 소련 공산 군대에서 장교로 복무한 적도 있기 때문에 중국과 소련 당국 양쪽으로부터도 높은 평가를 받고 있었다. 또한 김일성은 환경과 운의 덕도 적지 않게 본 인물이었다.

| 유엔 |

1947년 말 당시 분단된 한국 문제는 미국의 일방적인 주도로, 미국의 우세가 한창이던 유엔으로 이관됐다. 유엔한국임시위원회 (UNTCOK)가 늦어도 1948년 3월31일 이전에 있을 국회의원 선거를 위해 구성되었다. 이때부터 적절한 절차를 밟았더라면 결코 일어나지 않았을 전쟁으로 치닫는 위기를 부채질하며, 유엔은 심하게 요동질 치고 있는 정국의 한복판에 뛰어 들었다.

소련의 협력을 기대할 수 없다는 사실은 거의 즉각적으로 분명해졌고, 실제로 북측에 들어가겠다는 유엔의 요청은 퇴짜를 맞았다. 그럼에도 위원회가 자기 역할을 '전국 선거'의 감독 기관으로 규정하자, 당시 위원장 인도인 메논 K. P. Menon의 표현처럼 '거의 만장일치'로 분할 선거 또는 '지역별 선거'를 반대하는 움직임이 분명해졌다. 그러나 체코슬로바키아에서 공산주의 혁명이 발생하자 같은 해 2월26일 유엔 잠정위원회(1947년 평화와 안보 문제를 조언하기 위해 구성된 유엔총회의 상설 위원회)가 미국 뉴욕에서 열렸다. 최소한 몇몇 회원국은 체코슬로바키아처럼 한국에서도 공산당이 '승리'하는 것은 막아야한다는 논리에 설복되어, "소련의 지지가 없을 경우에도 전국 선거 강행"이라는 방안을 승인했다.[4]

임시한국위원회 소속 위원들이 1948년 초 한국에 도착했을 때 이들은 남한 단독 선거 승인을 극도로 꺼렸다. 하지만 미국의 압력이 지속적으로 가해졌다. '적절한 수준의 자유 분위기'가 존재한다면 우선 접근 가능한 지역에서부터 선거를 실시한다는 결정은 이로부터 두 달 뒤 채택됐다. 이때의 결정은 캐나다와 호주가 반대하고 인도가 중대한 캐스팅 보트를 쥔 가운데, 아슬아슬한 표차로 채택됐다. 훗날 인도 대표는 자신이 "설득당했다"고 술회했다. 그는 실제로 당시 잘 알려진 인도의 여류 시인이자 자신의 한국인 연인에게 자신의 판단 과는 다른 결정을 하도록 설득 당했다.[5] 이같은 선거가 한국의 통일 명분을 앞당기지 못할 것이며 "극우세력을 제외한 모든 세력"에 의 해 보이콧될 것이라는 일부 위원들의 주장은 핫지 장군에 의해 "소련 에 대한 전형적인 유화 태도"라고 비난받았다. 그럼에도 역사는 남한 단독선거를 반대했던 일부 위원들의 두 가지 주장이 옳았음을 증명 하고 있다.

분리(단독) 선거가 대두되면서 이승만을 제외한 가장 저명한 남 한 지도자들은 김일성에게 남북 정치 협상을 제안하는 서한을 보냈 다. 호주와 캐나다 대표는 이같은 방안에 대해 지지를 표명했으며 협 상 회담은 실제로 가장 저명한 자유주의 및 우파 민족주의 지도자들 을 포함한 남측 대표 240명이 참가한 가운데 (1948년) 4월 평양에 서 열렸다. 그러나 모든 외국 군대의 즉각적인 철수, '독재와 독점 자본주의'의 거부, 그리고 통일 정부의 구성 등을 요구한 공동 선언 은 불의의 사고를 만났다.

좌파와 민족주의 우파에 의해 보이콧 당한 남한의 선거는 경찰 및 관련 우파 세력에 의해 조직되고, 폭력과 협박이 공공연히 동원된 선거 운동 끝에 5월10일(이른바 5·10 단독 선거) 실시됐다. 한국위원회 위원들 어느 누구도 국회가 제대로 된 국가 제도가 될 것이라고 생각지 않았다. 6주간에 걸친 논쟁과 미국 측의 지속적인 압력을 거친 뒤에도, 이 선거는 "위원회가 접근할 수 있는 한반도 지역 내에서 유권자 자유의사의 유효한 표현"이라는 애매모호한 방식으로 가까스로 인정될 수 있었다. 선출된 대표들은 그럼에도 국회를 구성·소집하여 헌법을 기초하고, 이승만이 '대한민국'의 초대 대통령으로 임명됐다. 같은 해 8월12일 미국 정부는 이 정부를 1947년 유엔 결의에서 구상했던 정부로 승인했고, 이어 같은 해 12월12일 유엔총회도 새 정치 기구를 "한국의 유일 합법 정부"로 선언했다.

대한민국은 이처럼 폭력과 억압, 그리고 유엔과 산하 위원회에 대한 미국의 일관되고 단호한 압력 행사가 점철되는 불길한 환경에서 탄생했다.[6] 분단의 고착화에 대한 광범위한 불만은 제주도에서 폭발했다. 그 결과 30만 명의 주민 가운데 10~25%가 학살당했고, 전체 촌락의 절반 이상이 불탔으며, 이때 개발된 게릴라 소탕전의 기기묘묘한 수단들 —— 주민을 전략촌 또는 요새화된 촌락으로 묶고, 식량 작물을 폐기시키며, 토지를 초토화하고, 양민을 학살 —— 은 훗날 베트남의 실제 작전에서 화려하게 꽃 피게 된다.[7] 제주에서의 '선거'는 봉기가 무자비하게 진압된 뒤 다른 지역보다 1년 늦게 실시될 수 있었다.

평양은 8월 25일 독자적인 선거를 치러 남한에 상대되는 제도로서 최고인민회의를 구성해 국가 의회기구로 합법성을 선언하고 김일성을 지도자로 한 정부를 수립했다. 이렇게 유엔의 개입은 한반도 분단을 강화했을 뿐이다. 두 개의 상호 적대적인 정권 가운데 하나는 대체로 일본 식민 국가와 그 존립을 가능케 한 각종 기구의 핵심 특징을 그대로 유지한 상태였지만, 또 다른 정권은 일본에 수십 년간 대항해 투쟁한 세력에서 창출되었고 급진적인 사회 · 경제개혁에 대한 강렬한 요구에 부응하는 형태를 취했다. 소련과 중국이 북한 정권을 지원했다는 사실 때문에 당시 북한에서 압도적이었던 민족주의의 빛은 바래게 된다. 이후 두 점령 지역이 전적으로 상반된 길을 걷게 되면서 점차 통일의 전망은 약화된다. 혁명 정권과 반혁명 정권의 통합은 일방의 항복 또는 전쟁에 의해서만 성취될 수 있었기 때문이었다.

일시적인 '사실상(de facto)'의 분할은 영구적인 '법률상(de jure)'의 분단으로 변화했다. 1950년까지 두 개의 화해 불가능한 정부는 총력을 기울여 38선에서 대결했으며, 양측은 모두 무력통일을 공언했다. 1950년 전쟁이 터졌을 때 갈가리 찢긴 민족을 통일하려고 침공을 시작한 쪽은 김일성이었다. 그러나 이승만도 그 이전 자주 침공을 위협한 바 있으며, 1949년에는 북한의 방어 태세를 시험하기 위해 월경 기습을 감행하기도 했다. 당시 일반적으로 믿어지고 있던 것과 달리, 스탈린은 세계 정복을 위한 계획이 없었고, 김일성으로부터 48회에 걸친 전문 호소를 받은 뒤에야 마지못해 침공 계획에 동의

했다. [8]

| 전쟁 발발 |

한국에는 두 개의, 정부 즉 공산주의와 반공주의 정부가 있었으며, 저마다 국토 전체에 대한 지배력을 확장하려는 확고한 결의를 갖고 있었다. 1948년 재조직된 유엔한국위원회(UNCOK)는 통일을 촉진시키기 위해, 그리고 적절한 절차에 따라 외국 군대의 철수를 감시하는 방안을 발전시키는 자유·대표 기구로서 '참관 및 협의'를 진행하기 위해 사무실을 낼 예정이었다. 사실 이 기구는 남쪽의 대한민국 정부에 대해 지레 역할을 할 수 있는 능력이 미약했고, 북한의 조선인민주주의공화국에 대해서는 이같은 능력이 전무했다.

서울의 한국위원회 위원들은 각종 사안들에 대해서 행사할 수 있는 영향력 면에서의 무능력에 난감해했고 정권의 억압적 성격에 심난해했다. 인도와 호주 대표는 특히 국회의원의 체포, 언론에 대한 협박, 그리고 "공식 회의가 툭하면 열리지 않는다는 사실"을 우려했다. 남한 전국에서 유격전은 지속되었고, 유격대 활동이 진압된 곳에서는 "첩보 행위, 검열, 선전과 탄압 등 경찰국가 수단에 의해서만" 질서가 유지되고 있었다. [9] 1948년 4월 평양을 방문한 바 있으며 이승만에 의해 '반역자'라고 비난받았던 우파 지도자 김구가 같은 해 6월 암살당한다. 여운형과 김구의 피살로 남한의 걸출한 비 공산계

열 민족주의자 두 명이 사라지게 되었다. 한 명은 좌파이고 다른 한 명은 우파였지만, 두 사람 모두 민족의 어떤 분열도 열렬하게 반대했던 인물들이었다.

도쿄의 호주대사관 대표에 따르면, 한국 정부는 "대통령과 내각 몇몇 각료들의 전제적 독재정권으로서, 무자비한 경찰력의 뒷받침을 받았다." 미국 중앙정보부(CIA)는 이승만을 "아무도 의지를 꺾지 못할 고집불통" 아니면 "노망난 늙은이"로 생각했고, 영국대사관은 그를 "위험스런 파시스트 또는 정신 이상자"로 간주했다.[10] 남한 내부 저항을 진압하기 위한 대규모 작전이 1950년 초 내내 계속됐다. 월터 설리반Walter Sullivan은 「뉴욕 타임스」에 이 나라의 봄은 "아마도 세계에 유례가 없는 테러의 먹구름으로 어두워지고 있다"고 썼다. 통일을 위한 이승만의 '북진' 요구는 나날이 거세어졌으며, 그의 군대는 기습의 강도를 높였다. 그는 사흘 안에 북의 수도 평양을 점령할 수 있다고 호언장담했다. 캔버라의 호주 외무부는 다음과 같이 적고 있다. "(서울) 정부가 내놓은 유일한 통일 문제 해결 방안은 총탄과 대검이다."[11] 이 말은 남측 못지않게 북측에도 해당된다.

(1950년) 4월 김일성은 모스크바를 방문했다. 거기서 스탈린은 "선제공격 작전계획"에 대해 최종 승인 도장을 찍어주었다.[12] 5월초 자신의 계획에 대한 지지를 얻기 위해 김일성은 중화인민공화국의 새 지도자이자 중국 내전의 승리자인 마오쩌뚱을 방문했다. 마오는 미국의 개입이 없을 것이라고 생각한 듯하다. 1949년 여름부터 이듬

해 봄까지 중국 인민해방군은 약 5만에서 7만에 이르는, 전원이 실전으로 단련된 고참병인 한국인 출신 병력을 군사 장비와 함께 북측으로 돌려보냈다.[13] 평양과 모스크바는 비밀 전문의 교환을 통해 조선인민군의 기존 7개 사단뿐만 아니라, 신설 3개 사단에 대해 "승리가 완전히 확보될 때까지" 장비를 보급한다는 협정을 확정했다. 탱크를 포함해 약속된 무기와 장비는 (1950년) 4월 블라디보스토크로부터 해로와 육로를 통해 도착했다.[14] 같은 해 6월 25일 이른 아침 북한군은 38선을 넘었다. 전쟁이 시작된 것이다.

유엔 안보리는 6월 25일 뉴욕에서 서둘러 소집된 회의에서 북한의 '무력 공격'을 규탄하고 북한에 대해 철수를 요구하며, 회원국들에 대해 이같은 목표를 달성하기 위한 협력을 호소하는 미국 측 결의안을 통과시켰다. 어떤 독자적인 정보원도 없이 안보리는 단순히 미국 대사로부터 들은 내용을 수락했다. 우리는 트리지브 리에 Trygve Lie 사무총장의 설명을 통해 그가 개별적으로 몇몇 안보리 회원국들을 상대로 유엔 결의에 찬성하도록 설득 작업을 벌였음을 알고 있으며,[15] 뉴욕의 호주대사관이 본국 정부에 보낸 "1급 비밀, 긴급 상황" 케이블을 통해서는 20대 중 10대의 노획 탱크가 러시아산일 뿐만 아니라 실제로 러시아 군에 배속되어 있다는 정보에 기초해, 프랑스와 이집트의 대표도 또한 투표 내용을 바꾸도록 설득 당했음을 알 수 있다.[16] 이 보고는 러시아 전쟁포로가 전쟁 기간 중 한 번도 발생하지 않았다는 사실에 비추어 볼 때 명백한 날조였다. 투표는 찬성 9, 반대 0, 그리고 기권 한 표로 통과되었으며, 소련은 중국의 안보리 자리를 베이징에 넘기기를 거부한 데 대한 항의표시로 안보리를 보이 콧하는 바람에 우연히 불참한 상황이었다. 그렇지 않았더라면 소련은 유엔의 어떤 행동에 대해서도 거부권을 행사했을 것이다.

한국의 분쟁은 국가 주권 주장에 대한 두 경쟁자간의 분쟁 —— 즉 내전 —— 이었기 때문에 엄격히 말해 안보리의 평화 집행 강제력이 적용될 수 있는 사안은 아니었다. 그러나 유엔이 마침내 전쟁에 참여키로 하는 두 번째 결의안이 이틀 뒤 통과됐다. 트리지브 리에는 이번에는, 실제로 미국 측 주장을 증명할 —— 6월초 38선으로 파견된 유엔의 현지 시찰단 소속 호주 관리 2명이 전쟁 전야에 작성한 보고서 형태의 —— 독자적인 증거를 갖고 있음을 시사했다.[17] 그러나 그들의 보고서는 단지 38선 어느 편에서도 전쟁 준비의 징후를 보지 못했다고 진술했을 뿐이다.

6월26일 서울 회의에서 한국위원회는 북측 정권이 '잘 계획된, 구체적이고 전면적인 남한 침공'을 실행하고 있다고, 사무총장에 조언토록 설득 당했다. 논리는 이랬다. "남측이 침공을 준비했다는 증거는 전혀 없으므로 북측에 책임이 있는 것이 틀림없다." 유엔 안보리에 전달되고 2차 논쟁에서 중요한 역할을 한 보고는 현지 시찰단의 문서가 아닌, 이같은 한국위원회의 해석이었다. 당초의 보고자 두 사람은 1982년 필자와의 인터뷰에서, 사실상 자기네는 아무것도 보지 못했다는 사실에 동의했다.

유엔 결의에 따라 형성된 '의지의 동맹'은 유엔 휘하 16개국을 포함했다. 미군 본부는 북측 공격군 약 3만8천 명에 대해 서울과 38선 사이 지역의 남측 병력은 5만으로 수적으로 우세라고 평가했지만, 전쟁 초기 몇 주 간 북한 인민군은 번개 같은 속도로 진군해 침공 나흘째 되는 날 남측 수도 서울을 접수했다.[18] 남한 정부는 급히 남쪽으로 피신해(유엔 사무총장의 특별 보좌관 알프레드 카친 육군 대령은 이승만과 그의 정부를 "쓸모없는 무리"라고 묘사했다) 부산으로 소개했다. 한편 연합군은 후퇴를 거듭해 낙동강 방어선까지 밀렸다. 북한의 당초 계산은 전쟁의 발발을 통해 남에서 전면적인 정치 붕괴를 촉발하고, 신속한 승리로 국제적 개입이 때맞춰 이뤄지지 못하도록 한다는 것이었다. 북한은 전 국토의 약 95%와 전 인구의 98%를 신속하게 장악했다. 그러나 마지막 단 몇 퍼센트가 문제였다. 북한은 미군의 총력에 대처할 준비가 되어있지 않았고 이후부터 시작된 지구전에 대해서도 대비가 되어 있지 않았다.

1950년 초반 미국의 전략적 사고는 중대한 전환기를 맞이하고 있었다. 이는 김일성의 모험을 당초 예상과는 비교할 수 없을 정도로 위험천만하게 만들었다. 중국 내전에서의 공산당 승리와 소련 최초의 성공적인 핵무기 폭발 실험이라는 '이중 충격'은 워싱턴을 뒤흔들었다. 국가안보회의68(NSC68), 즉 최상급 비밀 비망록이 1950년 4월12일 트루먼 대통령에게 제출되었다. 이 문건은 세계 패권에 대한 크렘린의 '광적인' 계획에 대한 마니교적 투쟁관(사물을 선과 악의 이분

법으로 봄을 뜻함) 을 요약한 것으로, 오늘날 미국 부시 정부의 신보수주의 세계관의 정신적 선례라 할 수 있다. NSC68은 세수 확대와 국방 예산의 2배 혹은 3배 증액을 촉구하는 한편, 봉쇄 정책으로부터 공산주의 '반격' 정책으로의 전략적 전환을 위한 기초를 닦았다.[19]

| 전쟁의 수행 |

워싱턴에서 임명된 주한 유엔군 사령관 더글러스 맥아더 장군의 '인천 상륙'은 북한군의 보급선을 효과적으로 차단하며 전세를 역전시켰다. 공습과 유엔 측의 병력 및 물자에 대한 점차적인 증강은 압력을 심화시켰다. 북한군은 3개월도 채 못 되어 당초 국경을 돌파했을 때와 마찬가지로 갑작스럽게 붕괴될 지경에 이르렀다. 9월말 이승만은 통일 한국을 지배할 희망에 부풀어 서울로 돌아왔다. 10월 중순 스탈린은 김일성에게 그의 군대를 소련이나 중국으로 빼라고 충고했다.[20]

유엔군은 물론 김일성의 군대를 38선 이북으로 격퇴시킨 데 대해 만족해하고 있었다. 하지만 미국의 정책 결정자들은 자신들의 반격논법에 따라 옛 전선을 넘어 북쪽 정권을 완전히 궤멸시키겠다고 작심하고 있었다. 통일된, 독립적인 민주 한국을 세우기 위해 취할 수 있는 '모든 적절한 조처'를 촉구하는 결의안이 유엔총회에서 채택됐고, 한국통일부흥을 위한 유엔위원회가 설치됐다. 하지만 미국 지휘 유엔군의 중국 및 소련 국경 지역으로의 쇄도는 김일성 정권의 소멸을 위협했을 뿐만 아니라 분쟁의 확대라는 명백한 위험부담을 동시에 수반하고 있었다.

미군 제1진이 중국 국경 지대 압록강에 다가서자 중국의 우려가 현실로 드러나는 것처럼 보였다. 마오쩌뚱은 당시 김일성 정권의 생존을 위협하는 재앙적 상황 반전을 예상치 못했다. 오랜 내전 뒤 국가 재건이 중대사가 되던 시점이어서 북한에 대한 병력지원을 주저했던 중국은 턱밑에 미국이 지배하는 적대적인 정부가 들어설 경우의 위험부담과 중국 자체의 침공이라는 위험부담이 가중되자 결국 병력을 지원하기로 결정했다.

중국 도시들에 대한 핵 공격 가능성을 포함해 예상되는 손실에 대한 60시간에 걸친 장고 끝에 마오는 마침내 10월13일 참전을 결심했다. 대리전쟁이 직접 전쟁을 하게되는 것 보다는 낫다고 판단한 것이다. 25만 중국군 병력은 한동안 참패해 도주하는 식의 (유엔군 측) 후퇴를 강요하며, 압록강 전선을 넘어 대규모 반격에 나섰다. 12월5일 평양을 재탈환 뒤 북위 38도의 분단선을 또 한번 무시하고, 평화 정착을 협상하는 대신 완벽한 승리를 추구 하는 결정이 내려졌다. 성탄절에 인민군과 중국인민지원군 연합군은 38선을 넘었고 얼마 뒤 서울을 재점령했다.

1950년 말 소련 또한 은밀하게, 그러나 직접적으로 참전했다. 소련은 1989년이 되어서야 소련 공군 비행단이 한국에서 싸웠던 사실을 시인했다. 소련 조종사와 미그기 2백 대는 11월 중순 모스크바를 떠났다. 그들은 북한 북부 지역에서 중국 군복으로 위장하고 항공기에 중국 표시를 단 채 북한군과 중국군 통제 지역에서만 임무를 수행했다. 인명 피해가, 특히 참전 초기 상당했지만, 그들은 미군 항공기 1천3백 대를 격추시키고, 3백45명의 인명 피해를 입는 대신 미군에 수백 명 이상의 피해를 입혔다고 주장했다.[21] 비행단 사령관이었던 게오르기 로보프 중장 자신도 미군기 14대를 격추시켰던 것으로 알려지고 있다.[22] 이같은 사실이 얼마나 정확한가와는 별개로, 2년 6개월간 비밀리의 그러나 전면적 형태의 전쟁이 한국과 중국 소련의 영공에서 항공기 수천대가 참가한 가운데 치러진 것은 분명해 보인다.

남과 북 사이의 내전으로 시작된 전쟁은 처음에는 미국, 다음으로 유엔사령부를 구성하는 다른 나라들, 그 다음으로 중국, 마지막으로 소련이 개입하면서 대규모로 확대됐다. 일본의 해안 경비대 또한 북한 공격이 용이하도록 북한 항만의 어뢰를 제거하는 일급비밀 임무에 참가했다.[23] 한국 내전은 이제 냉전의 축소판이 됐고, 거의 완벽한 난타전으로 진행됐다.

| 대량살상무기 |

중국의 일격이 미군을 전면적인 후퇴 양상으로 몰고 가자 미국의 분위기는 낙관론에서 어둠과 절망으로 변해갔다. 중국 내전 말기 중국 국민당이 중국 본토로부터 대만으로 철수한 사례에 착안해 미국의 군사 계획 입안자들은 심지어 32만8천 명의 남한 사람들을 남태평양 사모아 제도의 사바이 Savaii와 우폴루 Upolu라는 외만 섬으로 소개해 '새 한국'을 건설한다는 어처구니없는 발상까지 검토했다.[24] 좀 더 심각한 것은, 한국전쟁이 공산주의와의 범세계적 차원의 투쟁으로 재해석된 사실에 비추어 패배란 상상도 못할 선택으로 간주되면서 전쟁의 확대 또한 고려했다는 것이다.

전세가 유엔군에 불리하게 돌아가자 핵무기 사용 문제가 테이블에 올랐다. 11월30일 트루먼은 핵무기 사용을 적극 검토 중이라고 밝히면서 이는 유엔 허가 사항이 아니라고 덧붙였다. 이 발언은 미국의 동맹국도 깜짝 놀라게 했다. 영국 클레멘트 애틀리 Clement Atlee는 워싱턴으로 날아가 자제를 촉구했다. 사실 트루먼은 핵무기 사용뿐 아니라 중국에 대해 공습을 가하거나 중국 해안을 봉쇄하는 방안까지 고려하고 있었다. 한편 합동참모회의는 중국에 패배한 대만의 중국국민당이 본토 수복을 꾀할 경우 이를 지원하는 방안을 검토 중이었다. (1950년) 12월9일 맥아더는 중국의 베이징 다롄·뤼순(포트 아더)과 러시아의 블라디보스토크 및 하바로프스크 등 가능한 공격 목표물을 열거하면서 원자폭탄 26개와 자신의 판단에 따라 이를 사용할 권한을 요청했다. 그는 또한 열흘 안에 전쟁을 '끝장낼' 계획을 입안했다. 즉 압록강 전선 이북 만주의 '숨통'에 원폭을 투하

하고, 50만의 국민당군을 참전시키는 한편, 동해로부터 서해에 이르기까지 방사능 코발트(cobalt · 원폭 투하 때 발생하는 대표적인 방사능 물질) 띠를 두른다는 것이다.[25] 맥아더가 이 계획을 실현했더라면, 세계대전이 거의 확실하게 일어났을 것이며, (적어도) 한반도 대부분은 거주 불가능한 지역이 되었을 것이다.

트루먼은 애틀리에게 핵을 사용하지 않겠다고 다짐했지만 분해된 원폭을 항공모함에 실어 한반도 해안과 오키나와 기지로 보내도록 명령했다. (1951년) 1월 그는 일기에 "모스크바, 그리고 중국과 소련의 모든 공장"을 파괴할 생각이라고 털어 놓았다.[26] 그러나 중국과 북한이 방어 벙커와 터널을 점점 더 깊숙이 파내려가는 상황 —— 총 1천2백50km의 미로 —— 에서 과연 핵폭탄이 효과가 있을지에 대한 의문, 세계대전의 위험부담이 주요 고려 사항으로 떠올랐다. 적군과 근접한 상태에서 핵무기를 과연 '안전하게' 사용할 수 있을지에 대한 불확실성도 있었다. 덧붙여 미국의 군사 계획가들은 소련이 핵 보복에, 특히 일본에 대한 보복에 나설 가능성을 우려했다. 양심의 가책 혹은 국제법 침해 가능성에 대한 관심은 논외였던 것이다.

핵무기는 그 뒤로도 빈번하게 진지한 고려의 대상이 되었다. 트루먼 대통령이 맥아더 장군을 명령불복종을 이유로 해임시킨 한 달 뒤인 1951년 5월, 맥아더의 후임 매튜 릿지웨이 Mattew Ridgway 장군이 또다시 핵무기 사용권을 승인 받고자 했다.[27] 1951년말에는 '허드슨항 작전'이란 이름 아래, 평양에 대한 모의 핵 폭격 비행훈련이 B-29에 의해 개시됐다. 이는 제2차 세계대전 말 히로시마와 나가사키 원폭 투하를 흉내 낸 것으로서 단호하고 무시무시한 경고를 발하는 의미도 지녔다. 원폭 투하 문제는 그 뒤로도 미 정부 최고위급 수준에서 주기적으로 논의되었다. 1953년 3월과 5월 사이 또 한번 핵 옵션이 심각하게 논의됐다. 합동참모회의는 신임 드와이트 D. 아이젠하워 대통령에게 핵무기 사용을 건의했다. 그는 부분적으로 '한국 행(to go to Korea)' 공약을 내세워 선거에서 이긴 참이었는데, 그의 발언은 그가 곧 전쟁을 끝낼 의향이 있는 것으로 널리 이해됐다. 그러나 5월에 아이젠하워는 핵 옵션은 재래 수단보다 "달러가 적게 든다"는 데 이끌려 이같은 건의에 동의했다.[28] 그는 "만약 우리가 핵무기를 갖지 않았다면 '그리고 그것을 사용할 의지가 없었다면' 전세계에서 군사 공약을 유지하기는…… 불가능했을 것이다……"라고 생각했다('' 는 추가).[29] 결국 다른 동맹국들의 압력, 소련의 보복 가능성에 대한 실용주의적인 사고, 그리고 평화 회담에서의 돌파구가 한국을(그리고 세계를) 핵 참화에서 구했던 것이다.

한국은 이렇게 핵 공격을 피했다. 박테리아('세균') 무기가 미국인들에 의해 실전에 쓰였는지의 문제는 당시, 그리고 그 이후까지 훨씬 더 논란거리임이 밝혀졌다. 최초의 주장은 1951년 5월 중국과 북한 측에서 나왔다. 후퇴하는 미군에 의해 파괴된 북한 지역에서 천연두와 장티푸스가 발생한 직후였다. 1952년 2월, 페스트와 장티푸스·탄저 및 기타 질병을 퍼트리기 위해 미군이 저공비행으로 세균

폭탄을 투하했다는 또 다른 주장이 제기됐다. 이같은 주장을 뒷받침하기 위해 생포된 미군 조종사의 '고백'이 방송되었으며, 상세한 위치와 사망자 수, 그리고 박테리아 종류와 전달 경로가 보도됐다.[30]

미국이 세균무기에 호소했다는 혐의는 수많은 정황적 증거로 인해 그럴듯해 보였다. 엄청난 분량의 사린 신경가스 비축량은 실제로 실전 사용에 대비한 것이고,[31] 강력하게 부인하긴 했지만 미국은 상당한 수준의 생물 무기 전력을 보유하고 있었다. 그것은 1950년대 뉴욕의 도시 지하철 시스템이나 국방부 상수도 시설과 같은 곳에 생물학적 병원체를 퍼트렸을 것이라는 추측을 불러일으키며, 비밀리에 실험되었다. 1945년 일본의 항복 이후 미국은 상당 기간 중국 내 일본의 생물·화학 무기 계획의 성과를 보관하고 있었다. 일본 육군의 731부대는 부대 책임자의 보호와 면책을 대가로 자신의 기밀과 문서 그리고 샘플을 미국에 내준 전시 파시즘 국가의 가장 저열하고 범죄적인 성격의 표본이었으며, 워싱턴은 이같은 범죄의 사후 공범자가 됐다.

1949년 소련이 이 부대의 몇몇 생포된 부대원에 대한 재판을 열자 미국은 이 재판을 사기성이 짙고 터무니없는 날조극이라고 비판했다. 진실은 이 부대 출신자들이 자백을 시작하고 정보공개법에 따라 공개된 문서가 당초 소련의 재판 때 펴냈던 거의 모든 세부 내용과 맞아떨어진다는 사실이 확인된 1970년대가 되어서야 드러났다. 생물 무기 지식에 대한 미국의 거짓말이 극적으로 폭로되면서, 한국에서의 생물 무기 사용에 대한 미국의 부인 또한 재검토될 필요성이 생겼다. 특히 한국에서 사용된 것으로 추정되는 병원체와 감염 체계가 일본의 경우와 상당히 가까운 형태로 드러났기 때문이다.

미국이 이같은 범죄를 저질렀음을 밝힌 예는 또 있다. 1952년의 한 과학 보고서가 그것이다. 세계평화위원회(World Peace Council)의 후원으로 조직된 '한·중 세균무기 관련 진상 규명을 위한 국제 과학 위원회'는 브라질 영국 프랑스 이탈리아 스웨덴 그리고 소련의 전문가로 구성되어 있었다. 이 기구는 1952년 6~8월 한국과 중국에서 조사를 벌여 1952년 베이징에서 7백 쪽짜리 영문 보고서를 간행했다. 이 기구는 당시 '동조 행위(fellow traveling·공산주의 동조를 뜻함)'로 비난받았으나 과학자들의 경력은 인상적이었으며, 특히 케임브리지 대학의 생화학자 조지프 니덤(Joseph Needham·훗날 저명한 중국 과학 사가가 됨)은 이중에서 가장 두드러진 인물이었다. 중일전쟁 때 중국 주재 영국대사관의 과학 연락관을 지낸 니덤은 중국 중부지방에서 일본이 자행한 생물 무기 공격을 연구했으며 한국에서도 비슷한 방법이 채택되었을 것으로 믿었다. 그러나 위원회는 중국 과학자의 협력에 크게 의존하고 있었고, 생포된 미국 조종사(훗날 석방된 뒤 자신의 진술을 모두 번복함)의 증언을 주로 채택해 논쟁에 휘말렸다.

이 문제는 오랫동안, 특히 관련 사건들이 군사적으로 큰 의미가 없어보였기 때문에 의문투성이인 채로 남아 있었다. 미국이 진짜 생물 무기에 관여되어 있었다면, 그것은 초보적이고 비효율적인 방식으로 난해한 병원균 조합을 채택하여 희생자도 그다지 많지 않았을 것이다. 시간이 꽤 흘렀는데도, 문서보관소에서든 그런 계획의 참여자 증언 형태로든 의혹을 입증할만한 증거는 나오지 않았다.

그러나 1990년대 초반, 옛 소련의 문서보관소에 나온 12건의 문서 한 묶음은 당시 실제로 무슨 일이 벌어졌는지에 대해 단편적이지만 설득력 있는 설명을 제공하고 있다.[32] 이 문서들에 대한 분석을 통해 북한·중국·러시아 측에 대해 인위적이고 기만적인 모종의 국제적 책략이 왕성하고 복잡하게 행해졌음이 분명해졌다 —— 그것은 조지프 니덤이 상상도 할 수 없는 것이라고 생각했던 희대의 사기극 또는 '애국주의 음모'였다.[33] '가상 감염 지역'이 의도적으로 만들어졌다. 살해된 뒤 전략 지점에 유기됐을 것으로 추정되는 중국 내 페스트 감염 지역의 사체에서 콜레라균을 추출해 이를 통해 사형 선고자들을 의도적으로 감염시켰다. 이 기록들 중 하나인, 1953년 5월 소련 정부가 마오쩌뚱에게 보낸 통신문의 일부를 인용해보자.

수신 마오 : 소련 정부와 소련공산당(CPSU) 중앙 위원회가 오해받았습니다. 한국에서 세균무기를 사용했다는 정보의 언론 확산은 허위 정보를 바탕으로 한 것입니다. 미국인에 대한 비난도 조작된 것입니다.

모스크바의 특별 대표로부터 이같은 내용을 통보받자 마오는 "줄담

배를 피우며 꽁초를 비벼 껐으며, 연거푸 차를 마셨다." 음모가 누구로부터 나왔는가는 밝혀지지 않았지만 동기는 추측할 수 있다. 즉 국제적인 도덕적 분노를 조성해 자기네와 전쟁을 벌이는 상대편의 동맹 관계를 약화시키려 했던 것이다. 그 계획의 일부엔 (훗날 헨리 키신저도 추측했듯이) "우리가 핵무기를 사용하거나 중국을 폭격하지 못하도록 하는 것"은 물론, 미리 그처럼 문제가 되는 무기를 미국이 실제 사용할 수 있을지를 예측해보려는 의도도 담겨 있었다. [34]

이 비열한 '세균무기' 이야기에 담긴 공식적인 기만과 허위의 역사를 돌이켜볼 때 분명한 사실은 양측 과학자들 모두가 순진했다는 것이다. 미국을 상대로 한 소송은 1952년 맥팔레인 버넷 경(Sir Macfarlane Burnet · 세균학 관련 저서로 1960년도 노벨상 수상)에 의해 즉각 기각됐다. 그와 같은 행위는 군사적으로는 물론 과학적으로도 의미가 없으며, 어떤 정부든 그것들을 승인하리라고는 "생각도 못할 일"이라는 이유에서였다. [35] 버넷의 이같은 판단은 실제 일본이 생물학 실험을 벌였고 제2차 세계대전 때 중국에서 작전을 수행했다는 사실을 모르던 상황에서 나온 것이다. 다른 한편으로, 영국 생화학자 니덤은 미국에 대한 혐의를 틀림없는 사실이라고 판단했다. 그는 자신이 직접 일제의 전쟁 기록을 연구한 바 있고, 거짓이나 음모를 꾀할만한 중국 동료들은 믿지 않았다고 주장했다. 양측 모두 저명한 학자들이 도덕적 판단에 휘둘려 비과학적이고 불건전한 결론을 내렸던 것이다.

| '재래식' 전쟁 |

'재래식' 전쟁은 대량살상무기와 거의 똑같은 최악의 피해를 발생시킬 수 있음을 입증했다. 네이팜탄이 대규모로 쓰였던 것도 일례이다. 전쟁 발발 직후 최초 3개월 동안에만 7백80만 갤런(3천5백40만 리터)의 네이팜탄이 쓰였다. 런던에서는 윈스턴 처칠 총리가 보좌관과 한마디 상의 없이 "전 문명 세계에 흙탕물을 튀기는 일"이라고 주장했으며,[36] 몇몇 동맹국 조종사들은 "심지어 아군 측 민간인들을 죽이고, 그들의 집을 폭격했으며, 온 마을을 주민과 함께 불 지른" 사실에 경악했다.[37] 1950년 말 맥아더는 북한에 있는 "모든 통신 수단, 모든 기지, 공장, 도시와 촌락을 파괴하라"고 명령했다.[38] 북한은, 역사가 브루스 커밍스 Bruce Cumings의 표현을 빌면, 초토화된 땅의 황폐함 그 자체로 변할 운명이었다.[39] 그리고 실제로 그렇게 됐다. 3년간의 전쟁 기간 대부분, 미국은 북한의 영공에 대해 거의 완전한 제공권을 쥐고 있었다. 폭격의 강도는 주민들 상당수가 대낮에도 문자 그대로 지하에서 지내야할 정도였다. 1945년 일본의 거의 모든 주요 도시를 파괴시킨 미 공군의 포화 상태에 가까운 폭격작전을 입안했던 커티스 리메이 Curtis LeMay 장군은 이제 그의 관심을 한반도로 돌렸다. 그는 훗날 "3년 이상 우리는 남북 양쪽에서 거의 모든 시내를 불살랐다……우리는 백만에 이르는 민간인을 죽였고 수백만 명이 집을 등지도록 했다"라고 자랑했다.[40] 민간 기간시설 망에 대한 공격은 또한 다음과 같은 사실을 포함한다. 1952년 6월, 폭격기 5백 대를 동원해 북한 전력 공급량의 90%를 중단시키며 압록강의 수력발전소 시설을 파괴시켰다.[41] 1952년 7~8월까지 평양에 대한 최대의 대규모 공습이 실시되어[42] 도시 전체가 네이팜을 뒤집어썼고, 6천 명의 민간인 사망자를 냈다. 그리고 마지막으로 1953년 5월, 북한의 농업 기반 시설의 전부나 다름없는 농업용수 댐에 대한 폭격이 이뤄졌다.[43] 이때의 폭격은 적을 아사시켜 굴복시키기 위해 계획된 것이다.

유엔군은 문자 그대로 기록적인 인명 피해를 내며 북한을 유린했다. 국토의 대부분이 돌더미는커녕 아예 가루가 됐던 것이다. 한국전쟁의 3백만~4백만 사망자들 가운데 압도적 다수가 (커티스 리메이가 자랑스럽게 밝혔던) 민간인들이었다. 도덕적 정당성이야 어찌됐든 북측은 폭격, 포격, 네이팜 사용, 댐 폭파, 농작물 파괴 등의 방식으로 민간인 주민들에게 똑같은 무차별 인명 피해를 안겨줄 능력이 없었다.

대개 내전은 구조화된, 규율 잡힌 군사 행동으로 국한시키기 몹시 어려운 극렬한 감정을 촉발시킨다. 제네바협약은 한국에서는 거의 지켜지지 않았다. 서울이 한국전쟁 기간 양측에 의해 번갈아 가며 '해방'된 사실은 곧 '해방군'에 의해 앞서의 점령군에 부역한 것으로 간주된 사람이 색출되어 처벌 받았다는 것을 의미한다.

1950년 전쟁 발발 당시 이승만 정권이 취한 최초의 행동은 정치

범에 대한 처형 명령으로서, 이는 적절한 과정을 거쳐 훗날 들어온
북한군의 잔학행위 탓으로 돌려졌다.[44] 서울에서는 (호주의 외교 소
식통에 따르면) 단 한번의 '공산주의자 약 백 명'에 대한 처형이 있
었다. 그러나 다른 곳에서는 더 많은 사람이 죽었다. 비밀 해제된 미
국 문서는 "2천 명 이상"의 정치범들이 전쟁 초기 몇 주간 재판 없이
처형된 것으로 밝히고 있다. 그들 중 수백 명은 포항에서 바다에 유
기되었으며, 사체는 선상에서 던져졌다. 미국 대사 존 무쵸 John
Muccio는 남한 당국에 '적절한 절차'와 '인간적인 방식으로' 처형
을 실시할 것을 촉구했지만, 자신의 주장을 강요하지는 않았다.[45]
당시 서울 주재 미국대사관 직원이었으며 훗날 유명한 한국사가가
된 그레고리 핸더슨(Gregory Henderson · 『Korea, the politics of the vor-
tex』로 유명)에 따르면, 전국적으로 10만 명 이상이 재판 또는 영장 없
이 살해됐다.[46] 이 모든 사건에 대한 진상 조사는 거의 착수조차 되
지 않았으며, 전시 선전의 일부로서, 북한만 잔인하고 반인륜적이었
다는 압도적인 인상이 여전히 확고한 상태다.

　하지만 북측의 점령은 서울 한복판의 형무소 문을 열고 미처 총
살할 시간이 없었던 탓에 그때까지 살아남았던 모든 정치범들을 석
방하는 것으로 시작됐다. 북측의 서울 점령과 기타 남한 지역 상당
부분의 점령은 고작 두 달 남짓 지속됐을 뿐이다. 비록 선명한 가치
관의 대비를 이루는 (북한)군에 의한 '해방' 과정은 불가피하게 외
상이 컸지만, 대전 지구 전투에서 생포되기 전까지 사령부와 수 주

간 단절됐던 미군 사령관 윌리엄 딘 William Dean은 훗날 "나에게, 민간인들의 (인민군에 대한) 태도는 열렬한 환영에서부터 소극적인 수용에 이르기까지 다양했다"라고 술회했다.[47] 서울 점령에 대한 공군의 한 연구는 서울 점령이 "음악과 연극, 행진 그리고 거대한 스펙터클"의 시간이었으며, 그 기간 중 침략자들은 "대체로 무자비하지 않았다"고 적고 있다. "통일된 자유 한국, 산업의 재분배와 국유화, 여성의 평등한 지위, 사회 개선을 위한 광범위한 프로그램, 낮은 물가와 노동자 생계 확보, 그리고 좀 더 효율적인 정부"를 위한 단순한 프로그램들이 입안됐다. '대중'은 김일성의 선전대 주장과는 반대로 인민군에 그다지 자발적이고 열렬한 환영을 보내지는 않았지만, 많은 사람들이 그 프로그램들을 인정했었다는 사실만큼은 의문의 여지가 없었다.[48] 인민위원회의 복구와 토지개혁의 실시 또한 인기가 있었다.[49] 청년들은 북한군에 강제로 징집됐고, 특히 북한 점령 체제의 붕괴가 임박했을 때 처형이 발생했다. 최악의 사건들은 북한군이 인천 상륙 이후 맥아더 장군 측의 진군에 직면해 급히 후퇴할 때 벌어졌다.[50] 최근의 한 연구는 후퇴가 시작되면서 평양형무소들에서 포로 1천8백 명, 울산에서 5백 명이 즉결 처형됐음을 시사하고 있다.[51]

전체적인 그림은 보기 좋은 것이 하나도 없었고, 한 공군 보고서가 특징을 묘사하며 썼던 용어대로 '야수성'보다 조금 못한 상태였다. 미국의 주요 연구는 이 문제에 대해 다음과 같이 결론내리고 있다.

유엔군에 대한 야만적 행위가 북한 인민해방군 지휘관에 의해
묵인·조장됐다는 증거는 없다 —— 실제, 전쟁포로에 대한 불필
요한 학살을 막기 위한 명령이 북한군 총사령부에 의해 내려졌
다. [52]

서울이 미국과 한국군에 의해 재점령되고 2만9천 명 정도의 한국인
이 북한에 부역했다는 혐의로 처형됐다.[53] 연합군이 북상하면서도
비슷한 일이 벌어졌다. 38도 이북, 평양 및 그 밖의 많은 도시·촌락
의 점령은 잔학행위 그 자체라고 할 정도다. 공산통치로부터의 북한
'해방' 시기 사망자에 대해서는 합의된 수치가 없지만, 미국의 내부
정보 보고들은 "구역질나는 공포의 통치"[54]가 "공산당 및 그 부역자
에 대한 근절 및 파괴" 정책과 병행되었음을 기술하고 있다.[55] 한 통
계에 따르면, 당시 15만 명이 처형되거나 납치됐다.[56]

　전쟁 말기 미국 군의 공식 보고는 북한 잔학행위의 민간인 희생
자가 7천3백34명이며, 이들 중 극히 일부만 전쟁 초기 국면에서 이
승만에 의해 처형된 것으로 알려졌다고 기록하고 있다.[57] 이 숫자는
대전 학살로 알려진 단일 사건에서만 민간인 5천~7천 명이 사망한
통계와는 거리가 한참 멀다. 하지만 '난징 학살·바르샤바 게토 사
건, 기타 이와 유사한 극단적인 사례와 더불어 역사 연감에까지 오
를만한' 이 사건은 미국의 대북 비난 논거의 핵심이 되었다. 학살에
대한 미군 당국의 보고는, 생생한 사진까지 곁들여 1953년 10월 전

세계에서 간행됐다.[58] 북한이 광적이며 잔인하다는 이미지는 상당 부분 반세기 전 한국전쟁의 폭력 양상이 전 세계에 알려진 것에 기인한다.

서울 남방 160km 지점에 자리 잡은 대전에서 학살이 발생했던 것은 의심의 여지가 없다. 처음 이에 관해 출판된 자료는 북한의 「조선인민보」에 나타났다. 이 신문은 1950년 7월 약 닷새 사이 대전형무소에 수감 중이던 상당수의 친북 빨치산 출신을 포함해 약 7천 명이, 학살된 사실을 언급하고 있다. 매일 80대에 이르는 트럭이 죄수들을 촌락으로 끌고 가 휘발유를 끼얹고 태워죽이거나 방공호에 매장시켜 살해했다는 것이다.[59] 당시 영국 공산당 기관지 「일간 노동자 the Daily Worker」의 특파원 알랜 위닝턴 Alan Winnington은 (북한)인민군의 대남 진격을 종군 취재하면서, 대전 부근 낭월 마을의 대규모 무덤들에 대한 조사 사실을 보도했다. 그는 무덤들과 사진 증거물, 그리고 인근 주민들과의 인터뷰를 통해, 대전 지역 형무소들에서 약 7천 명의 죄수가 현장에서 즉결 처형되어 각 부락 단위로 강제 징발된 농민들이 파놓은 대형 무덤에 매장되었다고 결론 내렸다.

위닝턴이 학살 발생 사실이 확실하다고 결론내리고 있을 무렵, 한국위원회(UNCOK) 현지 참관단 소속 호주군 장교인 피치 육군소령과 랜킨 공군 중령은 유엔 측과 남한군 간 연락 장교로 근무하면서 대전 지역에 머무르고 있었다. 피치의 기술에 따르면, (1950년)7월 9일 그들은 트럭들이 죄수를 싣고 남쪽으로 향하는 광경을 '대전 –

공주 간 도로'에서 목격했다.[60] 피치는 1982년 필자와의 인터뷰에서, "바로 눈앞에서 적어도 두세 명이, 소총 개머리판에 머리가 달걀처럼 깨지며 살해되는 것을 보았다"고 증언했다.[61]

훗날 그들은 공주에서 죄수들이 총살되고 있다는 얘기를 들었다.[62] 런던 「픽쳐 포스트」지에 게재된 사진은 죄수들을 실은 트럭을 보여주고 있는데, 여기에는 "금강 둑에서 처형되기 위해 이동 중인, 남한의 반역 혐의자들"이라는 설명이 붙어 있다.[63] 나흘 뒤인 7월13일 북한 군대가 금강을 건너, 7월20일 대전을 점령했다. 위닝턴이 도착할 때까지 대전은 불타고 있었다. 일련의 사건들은 위닝턴, 피치, 그리고 랜킨이 하나의 엄청난 사건을 각기 다른 국면에서 목격했다는 사실을 보여준다.

또 다른 증거가 있다. 생포된 런던 「옵저버 Observer」지의 특파원 필립 딘 Philip Deane은 북한의 포로수용소에 있는 동안, 공산군에게 함락되기 직전의 대전 학살에 대해 들었다. 그의 정보원은 프랑스 신부였다. 딘은 이렇게 썼다.

(카다르 신부는) 내게 말하기를, 미국인들이 대전에서 철수하기 직전, 남한 경찰이 교회 부근의 숲을 모두 쳐내고 1천7백 명을 수용했는데 모두들 트럭에 겹겹이 실려 왔다고 했다. 이 죄수들은 바깥으로 나가 긴 참호를 파도록 명령받았다. 카다르 신부 또한 이 광경을 지켜보았다. 몇몇 미군 장교들도 지켜봤다고 카다르 신

부는 말했다. 참호 파기가 어느 정도 끝나자 남한 경찰들이 죄수들의 절반 정도를 목덜미를 쏘아 총살하곤 남은 사람들에게 시체들을 묻도록 명령했다. [64]

카다르 신부의 만류가 저지된 뒤, 남은 죄수들도 똑같은 방식으로 살해됐다. 그는 죄수들이 "대전형무소에서 반란을 일으킨 공산 게릴라"라는 말을 들었다.

대전 인근에서 매우 처참한 형태의 대량 학살 두 건이 우연히 발견되지 않았다면, 남쪽에서 행해진 북한의 잔학행위가 실제로는 폭력적으로 진행 중인 내전의 와중에 한국이 저지른 소행이었다고 결론 내리기는 쉽지 않았을 것이다.

대전 판 학살극은 미대사관 소속 무관 밥 E. 에드워즈 Bob E. Edwards 중령에 의해서도 보고 됐는데, 그는 워싱턴의 정보 당국에 사진과 함께 보고서를 보냈다. 학살 희생자는 모두 1천8백 명으로 한국군에게 분명하게 책임이 있으며, 처형 명령은 '최상부'에서 내려졌다는 것이다. [65] 당시와 1953년 사이 어느 시점에서, 누군가 —— 군 당국 또는 정부 관계자들 중일 것으로 추정 —— 가 이 사건을 북한의 소행이자 전체 전쟁 기간 중 유일한 잔학행위인 것으로 둔갑시키겠다고 결정한 것으로 보인다. 그러나 진실은 피할 수 없는 법이다. 전쟁 중 최악의 잔학행위는 유엔의 이름으로 활동한 군에 의해 저질러진 것이며, 북한이라는 적에게 책임을 돌림으로써 사실을 은

폐하려는 일관된 노력이 기울여졌다.

사건 발생 40년 이상이 지난 1992년, 한국의 한 월간지에서 당시 학살에 실제로 참여했던 사람들이 위닝턴이 제시한 사망자 수와는 맞아 떨어지지 않았지만 그의 말이 사실임을 확인했다.[66] 불확실하게 남아 있던 부분은 미국이 직접 관련되어 있는가의 여부였다.

한국 측 기록에 따르면 2백48명이 죽거나 다치고, 혹은 실종됐다는, 대전 학살보다 훨씬 작은 규모의 또 다른 사건은 1999년 AP통신의 탐사 보도가 나간 뒤 국제적인 관심의 대상이 됐다. 이 사건은 대전사건 직후 노근리라고 부르는 곳(2006년 5월 30일자「AP」통신은 한국전쟁 당시 미국대사 무쵸 Johne J. Muccio가 노근리 학살이 미군에 의해 저질러진 것을 이미 사건 발생 당시 알고 있었다고 보도했다)에서 철도 터널로 피신한 사람들을 공격해 발생한 것이다.[67] 철저한 조사를 벌인 미군측은 사망 사건은 훈련이 미숙한 신참 미군 병사들 측의 혼란이 부른 유감스런 결과라고 결론 내렸다. 2001년 당시 클린턴 대통령은 사건 발생에 대해 유감을 표명했지만 사죄는 하지 않았다.[68] 대전의 대학살은 여전히 언급되지 않았다.

| 종전 |

1950년 6월 유엔의 주요 계획은 침략군을 당초 그들이 출발한 곳으로 밀어내 공격을 격퇴한다는 것이었다. 그러나 전쟁이 발생한

근본적인 원인은 한국 민족주의의 문제이자 미국이 강제한 한반도 분단에 대한 저항이었으며, 조국을 통일하려는 깊은 열망이었다. 그것이 바로 양측이 싸운 전쟁의 명분이었다. 그러나 유엔은 북위 38도에서 멈추지 않고 북으로 향했으며, 북·중 연합군도 남쪽으로 진격하면서 북위 38도에서 멈추지 않았다. 하지만 유엔과 중국 양측이 주장했던 바대로 가장 바람직한 것은 협상에 의한 문제 해결이었으며, 아마도 핵무기까지 포함했을 세계 규모의 실제 전쟁은 그 반대 대안이었다.

1951년 3월, 유엔의 반격은 북한이 두 번째로 서울을 포기하도록 만들었다. 당시 서울의 인구는 1백50만에서 20만으로 줄었고, 상수 공급 시설이 붕괴되었으며, 질병이 창궐했다. 이후 전쟁은 교착상태에 빠져 소모전으로 접어든다. 대규모 군대가 지상에서 거의 대등한 균형 상태를 이룬 채, 전쟁이 발발했던 부근에서 상대적으로 좁은 지역을 놓고 전진과 후퇴의 시소게임을 반복했던 것이다. 다만 유엔측은 제공권과 제해권을 거의 전적으로 통제하면서 북한을 사정없이 때렸다. 1951년 7월 평화 정착을 위한 회담이 서울 북쪽으로 약 70km 떨어진 개성에서 열렸다. 당시의 북한 대표 리상조는 훗날 자기네측은 회담이 며칠 정도면 끝날 것으로 예상했다고 말했다.[69] 그러나 실제로 회담은 그 뒤 2년이 더 걸렸다.

첫 번째 문제는 새 경계선을 어디에 그을 것이냐, 즉 다시 38도선으로 할 것이냐, 아니면 대부분의 지역에서 전투가 벌어지는 탓에 확정짓기 어려운 '전선의 실제 접선'으로 할 것이냐의 문제였다. 당초의 양해 사항은 경계선을 다시 북위 38도로 하자는 것이지만, 미국은 이를 '주요 원칙상의 문제'로서 거부했고, 그 결과 미국 - 유엔 측이 우세한 공군 및 해군 전력의 사용을 자제하는 데 동의하는 조건으로 적군에게 영토를 더 많이 양보하도록 만들기 위해 새로운 북진 공격을 시작했다.[70] 한편 상대편을 잔학행위의 가해자이자 광적이고 비이성적인 협상 상대로 호되게 비난하기 위한 국제적 선전전이 시작됐다.

핵 협박과 지속적인 해상 및 공중 폭격, 그리고 전쟁 전 기간에 걸친 격심한 지상 전투가 벌어진 뒤, 1951년 10월25일 중단됐던 회담이 판문점에서 재개됐다. 그러나 이번에는 새로운 논쟁거리가 등장했다. 양측에 붙잡힌 수많은 전쟁포로 송환 문제를 어떻게 다룰 것이냐였다. 공산군 측은 적대 행위의 중단과 동시에 즉각적이고 전체적인 포로 송환을 주장하는 1949년 제네바협약(제198조)의 이행을 제안했지만, 미국은 새로운 원칙, 즉 '자발적 송환'으로 맞섰다. 이는 적어도 부분적으로는 모든 포로는 최종적으로 어디에서 누구에게로 석방될 것인지를 결정할 자유가 있다는 인도주의적 근거에 바탕을 두고 있었다. 하지만 이는 동시에, 선택권이 주어지는 상황에서 유엔 측의 포로들 다수가 '폭정'의 손아귀로 송환되기를 거부할 것임을 보여줌으로써 상대편에 선전전 차원의 패배를 안기기 위해 계획된 것이었다.[71] 판문점의 미 - 유엔 측 협상 대표 C. 터너 조이 해군 대장은 훗날 이렇게 기술했다.

> 실질적 규모의 전 공산군 병사들이 공산주의로 돌아가기를 거부한다면, 공산군의 활동에 막대한 타격이 이어질 것이라고 생각됐다. 이같은 생각이 유효했던 것으로 보이지 않았다고 말하게 됨을 유감으로 생각한다. [72]

전쟁은 그러나 이같은 원칙 문제에 얽혀 2년 동안 더 지연되었으며, 이 기간 유엔 측은 미군 9천 명 사망을 포함해 14만의 인명 피해를 냈고, 약 50만 이상의 한국인 민간인이 죽었다. 수용소 안에서는 양측의 선전전 승리를 위한 굳센 결의가 공포와 야만의 통치를 불렀다. 릿지웨이 장군의 사령관실 승인 아래, 비록 열악한 조건 면에서는 사정이 낫긴 했지만 북한의 수용소에서보다 더 많은 전쟁포로들이 유엔군 수용소에서 죽어갔다. [73] 한국군 측 또는 중국(국민당) 측 경비병들에게 수용소의 통제권이 폭넓게 주어졌기 때문이었다. 고향으로 돌아가고 싶다는 의사를 밝힌 포로들에게는 반공 슬로건이 주입되었고, 조이 대장에 따르면 "시퍼렇게 멍이 들도록 구타당하거나 살해됐다." [74] 당시 일련의 반란 사건이 유엔 운영하의 포로수용소에서 발생했지만 탱크와 화염방사기로 진압됐다. 이 과정에서 포로 3백34명이 죽었다. [75]

결국 유엔 측에 있던 전체 9만8천 명 이상의 포로들 중 2만2천6

백4명이 북한 또는 중국으로 송환되는 대신, 국제보호관리군으로 넘겨졌다. [76] 중국포로 3명 중 2명은 중국 귀환이 아닌 대만 행을 선택했다. 실제 중국으로의 귀환을 선택했던 포로들 중 상당수가 적에 대한 '협력' 혐의를 받고 결국 처벌되었기 때문에 그 같은 어리석은 결정을 피한 것이다. [77] 그러나 결과는 선전전의 승리와 한참 거리가 멀었다. 북측 수용소에 갇힌 한국인 포로들 가운데, 고향을 남쪽에 둔 5명 중 1명이 잔류를 선택했다. 미국인들에게 더 충격이었던 것은, 미국 전쟁포로 21명이 미국으로 돌아가는 대신 중국행을 선택했던 것이다. [78] 물론 어느 편 수용소에도 자유 선택을 내리는 데 필수적인 분위기는 조성되지 않았으며, 1953년 12월 중립국송환위원회의 보고서는 다음과 같이 결론 내렸다. "송환을 희망한 포로는 누구나 비밀스럽게, 그리고 생명의 위협을 받는 가운데 송환을 결심했다." [79] 이같은 조건 아래에서의 억류 경험은 몇몇 포로들을 질리게 만들어 추후 남이든 북이든 어느 쪽과도 관계하기를 거부한 채 인도나 심지어 브라질로 가기를 원했다.

'자발적 송환'이 남측의 유엔 포로수용소에 불러온 공포의 통치와 쌍을 이룬 것은 북측 수용소 조건이 훨씬 더 열악하다는 것을 입증하기 위한 강도 높은 선전전이었다. 1951년 11월 미 8군 법무관 제임스 핸리 James Hanley 대령은 대부분 미국인일 것으로 추정되는 5천5백 명의 포로들이 전쟁 발발 이후 북측 수용소에서 학살됐다고 밝혔다. 전체 전쟁을 통해 대략 2천7백 명의 미군 포로들이 감금

기간에 죽었는데, 이는 그들이 추위와 굶주림, 질병 또는 가혹 행위로 사망했음을 뜻한다. 하지만 '잔학행위'의 결과로 죽은 것으로 확정할 수 있는 전쟁포로들의 숫자는 3백65명으로 수정되었다.[80] 반면 유엔 측 수용소에서 중국군과 북한군 포로의 사망률은 이보다 훨씬 더 높다. 예컨대 1951년말까지 유엔 관할 하의 수용소에서 6천6백 명이 사망했다.[81]

　　포로들, 특히 세균무기를 동원한 공습에 참여했다고 '실토한' 미군 조종사들에 대한 세뇌 혐의 또한 광범위하게 유포되었다. 그러나 대체로 최악의 잔학행위 —— 특히 포로에 대한 살해 또는 가혹 행위 —— 는 1950~51년 극도의 혼란 상황에서 발생한 측면이 있다. 훗날 호주 육군이 행했던 것과 같은, 이에 대한 공식 연구들은 호주군 포로 등 포로들에 대한 고문이나 잔학행위의 증거가 없었다고 결론내렸다.[82] 영국의 (전직) 국방 참모장 카버 경 Lord Carver은 "중국 측 관할 하의 유엔 포로들은……확실히 모든 면에서 미군 관할 하의 포로들보다 사정이 나았다"고 인정했다.[83]

　　평화 정착을 지연시킨 또 다른 요인들은 승리가 아닌 다른 어떤 종전 조건에 대해서 호의를 보이길 거부한, 그러면서 동시에 권력 유지를 위해 정권 차원의 공포와 협박을 사용하고자 했던 이승만 정부이다. 법정에서는 음모 재판이 진행되고 군중들이 이대통령의 권력 유지에 필요한 개헌 통과를 보장하라라며 국회 의사당을 둘러싸자, 미 당국은 그를 퇴진시키기 위한 쿠데타를 조직하는 계획을 두고 고민했다. [84) 당시 유엔군 사령관 마크 클라크 Mark Clark 장군은 이승만을 "전에 없는 비양심적인 독재자"라고 불렀다. [85)

결국 이승만이 살아남아 '자발성'의 원칙이 수용되고, 전쟁포로들이 교환되었지만, 3년 1개월간의 전쟁을 치른 후엔 1953년 7월27일에서야 정전 협정이 조인되었다. '빅 스위치 작전'을 통해 유엔 사령부는 1만2천7백73명의 포로들을 상대편에 넘겨주고 3백59명을 인도의 보호관리군에 인도했으며, 북 - 중 측은 7만5천8백1명을 유엔사에 돌려보내고, 2만2천6백4명을 인도 관리군에 인도했다. [86) 중국 · 북한 · 미국(한국은 빠짐)에 의해 조인된 정전 협정은 항구적인 평화정착으로 전환하는 문제를 여전히 남겨두고 있다. 이 전쟁에서 승자는 없었지만, 희생자들 —— 인구 비율 면에서는 제2차 세계대전 종전 당시 소련의 경우보다 북한 측이 상대적으로 더 많았다 —— 은 무수히 많았다. 전쟁에서 살아남은 세대는 아직도 육체적 · 심리적 전쟁의 상흔과 싸우고 있으며, 전쟁을 초래한 첫 번째 원인 —— 민족 분단 —— 은 미해결로 남아 있다. 사실 전쟁은 현대 한국의 원죄로 남아 있다.

| 다시는 없어야할 전쟁 |

반세기의 시간이 경과한 시점에서 한국전 당시의 사건들을 되돌아보는 일은 냉엄하다. 미국의 한반도 정책은 반공이라는 포괄적인 지상 명제에 종속되어 있었다. 이때문에 미국은 자결권이라는, 궁극적으로 통일을 필요로 하는 목표에 집요하게 반대했다. 2003년 많은 평론가들이 (제2차 세계대전 이후) 미국의 일본 점령을 이라크 전쟁 이후 유사하게 전개될 과정에 대한 교훈과 전례로 주목했지만, 아무도 훨씬 더 적절한 사례로 한국의 예를 검토하지는 않았다. 과거의 적국 일본에 대한 (미국의) 점령이 자비로운 것으로 인식되고, 일본을 해방시켰을 뿐 아니라 일본 공산당조차 이에 협력할 정도로 지지를 향유한, 그러면서도 민주주의로의 이행을 성취시킨 경험이었다면, 한국의 점령은 정반대였다. 탄압과 테러에 이은 분단이었던 것이다. 전자는 많은 일본인과 전 세계 대부분이 심지어 즐겁게까지 기억하는 적극적인 것이다. 후자는 쓰디쓴 열매를 맛본 남북을 제외하고는 애써 외면하고 있는 것이다.

한반도 분단을 강제하고 제도화시키기 위해 민주주의자들과 민족주의자들이 짓밟혔고, 압력과 위협, 기만과 조작으로 심히 주저하는 유엔으로부터 국제적 합법성을 얻어냈다. 두 경쟁 국가가 등장하고, 양측 모두 한민족 단일성을 약속하면서 분쟁은 피할 수 없게 됐다. 1950년 6월 전쟁이 발발할 때 한쪽은 공산주의였고 다른 한쪽은 반공이었다. 하지만 둘 다 민주적이지는 않았다.

유엔의 참전은 정당성이 의심스럽다. 한국전쟁이 실제 내전이었다면, 유엔에겐 간섭 권한이 없었다. 그러나 당시 많은 사람들은 북한은 단순히 소련의 꼭두각시이고 스탈린은 세계 지배권을 위한 노력을 개시했다고 생각했다. 전쟁을 개시했을 때 김일성이 소련에 경제적, 군사적, 정치적으로 의존했던 것은 사실이다. 또 그는 스탈린의 축복이 없었다면 전쟁을 결행하지는 못했을 것이다. 그러나 김은 주저하는 스탈린을 설득해 한반도 분단 문제의 해결, 또는 그 반대의 경우를 위한 자신의 노력을 지원토록 했다. 한편 미국의 지휘가 아닌 유엔의 기준에서 '의지의 동맹'이 동원되었다. 여전히 미국 점령 아래 있었으며, 평화 헌법의 잉크가 채 마르기도 전이었던 일본은 극비리에 지뢰 제거부대를 파견했다. 유엔군은 한국군으로 하여금 광범위한 학살과 고문을 저지르도록 허용하거나 고무함으로써 전쟁의 규칙을 비웃었으며, 그 구체적인 내용은 지금까지도 겨우 서서히 밝혀지고 있을 뿐이다. 미국도 일련의 전쟁 범죄를 저질렀는데, 이 또한 극히 일부 사실만 인정한 채 사죄하지 않고 있다. 민간인 인구 밀집지역, 난민촌, 댐과 식량 공급 시설에 대한 공격(독일 장교가 불과 몇 년 전 똑같은 범죄로 처형된 바 있는 범죄)이 그중 하나다. 미국은 또 자신의 지휘 아래 있는 전쟁 포로수용소에서 대규모의 '세뇌' 관행을 도입했다. 또 핵무기(당시 실질적으로 독점하고 있는 상태에서) 사용 직전까지 갔다.

한국의 역사가 박명림이 기록하고 있듯이, 미국은 군사적 승리라는 목표를 달성해줄 수 있다면 어떤 수단을 쓰든 합법적이라고 간주하면서 총력전을 수행했다. 북한 또한 온갖 수단을 동원했지만 이는 중국과 러시아의 대규모 지원을 받는 상황에서도 파괴력 면에서는 확실히 미국의 상대가 되지 못했다. 스탈린의 경우, 그는 소련의 개입을 어떻게든 피하는 데 주의를 기울였으며, 필요한 경우 인명 피해를 줄이고 북한을 버릴 준비를 했다.[87] 3백만~4백만의 주민이 죽었는데 대부분은 한국의 민간인들이었다. 1천만 명이 휴전선을 사이에 두고 이산가족이 됐다. 북한은 제2차 세계대전 때 소련이나 폴란드의 경우보다 훨씬 더 많은 인명손실을 감수했다. 미국의 인명 피해는 잘해야 5만4천 명으로, 장기간의 베트남 전쟁 중 사망자 수와 거의 같다. 그러나 2000년 이 숫자는 당시 모든 미군의 사망자 수가 사무 착오에 의해 한국전쟁 중 사망자 수로 잘못 계산됐다는 설명과 함께, 이상하게도 3만6천9백40명으로 축소되었다.[88]

한국전쟁의 인명 피해 규모는 소름 끼치는 기록이다. 하지만 그 어떤 기록도 이같은 수치가 대중의 기억 속에는 거의 기록되지 않았다는 사실만큼 소름끼치는 것은 없다. 대신 전쟁은 그 당시에 축조된 형태, 즉 북한의 공격성, 범죄성, 그리고 잔학성을 입증하는 완벽한 사례로 기억되고 있다. 아무리 간단한 형식일지라도 실제 경험의 공포와 무익함을 안다는 것은 그 같은 전쟁이 다시 되풀이될 수 있다는 생각이 얼마나 혐오스러운가를 이해하는 것이다.

전쟁이 없었다면 북한이 어떤 형태의 정권이 되었을지에 대해 우리는 그저 추측만 할 수 있을 뿐이다. 그러나 실제 20세기 최악의 파멸적인 전쟁 직후 성립된 북한은 생존에 대한 강박관념에 사로잡혀 단결 정신과 지도력, 그리고 희생정신에 철저하게 물든 그런 나라였

다. 반세기 이상 지속되어온 항구적인 비상 상황과 동원 체제는 잠정
적인 정전 상태가 항구적인 평화 체제로 전환될 때에야 비로소 완화
될 것이다.

| 3장 |

주체 세상 : 아버지와 아들, 그리고 국가

이른바 '북한 문제'는 오늘날 신문 헤드라인을 사로잡고, 각국 정부와 싱크탱크 집단들, 그리고 전세계를 괴롭히고 있지만, 정작 널리 잘 알려진 것은 북한 사람 2명의 이름이다. 김일성과 김정일, 아버지와 아들인 것이다. 이는 북한의 매체들이 다른 개인의 이름은 거의 언급하는 바가 없고, 북한에서 국가가 일반적으로 지도자 및 그 가문과 동일시되는 상황에 비춰보면 놀랄 일도 아니다. 공식 국호가 '조선인민민주주의공화국'인 나라는 그러나 실제로는 민주적이지도 않고, 공화주의도 아니다. 다만 '절대왕정'일 뿐이다. 현대 세계의 다른 지도자들은 결코 할 수 없겠지만, 북한 지도자가 과거 프랑스의 루이 16세가 했다는 유명한 말 "짐이 곧 국가다"라고 말한다면 이는 결코 과장이 아닐 것이다.

북한의 초대 지도자 김일성은 1912년에 태어나 1994년에 사망했다. 하지만 북한은 1998년 개정 헌법을 통해 주석 자리를 '영원히' 비워두었다. 또 1997년 포고에 의해, 연호도 그의 생일에 맞췄다. 예컨대 2004년은 북한의 달력에서는 (주체)92년이 된다. 아버지가 죽은 뒤 김정일이 국가 통치권을 장악해 오늘에 이르고 있다. (국가) 주석 직을 영원히 아버지가 차지하면서, 국가를 주재하고 북한을 방문한 외국 고관들을 영접하는 그의 공식 직함은 국방위원회 위원장이다.

북한이 이미 사망한 인물을 주석으로 대접하기를 고집하고 있는 것은 북한 정치 관행의 특수성과, 고인이 된 김일성이 출생 이후 1세기 가까이, 사망 이후 10년 이상 여전히 그의 나라에 드리우고 있는 거대한 그림자를 일깨워준다. 1946년 이후 거의 60년간 나라를 통치하면서, 두 김(金), 즉 아버지와 아들은 일종의 기록을 세웠다. 세계 현대사에서는 오직 중국과 대만(국민당)의 장개석 가문만 아버지와 아들이 연이어 41년을 통치해 북한의 기록에 근접했다. 하지만 장개석 가문은 중국 국민당의 국가와 이데올로기를 대표했을 뿐이지, 직접 그것들을 만들지는 않았다. 북한의 두 김은 세계 어느 곳에도 알려진 바 없을 정도로 국가를 지배해왔다. 아버지 김일성에 의해 창안됐고 아들 김정일에 의해 발전된 국가 이데올로기인 '주체 Juche'는 그들의 독특한 유산이다. 북한에 대한 이해는 어느 경우에도 이들 두 사람과 이들의 사상에서 출발하지 않으면 안 된다.

　　김일성에 대해서는 그의 신봉자나 비방자 모두에 의해 많은 신화가 유포되어 왔다. 그러나 그의 삶에서 핵심적인 장면이 지금은 분명해졌다. 그가 14살짜리 학생 때 '타도제국주의동맹'을 어떻게 만들었는지, 1934년 '조선인민군'을 어떻게 창설했는지, 혹은 1945년 8월 일본에 대해 최종 승리를 거두기 전까지 한국의 북동부 험준한 오지에서 전쟁을 어떻게 버텨냈는지 등에 관한 북한 측 이야기는 완전한 날조이다. 그는 사실 1930년대의 탁월한 반파쇼 전사였다. 그러나 김일성의 경력은 복잡하고, '순수한' 국내파라기보다는 오히려 국제파였다. 1912년 평양에서 김성주로 태어난 그는 일곱 살짜리 어린 아이였을 때 부모와 함께 이웃 만주(중국 동북 지방)로 이주했다. 김일성의 부모는 일제 식민주의 억압을 피해 만주로 간 것이다. 1931년 그는 중국 공산당에 가입했고, 코민테른에 올린 1935년 12월의 한 보고에는 부하들과 항일 유격대 사령관 모두에게서 "신뢰와 존경을 받는" 것으로 나타나 있다.[1] 1937년 6월, 김일성은 (많은 한국인들이 포함된) 부대를 이끌고 국경을 넘어 보천보(함경남도 혜산 인근에 소재)라는 한국인 마을의 일본인 주재소를 습격한 것으로 유명해졌다. 그는 당시 중국 공산당군 부대인 동북항일연군의 일원으로 활약했다.[2] 일본의 특무 마에다 부대(1939년 4월에 편성된 일본의 김일성 토벌대 중대장 마에다 다케이치의 이름을 따 마에다 부대라 부름)가 조직되어 김일성의 유격대를 토벌하도록 파견되자, 김일성은 1940년 2월 1백45명의 부대원 중 1백20명을 사살하는 역습을 가했다. 이때부터 그는 일본인에게 증오

혹은 공포의 대상이었다. 1940년 10월의 '수배자' 명단에 그는 '호랑이'(토라)로 알려져 있다. 그 외 유격대장들에게도 '곰' '사자' '황소' '노루' '고양이' 그리고 '말' 등의 별명이 붙었다. 같은 해 말 일본군의 압박이 심해지면서 그는 소련으로 후퇴해 그곳에서 전쟁이 끝날 때까지 소련 적군 88 특수여단의 대위로 근무했다.

전쟁이 끝나자 김일성은 소련의 군함 푸가체프 Pugacheff 호로 귀환해 1945년 9월19일 원산에 상륙했다. 그와 함께 항일 무장 투쟁을 벌였던 그의 동지 1백5명도 같은 배로 또는 그 직후에 돌아왔다. 북한은 바로 이 그룹에 의해 건설됐다. 소련 정책의 충실한 도구로서 스탈린과 적군, 소련을 입에 침이 마르도록 찬양하며, 상대적으로 젊고 혈기왕성한 김일성은 점령군의 지지를 기꺼이 얻어냈다. 미국 중앙정보국에 따르면, 그는 소련·중국·북한군이 선호하는 지도자로서 "모든 정파로부터 두터운 대중적 신망을 받았다."[3] 그의 지도력은 1946년 8월 스탈린에 의해 추인되었다.

1948년부터 1972년까지 북한은 공식적으로 '인민 민주주의' 국가였으며, 이후로는 (헌법에 의해) (레닌식 용어로) 공산당 독재를 특징으로 한 '사회주의' 국가였다. 스탈린으로부터, 좀 더 넓게는 중국 및 소련 공산당의 경험으로부터, 김일성은 조직의 중요성을 배웠다. 북한 노동당은 철의 규율에 의한 중앙집권화 된 당이 되었으며 김일성은 점차 자신의 파벌 —— 그가 당과 국가, 군대를 확실하게 통제하게 되기까지 물불을 가리지 않고 그와 함께했던 백여 명의 만주

시절 동지들 —— 이외의 파벌들을 차례로 숙청했다. 북한은 겉으로
는 소련이나 동유럽의 (소련) 위성 국가들처럼 공산주의 국가였다.
무산자의 이름으로 공산당에 의해 독재가 행해졌던 것이다. 공식적
인 또는 명목상의 민주적 국가 기관의 이면에는 권력의 궁극적인 산
실인 정치국이 있었다. 또 그 뒤에는 소련 공산당 중앙위원회가 버티
고 있었다. 그리고 바로 그 뒤, 또는 위에는, 1953년 사망할 때까지
공산 세계의 의심할 여지가 없는 군주로 군림했던 조지프 스탈린이
있었다.

　　내부 분열과 외부 침략의 위협으로부터 정권을 유지하기 위해 김
일성은 국방에 못지않게 사회 통제에도 크게 관심을 쏟았다.[4) 그의
통치는 주기적인 숙청, 비밀 염탐 행위, 그리고 불평분자에 대한 무
자비한 탄압, 강도 높고 지속적인 선전 활동, 정보 통제로 특징지어
진다. 실질적으로는 비밀경찰에 해당하는 각종 공안 기구들이 사회
전반에 촉수를 드리우며, 김일성 자신에 의해 면밀하게 감독되었다.
정보원과 비밀 요원들은 인민의 생각과 동향에 관한 상세한 정보를
정기적으로 취합, 보고했다. 주민들은 확실성의 정도에 따라 각기 다
른 범주로 구분되었고, 이념적 융합을 위한 집중적인 선전 활동의 대
상이 됐다. 통치자로서 그의 권위는 덕(德)과 인(仁)이라는 전통적
인 가치관에서 근거한 탓에 정당한 것으로 그려졌다. 그와 동시에
'김일성 숭배'의 확실한 징표들 —— 김일성 찬가, 찬양 시, 찬양 영
화 등 —— 이 그의 평양 귀환 몇 년 안에 뚜렷해졌다.[5) 1953년 스

탈린 사망 후, 이같은 초기 형태의 숭배는 더 이상 윗사람에 대한 복종의 표시인 절제의 필요가 없어짐에 따라 가속화됐다. 그는 국민을 단합시키고 고취시키기 위해 단순한 헌법상의 국가원수 이상의 다양한 역할을 부여받았다. 즉 국민의 '정의의 지배자', '자애로운 어버이', 그리고 (1960년대 말 이후로는) 수령 또는 위대한 영도자가 그것이다. 김일성의 지도력에 저항하거나 의심을 품는 행위, 진정한 지혜의 원천으로서 그에 대한 찬양가를 부를 때 열성이 부족한 것 등은 비난과 숙청을 초래했다. 그리하여 국가와 지도자는 구분이 불가능한 지경이 됐다. 김일성은 '현명한 창조주' 또는 '건설자' '사상의 천재' '시대의 지도자' '불패의 영명하신 장군님' '인민의 최고 뇌수' '제3세계의 지도자' '20세기의 영웅' '세계의 태양', 그리고 그의 '전략과 전술은 하늘조차 감동시키는' '1천년 이래 최고 지도자' 등으로 알려지게 됐다. [6]

북한 노래 《우리는 지도자의 품에서 삽니다》의 노랫말을 들어보자. [7]

> 그이의 사랑은 한없는 다사로움
> 그것은 밝은 햇살
> 우리는 지도자의 품에서 삽니다.
> 우리는 우리의 행복을 세계에 자랑합니다.
> 아, 우리의 하늘같은 지도자 김일성 원수님

인민은 그이를 우러러보며 충성을 맹세합니다.

북한 체제의 개인숭배 양상은 관측자들을 어리둥절케 한다. 왜 이 작은 나라가 현대사에서 가장 극단적인 형태로 알려진 개인(또는 가문) 숭배를 만들어내야만 했는가? 스탈린을 차용한 것이라는 데에만 초점을 맞추는 설명은 개인숭배가 한국적 전통에서만큼이나 또는 그이상은 아니더라도, '현대' 정치 이념상에도 깊게 뿌리내리고 있다는 사실을 간과하고 있다. 한국은 동아시아 사회에서도 유교 전통이가장 뿌리 깊은 나라였으며, 공자의 '어록'(『논어』를 뜻함)에서 가르치는 핵심 덕목은 충성(忠)보다 앞서는 자식 된 공경(孝)이다. 한국의각 가정이 부계 후손의 기록을 중히 여기며 현재까지 심지어 어떤 경우 천년이 넘게 가계도(족보)를 이어 내려오는 전통을 의식하면서, 북한에 국가를 건설한 사람들은 그것을 이같은 가부장적 세습 전통과 가족 전통 안에 표현하려 했다. 이는 단순한 국가에 대한 충성심의 '현대화된', 그리고 좀 더 추상적인 결합물 이상이다. 남한에서조차 가족과 친족 또는 지역 연고를 국가에 대한 충성으로 대체하는 작업은 매우 느리고 완결되기 어려운 과정을 거쳐 왔다. 그리고 가부장제 가문과 연관 있는 제사는 여전히 커다란 중요성을 갖고 있다. 남북한을 아우른 전통 한국의 지리적 고립과 높은 수준의 인종적 동질성은 남북한 모두 국민을 확대된 가족으로 여기게끔 하는 데 일조했다. 그와 같은 혈연 의식은 남북 모두에서 분단 50년이 넘도록 크게

III

바뀌지 않은 채 지켜져 왔으며, 이는 국가를 어떻게 통일할 것인가, 다시 말해 가족을 어떻게 합칠 것인가에 대한 대화를 뒷받침하는 데 기여하고 있는 것으로 보인다.

1994년 '위대한 수령'이 갑자기 사망했다. 그때 그는 실질적으로 세계의 최고 원로 정치인이자, 1930년대 반파시즘 투쟁에 참가한 경력이 있는 국가 지도자로는 유일한 생존 인물이었다. 김일성은 파시즘에 대한 승리, 냉전, 글라스노스트와 페레스트로이카의 발전, 소련 공산당의 몰락, 그리고 소련 그 자체의 붕괴를 목격했다. 그는 또 자신의 친구이기도 했던 많은 인물들을 포함해 동유럽 전반에서 독재가 무너지고, 이들이 자본주의를 얼싸안기 위해 달려가는 모습도 지켜봤다. 김일성은 중국에 시장과 자본주의가 잠식해 들어가는 모습은 물론, 1989년 천안문 학살을 초래한 신사고의 물결도 지켜보았다. 그는 남한이, 무역을 꽃피우고 중국·소련 양쪽 모두와 폭넓은 접촉을 하면서 경제적으로나 외교적으로 연이어 승리하는 모습을, 아마도 가장 비통한 심정으로 지켜보았을 것이다. 죽기 직전 김일성은 그 자신의 체제에도 변화가 불가피하다는 사실을 깨달았을 것이다.

유교적인 관례에 따라 3년상을 치른 뒤, 권력 계승 작업이 최종 단계에 이를 때까지 김정일은 20년 이상 당과 정무를 주재하며 실권을 쥐고 있었다. 아버지의 사후, 그는 이 과정을 공고히 했을 뿐이다. 이미 노동당 중앙위원회 비서, 비서국과 군사위원회의 정위원, 그리고 북한군 사령관 등의 직위를 가진 상태에서 남은 것은 오직 1997년 노동당 총비서가 되는 것이었다. 그러나 이듬해 김정일은 완전히 새로운 자리, 즉 조선국방위원회 위원장을 맡았다. 이어서 1999년부터 시작된 '선군 정치 Military First politics' 독트린은 그가 실질적으로 아버지에게서 물려받은 국가를 재구축하고 있음을 의미했다. 노동당은 행정과 통제의 도구로서 기초적 수준에서는 계속 기능했다. 그러나 김정일 국가의 중력 중심은 당에서 군으로 넘어갔다. 노동당은 1980년 이후 한 번도 전체 회의를 소집하지 않았고, 노동당 중앙위원회는 1993년 12월 이후에는 소집된 예가 알려지지 않았다. 오늘날 북한은 아마도 공산주의 국가라기보다는 군부 독재 국가로 생각하는 것이 나을지도 모른다.

김정일은 공식적으로 1942년, 중국 접경 지역 한민족의 영산으로 신성시되는 백두산의 한 유격대 밀영에서 태어났으며, 당시 그의 아버지는 일본에 대한 국가적 저항을 이끌고 있었다고 전해진다. 그러나 실제 이런 일은 없었다. 김정일은 실제로는 김일성이 1940년 후퇴했던 곳인 소련 연해주 지역의 군 야영지에서 태어났으며, 1945년 아버지와 함께 처음으로 한국에 도착했다. 1964년 김일성종합대학을 졸업한 뒤 그는 조선노동당의 조직 부서와 선전 부서에서 일했다. 김정일은 또 미술, 영화 대본, 무용, 건축, 음악, 그리고 그림에 강한 관심을 보여 왔다.

김정일의 부상은 그에게 수여된 영예로운 호칭과 상호 관계가 있을 것이다. 당 중앙(1973년 9월), 독창적인 지도자(1975년. 같은 해 그의 생일이 국가 공휴일로 지정됨), 영명하신 존경하는 지도자(1977년), 친애하는 지도자(1980년), 최고 사령관(1983년), 나라의 어버이이신 인민의 지도자(1993년 8월), 우리 어버이(1993년 10월), 친애하는 장군님(1997년), 그리고 위대하신 장군님, 우리의 장군님, 혹은 21세기의 영도자, 21세기 태양, 21세기의 영광스런 태양, 백두산의 아들, 인류의 태양이자 영원한 하늘 따위가 그것이다.[8] 그러나 이중에서도 '경애하는 지도자' 혹은 단순히 '친애하는 지도자'가 그의 가장 일반적인 칭호가 됐다. 하지만 김정일의 업적은 사실 별 것이 없었고 그의 아버지에 견줄만한 것도 없어서 그의 위신은 아버지의 아들이라는 사실에 주로 의존했다. 유교적 가풍이 있는 집안이 지체 높은 가문의 장자 승계를 자연스럽고 적절한 것으로 받아들이는 것처럼, 김정일의 권력 승계도 대부분의 북한 인민들에게 명백히 그런 식으로 받아들여졌을 것이다.

부분적으로 아버지를 대신할 능력에 대한 불안감 때문인 듯, 김정일은 빛나는 가문과 아버지의 신성한 천재성, 자신이 충분한 재목감이라는 선전을 한층 더 강화했다. 그의 똑똑함과 미덕에 대한 언급도 점차 과장되어갔다. 김정일은 "사랑은 예수를 앞서고, 자비는 부처를 앞서며, 정의는 마호메트를 앞설" 정도였다.[9] 그가 진짜 어떤 유형의 인간인지는 오랫동안 미스터리에 싸여 있었다. 그러나 최근 몇 년 적어도 부분적으로는 베일이 벗겨져왔다. 김정일과 함께 시간을 보냈던 저명인사들은 그가 합리적이고 지적이며 심지어 (어떤 사람에 따르면) 예민한 감성의 소유자라고 주장한다. 김정일의 전 영화 촬영 감독, 요리사들(이탈리아인 한 명과 일본인 한 명), 그의 경호원, 여행을 동행했던 인사들, 한때의 가족 구성원 등 김정일의 측근 인사들이 회고록을 잇달아 펴내면서(지금까지는 한국어와 일본어로만 출간됨) 그의 생각과 약점, 습관 따위도 일정 정도 상세하게 알려졌다.

김정일의 예술 및 연극적 취향은 그가 지난 30년 동안 감독해서 만든 기념물이 점점이 들어선 풍경을 보면 두드러진다. 물리적인 풍경에 가문과 관련된 상징을 남겼듯이, 김정일은 자신의 권력 승계를 정당화하기 위해서도 그렇게 했다. 현재 북한의 풍경을 장식하고 있는 기념물들은 어떤 조사 수치에 따르면, 5만 점에 이르고 대부분은 대리석이나 화강암으로 되어 있다. 이중에서도 특히 유명한 것들로는 (95개 전시실에 수령 및 그 가족의 생애와 업적을 보여주는 4.5km에 이르는 대형 전시관인) 조선혁명박물관, 다양한 장소에 세워진 김일성의 부모와 그 외 여러 친척들을 위해 세워진 박물관 및 기념상, 1백46개국 해외 지도자들이 김일성에게 선사한 2만8천 점의 선물을 보관하고 있는 북동부 산악 지역의 박물관(묘향산 국제친선전람관), 25m 높이의 김일성 동상, 1백70m 높이의 주체탑(미국 워싱턴의 기념비를 의식해 설계되었다고 추정되며, 워싱턴의 것보다 약간 높음), 그리고 1982년 김일성의 70회 생일을 맞아 그때까지 살았던 날짜를 계산한 2만5천5백 개의 화강석 벽돌로 만들어진 60m 높이의 개선문(프랑스

파리의 개선문을 염두에 두고 세워졌으며, 파리 개선문보다 약 11m 높음) 등
이 있다. 나라 전체가, 특히 수도 평양이 그의 손에 의해 흡사 거대한
영화 촬영 세트처럼 변한 것이다.

김정일은 영화를 좋아한다. 그가 개인적으로 수집한 비디오는
아카데미상 수상작 전부를 포함해 2만 점에 이르는데, 대부분은 북
한의 해외 주재 외교대사관들을 통해 수집한 '해적판'인 것으로 알
려져 있다.[10] 그러나 김정일은 보는 것만으로 만족하지 않고 세계에
깊은 인상을 줄만한 영화를 직접 만들고 싶어 했다. 그가 자기 나라
의 영화 산업을 수준급으로 변모시키기 위해 선택했던 방법보다 더
기묘하고 기상천외한 모험을 상상하기는 어려울 것이다. 그것은 그
랜드 오페라와 제국주의적 환타지, 무모함, 실용주의가 한데 뒤섞인
이상한 혼합물이었다. 1978년 김정일은 남한의 유명한 영화감독과
그의 배우 출신 아내, 신상옥(지난 2006년 4월 11일 사망)과 최은희를
북한 요원을 시켜 납치하도록 시켰다. 신상옥은 그 뒤 실제로 평양의
촬영소에서 그의 아내도 출연한 영화 7편을 감독했으며, 동유럽 영
화제에서 각종 상을 받기도 해 국제적 인정을 받겠다는 김정일의 바
람에 부응한 것 같다. 신씨 부부의 작품들 가운데에는 사회주의판〈
고질라〉라 할 〈불가사리〉도 포함되어 있는데, 이는 사회주의권 바깥
의 영화광들 사이에서 (한 영화 팬에 따르면) "소름끼치도록 불쾌하
다"는 이유로 골수팬까지 확보했다.[11]

신상옥씨가 연금 상태에서 북한에서의 처음 5년간 생활을 기록

한 회고록에 따르면, 그는 1983년 김정일과 화해하기 전까지 여러 번 탈출을 시도했다가 실패했다. 신상옥은 (김정일로부터) '용서받은 뒤' 신필름이라는 영화사를 차릴 수 있도록 허락받았다.[12] 상당한 예산을 지원받은 신씨와 최씨는 1986년 비엔나의 미국대사관으로 망명을 결행할 때까지 동유럽을 자주 드나들었다. 신씨는 도망칠 때 비엔나의 아메리카은행 Bank of America에서 2백20만 달러를 인출했다. 평양은 그 돈이 칭기즈칸을 소재로 한 영화에 쓰일 돈이라고 주장하며 그를 제소했다. 신씨는 이같은 횡령 혐의에 대해 그 돈은 납치와 감금에 대한 보상이라고 응수했고, 결국 소송은 없었던 일이 됐다. 이 사건 이후 한참 뒤인 2001년, 그는 한국에서 열린 부산국제영화제의 심사위원장으로서 서울과 평양·할리우드에서의 영화 활동을 회고하면서, 자신이 생각하는 최고 작품은 평양 시절 제작한, 1920년대 만주를 배경으로 한국인 가족의 방황을 그린〈탈출〉이라고 밝혔다. 역설적이게도〈탈출〉은 한국 검찰의 지시로 영화제 상영이 중단됐다.[13] 남에서도 북에서도, 그의 생애는 당국과의 투쟁으로 운명지어졌던 것이다.

　　신·최 부부의 회고록은 김정일의 생각을 엿볼 수 있는 가치 있는 단서를 제공해준다. 이들 부부는 김정일을 응석받이로 자란 젊은 귀족으로서, 사우나 시설과 고급 비디오 시설이 갖춰진 전국 도처의 별장을 오가는 방탕한 생활에 젖은 인물로 그리고 있다. 두 사람은 또, 그가 굽 높은 구두를 신고, 최씨에게 스스로를 '땅딸보'라고 자조적으로 말하는 등 작은 키에 대해 콤플렉스가 있다고 썼다.[14] 김정일정권은 중세의 궁정 같은 요소 또한 많았다. 권력과 특권의 지름길이기도 한 김정일에 대한 충성은 측근들의 자기 비하 행동과 충성서약으로 끊임없이 재충전되어야 했다. 한 작품이 성공적으로 끝나자 영화 제작사는 김정일로부터 노루 50마리와 꿩 4백 마리, 거위 2백 마리, 그리고 일본산 귤 2백 상자를 신년 선물로 받았다. 선물을 받은 사람들은 감격에 겨워 울면서 춤추고 축하했으며, 더 중요하게는, 충성서약을 재다짐했다.[15]

신씨는 김정일을 증오했지만 두려운 인물이라고 생각했다. "(그는) 현실을 꿰뚫어보는 눈이 있고, 어리석지도 않으며, 아첨하는 사람들의 마음도 읽기 때문"이라는 것이다.[16] 신씨의 이야기가 출판되자, 다른 많은 사람들은 김정일을 단순히 허영심 많고, 무능력하며, 어리석은 미치광이로 묘사했던 언론을 비난했다. 또 다른 설명들은 다른 시각을 보여주고 있다. 2001년 열차를 이용한 김정일의 러시아 방문길을 동행하며 24일간을 함께 보낸 러시아 고위 관리는 김정일이 풍기는 '강한 에너지'와 '강력한 분위기'에 대해 언급했다.[17] 그는 김정일이 중국 고전 사상과 근대 세계의 정치·역사에도 관심이 많고, 다방면에 걸쳐 식견이 있으며, 기민한 인물일 뿐 아니라 대식가이자 식도락가임을 알게 됐다. 열차여행에 김정일은 특별 요리팀을 데리고 갔는데, 이들은 매일 15가지에서 20가지 요리를, 그것도 한식, 중식, 일식, 러시아식, 프랑스식 등으로 준비했으며, 신선한 요리 재료는 평양에서부터 여정 중의 중간 역으로 공수되었다는 것이다.[18] 김정일은 그의 여행 동반자 필리코프스키에게 자신은 과도한 술은 끊었고 하루 음주량을 보르도나 부르군디 포도주 반병으로 스스로 제한했으며, 담배도 1999년 끊었다고 말했다. 김정일의 전직 일본인 요리사는 자정 무렵 시작한 주연이 나흘 동안 지속되는 때도 있었다고 말하고 있다. 김정일은 "아주 색다른 스시"를 좋아했고, "일주일에 서너 번은 고급 상어지느러미 요리를 찾는 식성"이 있었다.[19]

김대중 대통령은 2000년 남북 정상회담 때 그와 회담하며 11시간을 함께 지내면서, 김정일이 "함께 충분히 이야기를 나눌 수 있는 진지한 인물"이라고 느꼈다. 회담을 통해 김대중대통령은 한반도에 전쟁이 일어날 가능성은 없다고 확신하게 되었다. 김 대통령 뿐 아니라 한국 사람들도 동일한 느낌을 가졌던 것이 확실하다. 당시 한국에서 김정일에 대한 긍정적인 평가는 전체의 4.7%에서 갑자기 53.8%로 치솟았다. 반면 김정일을 '독재자'라고 생각하는 사람은 전체의 34.6%에서 9.6%로 떨어졌다.[20] 같은 해 말 매들린 올브라이트 Madeleine Albright 미 국무장관이 클린턴 대통령을 대신해 북한을 방문했을 때, 김정일은 그녀에게 잘 보이기 위해 각별히 주의를 기울였던 것처럼 보인다. 올브라이트는 주인 격인 김정일을 "진지하고 말에 무게가 실리는 인물"로 묘사했다.

러시아 출신 한국 전문가로서 현재 미국 호놀룰루에서 일하고 있는 알렉산더 만수로프 Alexandre Mansourov는 러시아인과 한국인 소식통을 이용해, 김정일이 "외향적이며 세계관도 국제적이다. 그는 현대성을 평가할줄 아는 '현대적 감각'의 소유자일 뿐만 아니라, 러시아 푸틴 대통령이 생각하듯이 '함께 일할 수 있을만한' 인물이다"라고 결론 내렸다. 만수로프는 또 김정일에 대해 "성급한 도박사가 아닌, 전략적인 체스 플레이어"이자 "강인한 협상가이며, 생존 게임에서 살아남은 사람"이라고 평했다. 더욱 중요한 포인트, 즉 김정일이 과연 또 다른 전쟁을 일으킬 생각이 있는가의 문제에 대해 만수로프는 "유년기에 전쟁을 겪으면서 그는 전쟁의 고통과 유혈, 그리고 죽음을, 매우 가까이서 그것도 사적으로 목격했다. 김정일은 전쟁을 증오할 것이다. 그리고 자신의 나라가 유년에 겪었던 식의 혼란상태로 다시 빠져들지 않도록 매우 조심할 것이다"라고 우리에게 상기시킨다.[21]

1974년부터 1996년까지 김정일의 집에서 살았던 김정일의 이복 누이 성혜랑은 회고록을 통해 좀 더 치밀하고 분명하게 묘사된 김정일의 사적 초상화를 제공한다. 그녀는 김정일이 예술적 기질과 상당한 지성을 가진, 권력과 호화로움에 둘러싸인 인물로 묘사한다. 그러면서도 김정일은 일곱 살 때 모성의 사랑과 보살핌을 빼앗긴 인물이라는 것이다. 그녀는, 이후 김정일이 적절한 가정교육과 보살핌이 없이 자랐으며, 절제를 하지 못하고 본능에 빠져들 수 있다고 애처로운 어조로 말하고 있다. 기질적으로 그는 변덕스럽거나 감정이 폭발하기 쉽다. 하지만 김정일의 교만이나 잔인성, 큰소리 등은 관대함이나 친절, 그리고 타인에 대한 선행 욕구 등에 의해 순화된다.[22] 성씨는 그를 얼마간 비뚤어진 데가 있지만, 온정을 베풀 줄 아는 인물로 생각했다.

가족 국가에서 권력 승계는 항상 궁정 음모와 암투의 주제이다. 2002년 김정일은, 자신의 아버지가 후계 문제를 마무리한 때와 똑같은 나이인 환갑을 맞았다. 누가 김정일을 계승할 것인가의 문제가 다시 관심의 초점이 됐다. 김정일의 가정생활은 다소 복잡하다. 그는 결코 공식적인 '배우자' 또는 아내를 둔 적이 없지만, 자녀들은 저마다 다른 네 명의 어머니에게서 태어났다. 김정일이 무용수니 연예인이니 배우이니 하는 다양한 여성과 놀아났다는 소문은 무수하다. 1971년생인 장남 김정남은 김정일과 마찬가지로, 절대적인 부와 권력이라는, 남들이 갖지 못한 좋은 환경에 둘러싸여 자랐지만 역시 모성의 관심은 받지 못했다(그의 모친은 출산 직후 병을 얻어 오랜 세월 러시아 모스크바의 병원들을 전전하다가 2002년 사망했다). 유년 시절 학교를 다니지 않고 은둔의 삶을 살았던 김정남은, 1980년대에 스위스 제네바의 국제 학교와 러시아 모스크바의 프랑스 학교로 보내졌으며, 그 어디에서도 모범생이었다는 흔적은 없다.[23]

이 시절 그를 돌보았던 김정남의 이모는 그가 불량기 많은 청년으로 변하는 모습을 서글프게 지켜봐야했다. 그럼에도 2001년까지 김정남은 장래의 후계자로 간주되었다. 그러나 같은해 5월, 그는 위조 도미니카 여권으로 일본을 여행했다가 도쿄의 구금 시설에 일시 억류되는 사건이 벌어진 뒤 유리한 위치에서 밀려났다. 당시 그의 설명에 따르면, 김정남 자신의 아내와 아들을 데리고 도쿄의 디즈니랜드로 바람 쐬러 나갔던 참이었다.[24] 하지만 도쿄의 '소프랜드(soapland · 남성 손님들에게 돈을 받고 직접적인 매춘 이외의 각종 성적 유희를 제공해주는 업소의 통칭)' 또는 섹스 관련 업소에 (김정남의 가명으로 추정되는) 김정원이 아주 유명한 고객이었다는 소문이 일본에는 파다했다.[25] 그 뒤 그의 동생 김정철이 오히려 후계자 위치에 더 근접했다는 이야기도 전해진다. 김정철의 모친 고영희는, 평양만수대 극장의 주연 배우였으며, 유명한 일본의 프로 레슬러(링네임 다이토잔 마타미치 · 역도산을 가리킴)의 딸로 1960년경 '조선의 여성'의 지위로 북한으로 이주한 인물이다.[26]

| 국가와 이데올로기 |

모든 신생 국가는 정통성을 부여해주고 통제를 정당화해줄 전통과 도덕적 바탕을 마련한다. 북한의 김일성은 태동기부터 자신의 정권을 항일(한국 민족주의)과 사회 개혁에 대한 공약(소련 지도하의 공산주의)을 두 개의 기둥으로 삼아 세웠다. 그러나 시간이 흐르면서 전자가 후자를 집어삼켰다. 김일성은 자신의 국제주의는 물론, 자신의 공산주의와도 결별하고, 순결한 한국 민족주의자가 되었다. 김일성 · 김정일 부자는 마르크스 – 레닌주의로부터 유례가 없는 탈공산주의 이념으로의 이행을 이뤘는데, 바로 여기에 흔히 '김일성주의' 또는 '김일성 사상'으로 알려진 '주체'라는 이름이 나붙었다. 주체 는 북한의 유일 국가 이데올로기가 되었으며, 점차로 마르크스 - 레 닌주의를 대체했고, 1972년 헌법에는 제4조에, "마르크스 - 레닌주 의의 창조적인 변용"으로서, 국가를 "지도하는" 원리로 명문화되기 에 이른다.[27] 1970년대에 북한 최고의 고등 학문 기관인 김일성종 합대학 학생들은 전체 수업 시간의 65%를 주체의 원리와 위대한 수 령의 사상을 공부하는 데 썼다.[28] 김일성 시대에 다소 수사적인 경 향이 있었던 주체사상은 김정일 시대에 와서는 완숙한 사상 체계이 자 유일 국가 이데올로기가 되었다.

　이 과제를 어떻게 이뤄나갈지에 대해 전문적이고 철학적인 조언 을 해준 인물로 그들이 찾았던 주요 조력자는 황장엽이란 인물이었 다. 황장엽은 일제 때(1942~44년) 도쿄의 추오대학(중앙대학)에서, 전후에는 모스크바대학에서 철학을 공부했다. 그는 북한 정권에 기 여한 공을 인정받아 북한의 엘리트 집단에서 빠르게 부상했다. 필자 는 1980년 평양에서 그를 만난 바 있는데, 당시 그는 최고인민회의 의장이었다. 1997년 남쪽으로 망명한 뒤 이미 6년 이상이 지났지만, 주체사상에 끼친 그의 공로와 그를 망명하지 않을 수 없게 한 정권과 의 정확한 입장차이는 아직 분명하게 밝혀지지 않고 있다. 평양과 워 싱턴 간의 긴장감이 고조되고 있는 가운데 황장엽이 지난 2003년 10 월 워싱턴을 방문했다. 당시 그가 정중한 환영을 받았다는 사실엔 어떤 아이러니가 있으며 황장엽은 워싱턴 방문 때 자신의 전 주군들을 노골적으로 비난했다.

　　문자 그대로 '주체성'의 '주체'를 뜻하는 주체(Juche · 여기서 저자는 영어권 독자를 상대로 했기 때문에 '주체'의 뜻을 되풀이한 것임)는 복잡한 내용을 갖지만, 무엇보다 독립, 국가 및 경제 · 국방의 자율성을 뜻한다. 국가적 태세의 측면에서, 주체라는 용어 그 자체는 북한과 다른 두 공산권 이웃, 즉 소련과 중국에 대해서도 일정한 거리를 두게 했다. 양쪽의 어느 한쪽에 지나치게 가까운 북한인은 여러 차례, 숙청 · 투옥 · 처형되었다. 인민은 국가 생존을 위한 혁명적 투쟁의 능동적 주체가 된다는 북한의 자력갱생 사상은 구한국 시절 비극적인 근대화 노력을 상징하는 외세에 대한 의존, 그리고 남한 정권의 식민지적 종속성과 대비되는 것을 의미하게 됐다. 주체는 남북 통틀어 한반도 전역에서 공명을 일으킨 사상이다. 1961년부터 1979년까지 군 출신 대통령으로서 전제적 권력을 휘두른 박정희 체제 하, 남한의 반공 및 민족중흥 국가도 매우 유사한 개념을 채택했다. 비록 '자주'라는 용어를 선호했지만 뜻은 거의 같았던 것이다. 양쪽은 모두 '완전히 자율적인 국가'를 성취하기 위한 '자강' 정신에 우선순위를 두었는데, 이는 한국인들 모두가 오랫동안 염원했으나 결국 달성하지 못했던 이상이었기 때문이다. 이 자력갱생 개념은 역설적이게도 1930년대 일본의 유사한 슬로건으로서 자력갱생 또는 자족을 뜻하는 '지리키 코세이'의 한국어 번역어였다. 남이나 북이나 당시에는 국가와 그 지도자를 국가 혁명이라는 신성한 사명의 실천자로 특권화 시키고, 개인적인 목표보다 집단적인 목표를 우선시하는 방식으로 자신들의 핵심 이념을 정의하려 했다. 전전(戰前) 일본의 조합주의나 파시즘의 단순한 반영 그 이상을 양쪽 모두에게서 발견할 수 있었던 것이다.

그러나, 주체는 개인의 성취나 창의성의 면모도 보였다. 이에 대한 북한의 고전적 공식은 인문주의 원칙에 대한 선언처럼 들린다. 즉 "사람이 자연과 사회의 주인이며, 모든 것을 결정한다"는 것이다. 사람만이 자주성, 즉 창의성 또는 의식성을 갖고 있다. 김일성의 끝없는, 때때로 불가해한 주체의 이론에서, 인민은 항상 "주인의 태도를 갖고", "자연과 사회를 개조하는" 사명을 갖고 행동할 것을 요구받는다. 영국의 사회학자이자 한반도 전문가 에이단 포스터 카터 Aidan Foster-Carter가 1970년대에 지적했듯이, "주체 개념은 인간에 대한 마르크스주의적 주제, 즉 '노동하는 인간 Homo Faber' 또는, 자연은 인간에 의해 끊임없이 개조되고 역사는 바로 이같은 개조의 변증법적인 과정으로 이뤄진다는 프로메테우스적 인간이라는 주제와 전적으로 부합한다." [29]

그러나 초기 주체의 공식에서 한 가지 중요한 조건만은 분명치가 않았다. 주체사상의 '사람'은 남자를 지칭했을 뿐 아니라 집단을 의미했고, 궁극적으로는 세계의 무산자와 피압박 민족을 구제하도록 운명을 타고난 역사적으로 특별한 또는 선택받은 민족으로서의 한국 민족을 상정하고 있기 때문이다. 북한의 주체는 그러므로 (다른 모든 국가로부터의) 독립과 (모든 사람들의 국가 지도자에 대한) 의존, 두 가지를 모두 의미하게 됐다.[30] 이는 절대적인 복종 —— "언제 어디서든 인민은 당이 원하는 방식대로 생각하고 행동해야 하는" 것과 같은 —— 을, '혁명의 주인'으로서 인민의 절대적인 자유와 동일시하기 위한 이데올로기적 보증이 됐다.[31] 그리고 바로 이 지점에서, 1930년대와 1940년대 특수한 천황 숭배형 파시스트 국가 체제 하 일제 통치의 분명한 메아리를 들을 수 있는 것이다.

단결, 지도자의 역할, 더 많은 노력에 대한 요구는 김정일과 황장엽의 손아귀에서 주체사상이 발전하면서 더욱 더 강조되는 두드러진 특징이 됐다. 그러나 "집단주의는 인간 존재의 기본적인 요구다", 사회주의는 "정치·경제·문화 기타 사회생활의 모든 영역에서의 통일된 지도와 통제"를 필요로 한다는 등의 구실로 '개인주의'를 극복해야한다는 메시지는 결코 정치적으로나 철학적으로 (주체사상의) 정교화 된 모습을 보여주지 못했다. 주체사상에서는 "역사상 절대적인 지도자의 지위"가 곧잘 "독창적이고 심오한 사상"으로 묘사된다.[32] 그러나 이는 절대 군주나 혹은, 나치 독일의 퓌러(Führer · 히틀러의 칭호) 파시스트 이탈리아의 두체(Duce · 무솔리니의 칭호) 이란의 샤(Shah · 회교 혁명 이전 팔레비의 칭호) 등 현대 지도자들의 기본 원칙이기도 했다. 그러나 전체로서의 주체 세계는 많은 것에서 영향을 받고 있다. 주체는 정치권력의 원천으로서 덕, 사회 안정의 근간으로서 부계에 의한 후계 등 유교적 요소의 바탕 위에 다른 많은 요소들을 결합시켰다. 모든 공산국가에 익숙한, 그러나 정도 면에서는 전대미문의 스탈린식 개인숭배도 그중 하나였다. 군주적이고 세습적인 가족 통치 또한 그렇다. 여기에 사랑과 구제를 강조한 기독교적 덕목까지 추가되었다. 게다가 이상향, 또는 낙원이 지상에 실제로 건설될 수 있다는 유별난 신념까지 더해져 북한이라는 한정된 테두리에서, 특히 소련 붕괴 이후 그리고 미국에 의해 바깥 세계와의 접촉이 얼마간 봉쇄된 가운데, 독창적인 주체 세계의 건설은 거의 실험실적 조건에서 진행될 수밖에 없었다.

1967년 초반, 북한 정권이 모든 주제에 대해 절대적인 진리를 갖고 있으며 그 진리를 정의하고 이에 따르도록 요구할 권리가 있다고 주장함에 따라 북한의 이데올로기 체계는 유일성을 띠게 됐다. 이후 계시된 진리가 변증법을 대신하고, 정신이 물질을 대체했으며, '김일성주의'가 마르크시즘과 자리를 바꾸었다. 그리고 모든 계시는 직접적으로 두 김, 즉 아버지와 아들에게로 향하거나 이들을 통해 나왔다. 1973년 아버지의 후계자로 공인받은 김정일은 개인적인 카리스마의 부족, 혁명 또는 국가에 대한 봉사 기록의 결핍을 보충하기 위한 방법을 찾아 나서야만 했다. 그가 선택한 길은 아버지를 신격화하는 한편 자신의 가족 전체를 신과 같은 지위에 올려놓는 것이었다. 자신의 손으로(그리고 황장엽의 도움으로) '김일성주의'와 주체는 준 종교적인 교리가 됐다. 북한 국가와 사회는 1930년대의 항일 빨치산 조직을 본 딴 것이며, '유격대 국가' 혹은 '빨치산 국가'라는 용어는 북한을 특징짓는 일반적인 말이 됐다.[33] 1893년부터 1925년 사이에 태어난 김일성의 옛 만주 유격대 동지들 대부분이 20세기 말까지 죽거나, 생존자의 경우도 메달·훈장과 함께 부담스러워지면서 뒷전으로 밀려났지만, 이들의 신화는 여전히 위력을 지니고 있었다.[34]

북한 주민들이 반드시 외어야하고, 일상생활에서 실천하지 않을 경우 나와 남을 가릴 것 없이 정기적으로 비판하도록 강제되는 '10대 원칙' (사실상 10계명·정확한 명칭은 '유일사상 10대 원칙') 중에는 다음과 같은 사항이 있다.[35]

1. 김일성 동지의 혁명사상으로 온 사회를 일색화하기 위해서 몸바쳐 투쟁하여야 한다.
2. 김일성 동지를 충성으로 높이 우러러 모셔야 한다.
3. 김일성 동지의 권위를 절대화하는 것은 우리 혁명의 지상 요구이며 우리당과 인민의 혁명적 의지이다.

'10대 원칙'에 덧붙여 삶을 어떻게 살아야할 것인가에 대한 세부 구절이 또한 상세하게 규정되어 있다. 원칙 3항에 따른 세부 구절의 두 번째는 이렇다.

존경하고 경애하는 위대한 수령의 초상화, 석고상, 동상, 상징, 위대한 수령의 초상화가 포함된 출판물, 수령을 상징화한 예술 작

품, 위대한 수령의 가르침이 있는 간판, 그리고 당의 기본 선전
문구 등은 어떤 일이 있어도 옹위되어야 한다(3조 6항).

위대한 수령 김일성 동지의 위대한 혁명사와 업적이 담긴 혁명
사적 서적과 유적은 어떤 일이 있어도 존엄스럽게 다뤄지고 보존
되어야 한다(3조 7항).

1970년경 중국에서 마오 배지가 대대적으로 채택된 전례를 따라, 위
대한 수령을 새긴 유사한 배지와 핀이 고위 정부 관료 및 당 간부로
부터 모든 인민들에게까지 배포되었는데, 이는 곧 양식상의 차이에
따라 지위를 나타내는 상징이 되었다. 1980년부터는 모든 사람에게
배지 착용이 의무화되는 한편, 이를 최고의 존경심으로 취급하도록
했다.[36] 배지 수여는 특별한 의식이 되었다. 수령 및 그 일가의 다양
한 공식 초상을 공개하는 일도 식민지 시대 일본 천황의 초상을 공개
할 때의 의례를 방불케 할 정도로 고도로 의식화했다. 위대한 수령이
든, 친애하는 지도자든, 김일성 · 김정일의 초상은 우연히 찢거나 때
를 묻히거나, 심지어 신문에 실린 사진을 잘못 접은 경우에도 심각한
결과를 초래할 수 있었다. 고의로 초상을 훼손하는 것은 거의 확실하
게 치명적인 행위였다. 과학적인 사고를 하든 비판적인 사고를 하든,
북한 사상가들 최고 지적활동의 핵심은 수령의 저작에 이미 계시된
진리를 이론적으로 정교화 하는 면에서 신학자들의 활동과 다름없었

다. 역사의 주요 동력은 계급간의 투쟁이 아닌, 수령의 의지였다.

위대한 수령과 친애하는 지도자는 자신의 의지를 관철시키는 데한 치의 거리낌이 없었다. 주기적인 숙청 탓에 강제수용소들은 반체제 인사들과 그 혐의자 및 가족들로 가득 찼다. 도쿄대학 명예교수이자 동아시아 사상사 전문가인 오가와 하루히사(小川晴久)가 언급하고 있듯이, "북한에 획일적인 이데올로기가 확립되면서 이같은 세속적인 3위 일체(일당 독재, 비밀경찰, 강제수용소)는 가장 잔인한 형태로 강화되고 확대되었다." [37] 전체주의 정권 가운데 테러와 감시, 그리고 동원의 3박자가 북한처럼 완벽한 곳은 찾아볼 수 없을지도 모른다. 유엔과 기타 국제사면위원회 같은 독립적인 기구가 펴낸 보고서는 10만~20만 사이의 반체제 인사들이 극도의 궁핍 속에서 강제수용소의 방대한 조직망에 수용되어 있다는 것으로 광범위한 억압 양상의 일단을 표현한 바 있다. [38] 죄수들은 "석탄을 캐거나 나무를 베고, 뱀술에서부터 자전거에 이르기까지 각종 수출품과 국내 소비용 상품을 만든다." [39] 북에서 남으로 간 탈북 난민들은, 잦은 구타와 옥수수죽으로 한 끼를 때우거나 툭하면 끼니를 걸러 가며 하루 14~15시간을 일해야 하는 상황에 대해 증언한다.

1990년대를 시작으로 북한의 굴락(gulag · 수용소의 또다른 표현) 생존자들이 마침내 자신의 이야기를 출판하면서 수용소의 상세한 실태가 드러났다. 특히 1959~1970년 '사회주의 낙원'을 건설하는 위대한 실험에 동참한다는 구실 아래 북한행을 선택한 9만5천 명의 '자이니

치'(在日 · 재일 동포를 지칭하는 말) 한국인의 운명은 가슴 찡한 데가 있다. 그들은 단순히 일본에 사는 동안 '부르주아' 가치와 이념에 노출되었다는 이유만으로 처음부터 의심을 받았다. 이들 중 상당수 —— 전체의 10~20% —— 가 1960년대 말 획일적 이념과 김정일의 후계 체제가 강제되면서 숙청되거나 처형됐으며, 또 다른 상당수가 산간 오지의 강제수용소로 쫓겨났다. 비참한 종말을 피하기 위해 탈출했던 사람들은 엄중 감시의 대상이 됐다.[40] 북한 사회의 엄격한 계급 구조에서 이들 귀환자들은 '동요 계급' 이라는 범주에 영원히 갇히게 되어, 이들의 신분은 아무리 좋은 시절이라도 불안정했다.

'일탈자' 또는 '반체제' 들이 '농업 지도국' 이란 완곡한 표현으로 알려진 암울한 수용소 울타리에 갇혀 지내는 동안,[41] 거추장스럽고 불필요한 또는 추한 몰골의 인민들 또한 완벽하고 밝은 주체의 중심지 평양에서 강제이주당했다. 1980년 당시 필자를 비롯해 많은 평양 방문자들이 육체적으로든 정신적으로든 장애자들이 없다는 사실에 호기심을 보일 때면, 평양 당국자들은, 혼외정사니 이혼이니 매춘이나 동성애니 알코올중독이니 하는 타락 행위는 말할 것도 없고 사회주의 세계에는 그런 불완전성이 애초부터 없다고 조용히 설명할 뿐이었다.[42] 1998년 남한으로 탈북하기 전까지 북한 국가보위부에서 일했던 한 전직 고위 관리의 최근 진술은 장애인들이 이미 1960년대 초반 수도를 떠나도록 명령 받았으며, 키 150cm 이하의 성인들은 지방 군 소재지에서조차 추방되었다는 오싹한 이야기를 전하고 있다. 대개 이들은 육지에서 멀리 떨어진 낙도로 보내졌으며, 귀환 또는 자녀 출산이 금지됐다.[43] 완벽한 세상의 건설은 '완벽하지 못한 것'의 제거를 필요로 했던 것이다.

1986년 이후 주체는 한 단계 더 진화했다. '사회 정치 생명체론'이 바로 그것으로, 여기에서 인민과 당, 그리고 수령은 삼각 또는 삼위일체적 관계로 연결된다. '생명체'는 영원불멸의 생명(영생)을 가진 것으로 가정되고, 수령은 이 생명체의 정수이며 정신이자 두뇌로 가정된다. 모든 개인 구성원의 주체적 운명은 수령의 마음과 의지가 완수되는 정도에 따라서만 실현될 수 있다. 국가는 이제 파시스트 정권과 유사한 이미지를 통해서 표현되게 되었다. 즉, 수령, 당, 대중은 뇌수(또는 심장), 피(또는 혈관), 수족(또는 세포 조직)으로 연결되며, 사고와 감정의 역할은 물론 수령, 즉 "근로 대중의 뇌수이자 통일 단결의 중심"을 위해서만 의미가 있는 것이다.[44] 주체는 얼마간 신비하고 모호한 방식으로, '수령'에 의해서만 드러낼 수 있는 유전적·도덕적 우월성의 '도덕적 핵심'과 '혈통'의 혼합물을 체현하게 됐다.[45]

이 '생명체' 이미지는 김정일만이 '어버이 주석'과 위대한 수령의 본질을 진정으로 구현할 수 있게 된 이래, 북한만의 독특한 조합주의 상표를 포착하고 있다. 김정일의 혈통 숭배 대상은 그의 아버지뿐만 아니라 그의 조부모, 증조부, 고조부, 그리고 자신의 어머니에까지 이르고 있다. 김정일의 후계관에서 순수한 혁명적 혈통은 혁명의 연속성을 위한 보증이었다. 하지만 그 결과 탄생한 체계는 본질적으로 봉건적이며 절대 왕조적이었다. 여기서 통치자는 법 위에 군림하고, 모든 권위 기관 —— 입법, 사법 및 형사 —— 은 그에게 예속되며, 온 나라가 그의 영토이고, 국가의 의례도 그만을 위해 치러지며, 정치도 온전하게 후계 문제에만 집중되고, 개인의 충성이 정권의 가장 중요한 미덕이 되었던 것이다.

주체 체계의 장점은 그러나 약점 또한 내포하고 있었다. 자율성이 일반 국민들로부터 지도자와 그의 측근들에게 상향식으로 빨려들어가면서 진취성과 창의력이 파괴되고, 인민의 노동 결과물도 소진되거나 낭비되었던 것이다. 감시와 통제가 진취성을 빨아들이면서 국가는 에너지의 주된 집중 대상이 됐다. 중앙의 지도부, 즉 '수령'만이 전지전능한 존재가 되고, 정부와 관료 기구 내 측면적 정보 유통이 교묘하게 제약됐기 때문이다. 지식이나 권력뿐만 아니라 경제적 부도 권력 핵심으로 집중되었으며, 특권층은 사치스러운 생활을 할 수 있었다.

주체라는 구호와 더불어 북한에서 절대적으로 남용된 용어는 바로 주체의 반의어인 사대(아부와 아첨의 뜻)였다. 하지만 역설적으로 북한의 국내적 노력과 해외 외교 노력의 상당 부분은 오로지 아부와 아첨을 강화하는 방향으로만 기울여졌다.

북한이 수십 년간 수령과 그의 가문, 그리고 이루 형언할 수 없는 주체의 진리를 찬양하면서 전 세계에서 조직된 각종 '세미나'와

'회의'를 통해 부각된 미사여구들은 세계 언론에 실린 유료 광고 문안과 마찬가지로 북한으로 다시 유입되어 숭배를 정당화하고 강화하는 데 이용됐다. 북한 인민들에게 자기네 지도자는 세계적인 지도자이자 천재이며, 영웅이요 철학자이며 정치가라는 사실을 설득하기 위해 막대한 자원도 쏟아 부어졌다. 주요 선전은 러시아 · 프랑스 · 일본 · 이탈리아 · 인도 · 불가리아 · 탄자니아 기타 여러 나라가 국제회의에 참가하여 "사람은 자연의 주인이고⋯⋯모든 것을 결정한다"(지도자의 의사에 완전히 복종함으로써만 이같은 자연의 주인이 될 수 있다는 원리는 북한의 국제 의제에는 포함되지 않았다)는 주체의 신조를 엄숙하게 찬양하면서 개시됐다. 인본주의 외양을 갖는 주체 철학의 국제적 호소는 지도자의 절대적 권위에 대한 맹목적인 관심에 의존했다. 일본의 열광적인 학계는 북한의 인간 중심 주체 철학이 탈냉전의 세계로 가는 길은 물론, 심지어 탈데카르트적 지식 패러다임으로 가는 길을 열었다고까지 선언했다.[46]

　　주체사상의 주요 연구가(지지자들과는 구분됨) 중 한 사람인 미국 조지아대학의 한 S. 박 Han S. Park은 주체사상을 "역사적으로 나타난, 그 어떤 정치적으로 가공된 신념 체계보다 강한 일관성이 있는" 신념 체계라고 단언했다.[47] 그는 주체사상이 꽃을 피우면서, 주체 정치 이론은 물론, 주체 음악, 주체 건축, 주체 문학, 주체 스포츠, 그리고 주체 의학까지 나타났다고 지적했다.[48] 확실히 그 어떤 산업화된 도시 사회에서도 인간의 반성적이고 비판적인 정신을 완전

히 제거하거나 예속시키려는, 또는 정치와 종교를 완전히 뒤섞으려
는 노력이 그처럼 철저하게 추구된 경우는 없었다. 그 어디에서도 신
화가 그처럼 집요하게 발전되고 선전되면서 '이단'이 그처럼 강력하
게 거부되고, '사적'인 사고 자체가 그처럼 근본적으로 부정된 사례
는 없었다.

물리적인 의미에서 주체 세계의 건설은 기념비적 국가의 건설을
뜻했다. 주체사상의 핵심과 기념비적 성격을 드러내는 데, 온 사회가
함께 행사를 치르면서 정체성을 새롭게 하는 '매스게임'만큼 좋은 것
은 없었다. 파시스트 모델과 공산 모델을 본뜬 매스게임은 김정일 치
하에서는 정권 그 자체를 대표하는 핵심적인 상징 양식이 됐다. 매스
게임에서 수만 명의 학생 또는 노동자들은 몇몇 양식화된 메시지나
구호의 기호 또는 작은 구성 요소가 되며, 이들은 인간 픽셀이 되어
가족 국가의 교의를 찬양, 교육, 선전하기 위해 세워진 엄청난 규모
의 종합운동장에서 위대한 수령이 직접 그렸거나 위대한 수령을 만
족시키기 위해 그려진 각종 문양을 움직임으로써 매스게임에 '생명
력'을 불어 넣는다. 사상과 창의력은 그들을 위한 것이 아니라, 그
(김정일)만을 위한 것이다. 김정일의 연출된 명령에 대한 즉각적이고
반사적인 순종에 국한되어, 대중은 그를 찬양하거나 불멸의 존재로
만든다. 10년간에 걸쳐 사회를 주체사상에 흠뻑 담근 결과 중 하나는
사회와 국가가, 정치 · 언어 · 경제의 순환이 막혀 있는, 그래서 예기
치 못한 사태나 예정에 없던 사태에 대해서는 대처 능력이 없는 하나

의 거대한 매스게임이 됐다는 사실이다.

주체 세상의 신화학이 더 많이 선전될수록, 실재하는 세계는 더욱 더 시련을 겪게 됐다. 북한 정권이 1970년대에 이르러 계획적인 경제 성장과 산업화로부터 주체 세계의 건설로 우선순위를 바꿈에 따라, 그리고 가족 숭배의 심화가 국가 업무의 최우선 순위가 됨에 따라, 1950년대와 1960년대의 사회 평등과 경제 업적은 잠식되기 시작했다. 계시된 진리의 세계는 비판이나 혁신을 감내하기 어려우므로, 그 자리에 관료적 경직성과 부패, 그리고 무능이 만연하게 됐다.

교육 또한 탄생 직후부터 시작한 국가적 교화사업에 양적으로나 질적으로 종속되었다. 고용 할당, 식량 배급, 여행 제한 등 모두가 정치 체제의 광범위한 감시망에 묶여 있었다. 당과 국가의 통제에서 벗어난 제도는 허용되지 않았기 때문에 독립적이고 사적이거나 비판적인 사고를 위한 피난처도 있을 수 없었다. 해외여행은 물론, 국내 타 지역으로의 여행조차 특별허가가 없이는 금지되었으며, 지금도 그렇다. 북한 정권은 직장에서 또는 거주지를 이전할 때 행해지는 정기적이고 의무적인 신체검사를 통해 여성의 처녀성이나 성생활까지 점검해왔던 것으로 알려지고 있다.[49]

| 유격대 국가의 정상화 |

나라의 지속적인 군사적 분단 상태, 세계의 주요(그리고 지금은 유일한) 강대국 미국과의 끝없는 대결은 북한을 조선노동당과 군대의 고도로 집중된 지도력을 거점으로 비상한 수준의 사회 · 군사 · 정치적인 응집력을 결집시켜 놓았으며, 지금도 이는 유일 주체 정권을 정당화하고 유지시키는 데 기여하고 있다. 1930년대 유격대 시절에 그랬던 것처럼, 북한이 포위된 상태로 있는 한 규율과 지도력, 그리고 충성심이 국가의 주된 가치를 대표한다. 포위가 걷힐 때까지 이같은 비정상 상태는 계속될 것이다. 좀 더 정상적인 형태의 내부 정치 관행은 북한의 대미, 대일본, 그리고 무엇보다 대남 관계가 일정 수준 정상화된 뒤에야(이는 반드시 시기적으로 빠르거나 천천히 이뤄질 것을 의미하지는 않는다) 비로소 기대할 수 있을 것이다. 그러나 오늘날 주변 국가들 특히 미국의 부시 정부는 북한이 먼저 스스로를 '정상화' 하라고 요구하는 것처럼 보인다. 이는 새로운 포위 형태일 뿐이며, 빨치산 국가를 재조직시켜 저항하도록 몰아세울 뿐이다.

북한 정권은 현재 딜레마에 빠져 있다. 김정일과 그를 둘러싼 일부 세력은 신기술, 자본, 사상, 그리고 무역에 문을 열 필요성을 느끼고 있을지 모른다. 반면 이들은 이같은 개방이 절도, 매춘, 마약과 같은 '자본주의 타락상' 을 가져다주어,50) 주의 깊게 건설된 통제 시스템과 오랜 왕조적 통치의 전망을 위태롭게 만들지 모른다고 우려한다. 지도자의 역할은 나라가 개방되는 정도만큼 줄어들 것이고, 북한 주민들은 자신을 둘러싸고 있던 아첨과 기만, 허풍, 그리고 비합리성의 그물에서 빠져나와 주체사상이 약속했던 운명, 다시 말해 진정한 '창조의 주인' 이 될 수도 있다.

일본 제국주의의 '가족 국가' 모델이 북한에서 재생산됨에 따라, 김일성 · 김정일에 대한 숭배는 김일성의 오랜 적인 천황을 둘러싸고 있던 숭배를 닮게 됐다. 군국주의 일본과 현대 북한은 서구의 개인주의와 합리주의를 거부하고, 최고 통치자의 자비로운 통치 하에 국가 차원의 집단주의 우월성을 고집한다는 점에서 공통적이었다. 천황가가 '일본 국민성의 마르지 않는 샘' 이며 일본 국민의 지대한 의무는 '천황을 보위하고 왕권을 유지하는 것' 이었다면, 북한에서는 수령의 가문이 한민족의 구현체이자 도덕적 총화가 됐으며, 인민은 1930년대 일본 교과서에 나오는 용어 그대로 수령을 중심으로 일치단결하도록 요청되었다. 1970년대까지 지도자 숭배와 주체사상은 일본 제국주의 국가의 복사판으로 변질되어 갔다.

군사나 정치와는 대별되는 것으로서 북한이 직면한 철학적, 문화적 문제는 과거의 모든 동아시아 유교 국가들이 직면했던 문제 바로 그것이었다. 다시 말해서 전통에 뿌리박은 집단적 정체성을 어떻게 개인의 도덕적 자율성 또는 시민 권리 의식으로 대체할 것인가의 문제이다. 일본에서 '고쿠타이(국체)' 라는 전전의 집단적 정체성은 1945년 이후 이런 방향으로 느리게 이행해갔지만, 아직도 많은 사람들은 국가적 집단주의의 안온함으로 회귀하기를 열망하고 있다. 전후 수십 년간 일본을 흔든 '주체성' 논쟁은 앞으로 언젠가 북한에서 되풀이될 것이 틀림없다. 중국에서는 공산주의 이데올로그들이 마오라는 최고의 웃어른 아래 가족 국가를 건설함으로써 공산주의 통치를 완화하려고 노력했지만, 중국이란 나라의 광대함과 다양성은 단일 가족이라는 개념과 상치되었으며, 최근 수십 년간은 시장이 이데올로기를 대신하고 있는 양상이다. 한국에서는 1960년대에 태어나고 1980년대에 교육받은 세대가 군부 및 파쇼 정권의 집단주의적 국민 개념에 맞서 싸웠지만, 자아 관념과 시민 권리 의식을 정치 문화의 중심으로 세우는 과정은 여전히 완결 상태와는 거리가 먼 상태이다. 따라서 북한의 문화 위기는 그 이웃 나라들과 많은 공통점을 가지고 있다.

오늘날 평양의 대변인들은 무슨 일이 있더라도 북한 내부 정치 체계는 보존될 것이라는 —— 즉, 패전 일본에서 천황제의 존속을 거듭 확신하면서도 상당한 걱정을 했던 것과 똑같이, 지도자가 물러나게 되는 일은 결코 없을 것이라는 —— 확신을 더 이상 하지 않는다. 북한과 패전 일본의 유사성이 유효하다면, 북한 지도자의 자리 보존은, 천황의 자리 보존이 일본을 구질서의 패배와 몰락으로부터 새 질서의 건설로 가는 가교로서 허용됐듯이, 북한에 전면적인 사회적·문화적 변동을 가능케 하는 조건으로 주어질 것이다.

부패, 뇌물 수수, 절도, 노동자들의 고의적인 결근, 불복종 등에 대한 보고가 잇따르는 가운데, 북한의 억압적 통치 체제는 이완되고 있는 듯하다. 생산과 재생산 체제가 무너지면서 통제 체제는 과도한 압력에 노출되고 있다. 인민들은 더 이상 식량과 보호소를 제공받지 못하고 있으며, 당은 점점 더 존재감을 상실해왔다. 체제 신뢰의 기초인 주체사상은 그 실행자들에게 점점 더 공허한 것으로 비추어지고 있다. 탈북자들의 유출이 늘고 있으며, 그것도 확실한 엘리트 '신뢰 계층' —— 즉 군인, 국경 수비대원, 공안 장교, 학교 교사, 병원 직원, 교수, 국방 산업 관련 과학자 —— 에서 탈북이 늘고 있다.[51] 탈북 난민들은 복수심에 불타는 용어로 해방을 위한 북한 정권의 타도를 외치고 있다. 한 탈북 난민이 말한 바처럼 "전쟁이 일어나서 완전히 세상이 변할 정도로 모두가 망하는 것이 나을 수도 있다"는 것이다.[52]

북한 주민의 체제에 대한 신뢰도 한계에 이르고 있다. 김정일은 그가 정권을 잡은 이래 북한을 강타한 자연재해와 점점 더 자신을 옥죄는 국제적 포위망이 겹치면서, 하늘이 자신을 버리는 것은 아닌가 걱정했을 것이다. 유교적 전통에서 천명(天命)의 상실은 자연재해와 설명할 수 없는 현상으로 나타나며, 이에 따른 응분의 대가는 더 합당한 인물에게로 천명이 넘어가고, 오늘날 그 같은 과정은 곧 혁명을 초래한다는 사실을 김정일은 깨달아야만 한다. 제아무리 군주나 통치자의 통치권이 절대적이라 해도, 동아시아 전체에서 도덕적 의미의 통치권은 최종적으로 인민의 손에 달려 있었다.

북한의 주체 세상은 역사상 가장 일관되며, 정치적으로 가장 정교하게 고안된 체계일 수 있다. 하지만 그것은 이미 주마등처럼 스쳐지나가는 성격을 갖게 됐다. 연기자와 시나리오 작가가 제 아무리

훌륭하게 상상하고 창조하며 확신시키더라도, 연극 무대의 마술은 결국 대중이 의혹을 갖지 못하도록 하는 데 좌우된다. 무대 마술을 유지하기가 점점 더 어려워질수록 주체의 세상이 더 이상 인민을 배불리 먹이거나, 따듯하게 옷 입히고, 교육시킬 수 없다는 사실이 더 분명해질 것이다. 아울러 극장 담장의 갈라진 틈새로 더 좋은 다른 세상이 보일 가능성은 더 커진다. '주체'의 세계는 어떤 한국의 디즈니에 의해 '주체의 세상'으로 설계되었던 것처럼 보이기 시작하고 있다.

주체 세상 : 성장에서 붕괴로

한국전쟁 이전 한반도에서 상대적으로 더 산업화된 지역이었던 북한은 1950년대와 1960년대에는 남한의 성장을 앞질렀다. 그 뒤 공장이 녹슬거나 노후화되고, 자원이 군사 부문으로 전용되거나 지도자와 그 가문에 대한 숭배를 지탱하는 데 쓰이면서 점차 쇠락의 길을 걷기 시작했으며, 1990년대에 이르러서는 홍수, 가뭄, 기아 등 잇단 자연재해로 크게 타격받았다. 물론 이와 동시에 미국과의 적대 상태는 지속적으로 첨예화됐다.

북한 경제 성적표의 진실은 최근 수년 사이 점점 더 분명해졌다. 다른 지역에서와 마찬가지로 밝혀지는 것이 많을수록 장래의 전망이 더 어두워지고 있는 것이다. 북한 정부가 실상을 제대로 알리기보다는 실적을 부풀리기 위해 통계를 선택·가공해 발표하는 탓에 경제에 대한 평가는 더욱 더 복잡해진다. 북한의 자료들은 또 특히 북한의 초창기 때 상당히 실질적인 역할을 했던 해외 원조에 대해서는 거의 언급하지 않는다. 1940년대와 1950년대 사회주의 국가의 '우호적 지원'은 동유럽 블록에서 나왔다. 1990년대와 그 이후 식량 지원은 국제기구와 자본주의 국가들, 그리고 비정부기구(NGOs)에서 나왔다. 북한은 사회주의 계획 경제 체제다. 따라서 신뢰성 있고 과학적인 정보 수집 체제가 작동할 수 있으려면 균형 잡힌 계획의 개발이 절대적으로 필요하며, 독단적인 간섭은 최소화되어야 한다. 이런 의미에서 '숭배'와 '계획'이 서로 상충된다는 사실은 전혀 놀라운 일이 아니며, 전자의 과도함과 독단적인 간섭으로부터 후자를 보호하기가 점점 더 어려워진 사실 또한 놀라운 일이 아니다. 그 결과 심지어 정권 자신이 실질적인 경제 자료에 접근할 수 있는지에 대해서조차 의문이 일고 있다.

김일성은 1962년 초, 일단 1963년도 생산 목표가 달성되면, 북한의 전 근로 대중이 "기와집에 살면서 이밥과 고기를 먹고, 좋은 옷을 입으며 잘 살 수 있게 될 것"이라고 기약했다. 1970년, 그는 먹는 문제가 "완벽하게 해결됐다"고 주장했다. 「평양신문」의 1992년 신년 사설이 모든 인민이 "윤기가 잘잘 흐르는 쌀밥과 고깃국을 날마다 먹고, 기와집에서 비단옷을 입고 살 수 있게 되는 것"이야말로 인민의 '오랜 염원'이라고 선언한 이래, 수시로 유사한 주장이 되풀이됐다. 그러나 많은 사람들에게는 이 정도의 소박한 욕구도 점차로 꿈이

144

되어버렸다.

오늘날 대다수 주민의 일상생활은 추위와 어둠 속에서 이뤄진다. 취학 연령 아동의 절반 이상이 학교에 다니지 못하는 대신, 부모가 음식을 구하러 다니는 동안 길거리를 배회하고 있다. 집 없는 부랑자 인구도 늘고 있다.[1] 야간 위성사진은 북한이 지구상에서 소름끼치도록 어두운 곳임을 보여준다. 북한이 반세기 만에 주민의 기대를 저버렸음이 무엇보다 분명하다.

국가 수립 초창기에 이뤄진 토지개혁, 경제 계획, 사회주의 진영으로부터의 원조, 그리고 국가 건설 노력의 집중은 희망찬 결실을 만들어냈다. 영국 케임브리지대학 경제학자 조안 로빈슨은 1964년 북한을 방문한 뒤 "애국심과 헌신성이 고된 노동을 기꺼이 받아들이는 태도에 그대로 나타나고 있다"고 썼다. 그녀의 전반적인 평가는 "전후 세계의 모든 경제 기적도 북한의 업적에 비하면 빛을 잃고 있다"는 것이다.[2] 이로부터 10년 뒤에도 전망은 여전히 밝았다. 북한의 '자력갱생' 경제 모델은 오스트리아, 동독, 스웨덴, 스위스의 모델을 따라 작지만 탄탄한 산업국가가 될 것이라는 기대와 함께, "선진 산업국가의 경제 구조를 향해" 순항하는 것처럼 보였다.[3] 또 다른 학자는 "조선노동당의 업적은 확실히 괄목할 만하며, 남한의 비틀거리는 신식민경제가 완전히 붕괴된 이후에도 오래도록 기억될 것이다"라고 논평했다.[4] 돌이켜 보면, 이같은 판단은 잘못된 것이 분명하지만, 당시에는 충분히 그럴 듯했다(필자 역시 당시 이런 평가가 나오는 데 일조했다). 증거는 기껏해야 불확실했다. 1976년 말, 심지어 미국 중앙정보국(CIA)까지 북한이 거의 모든 경제 부문에서 남한을 앞질러가고 있다고 생각했다.[5] 당시 자료 조작의 시점은 분명하지 않았다. 그리고 당시 북한 정권의 우선순위가 경제성장으로부터 김정일의 권력 승계를 확실히 하는 쪽으로 변화했기 때문에 부담이나 과도함, 왜곡이 경제적으로 막 감지되기 시작하던 시점이었다.

혹독한 기후, 경작에 불리한 지형 —— 농업에 적합한 땅이 전체의 20% 이하 —— 에도 불구하고 북한 정권은 농업 생산량이 1950년대에는 연평균 10%, 1960년대에는 6.3% 증가했다고 주장했다. 1970년대에 북한은 쌀을 수출하고 —— 남아돌아서라기보다는 외화벌이를 위해 —— 그 대신 국내 소비를 위해 값싼 곡물을 수입했다. 단위 면적당 곡물 생산량을 늘리기 위한 간척 또는 개간 등 각종 토목 공사와 농(수산)업 생산성의 증대를 위해 엄청난 노력을 쏟아 부었다. 1979년까지 북한은 헥타르 당 쌀 생산량에서 세계 기록을 세웠다고 주장했다. 국제연합 식량농업기구(FAO)는 북한이 실제로 이 부문에서 1979년부터 1990년까지 세계 1위였으며, 이는 한국·일본 등 다른 주요 쌀 생산국을 앞서면서도 동시에 호주처럼 매우 효율적인 것임을 인정했다. 북한의 쌀 생산은 태국보다 3배 이상 효율성을 유지했으며, 미국보다도 상당히 우수했다.[6] 북한은 1980년대 1인당 칼로리 섭취량 면에서도 남한을 앞질렀다고 주장했다. 식량농업기구는 1991년 들어서야 수치를 수정해 남한에 통계적(그러나 약간의 차이밖에 없는) 우위를 두었다.[7] 그 직후 북한이 극심한 기근 상태로 빠져듦에 따라 이같은 통계는 쓸모없는 것으로 변해버렸다.

상황은 1990년부터 점차 악화돼 식량 부족 상태가 심각해지고, 이따금 폭동까지 보도될 정도였다. 모든 식량에 배급제가 실시됐을 뿐 아니라, 쌀의 배급량은 기장과 같은 다른 조악한 곡물에 비해 30~40%가 줄었다(평양에서 멀리 떨어지지 않은 곳에서도). 그런데도 식량은 점점 더 암시장에서만 구할 수 있게 됐다. 육류는 먹을 수 있다손 치더라도 국경일만으로 제한됐다. 이후 북한은 최대의 암흑기, 즉 1994~97년의 참혹한 대기근 시기로 접어들었다. 혹심한 홍수가 내리 몇 년째 발생했고, 이어 1997년에는 가뭄이 들었다. 식량 수확량은 지속적으로 떨어졌다. 국제연합의 세계식량계획(WFP)에 따르면, 북한이 주민을 먹여 살리기 위해서는 최소한 연간 약 5백만t의 곡물이 필요했다. 하지만 북한의 곡물 생산량은 1996년 2백36만t, 1997년 2백66만t 정도로 떨어졌다.[8] 홍수와 가뭄, 전력 및 연료 부족이 한꺼번에 몰아닥친 일은 북한 주민이 설사 기만적인 주체 세상에서 살지 않았다 하더라도 참혹한 결과를 빚었을 것이다. 1987년 헥타르 당 6t을 생산했던 경작지는 1997년 이보다 20분의 1로 줄었다. 그 결과 3인 기준 가구당 7백kg씩 국가가 공급하던 곡물 배급량은 1인당 하루 2공기분에 해당하는 2백70kg으로 대폭 깎였다.[9] 2002년에는 이마저 중단됐다.

대규모 국제 구호 노력이, 특히 어린이들을 대상으로 개시됐는

데도 사망자들이, 특히 취약 인구층을 중심으로 대거 발생했다. 얼마나 많은 기아 희생자가 발생했는지는 아무도 모른다. 하지만 북한 정부가 발표한 출산율과 사망률을 근거로 한 22만 명에서부터 3백만 명에 이르기까지 사망자 평가는 다양하다. 특히 후자는 최악의 경우를 상정한 시나리오임이 거의 확실하다.[10] 아이들의 영양실조와 발육 저하가 특히 심해 최악의 상황을 거친 몇 년 뒤에도 5세 미만 아동의 40%가 여전히 심각한 영양실조 상태에 놓여 있었다.[11] 지난 2003년의 경우, 수확량의 부족분은 여전히 약 백만 t에 이르는 것으로 평가됐는데도,[12] 국제연합은 부족분을 채우기 위해 기부 국가들을 설득하는 데 상당한 애를 먹어야 했다.

식량 기적과 세계 최고 생산성에 대한 주체 세상의 주장은 폐기되어야만 했을 뿐 아니라, 1962년 김일성에 의해 설정된 조심스럽다 싶을 정도의 목표치조차 될성부른 것이라기보다는 환상에 가까운 것이 되어버렸다. 1990년대 초반, 북한 인민들에게는 하루 두 끼니가 권장되었다. 1990년대 중반까지 실제로 하루 두 끼를 유지하는 사람은 그나마 운이 좋은 경우였다. 21세기에 들어서서 북한 주민들에게 감자 삶는 법, 감자전 만드는 법 따위를 보급하며 감자 재배를 장려하기 위한 필사적인 노력이 경주됐다. 김정일은 "감자는 쌀이나 마찬가지이며, 감자를 간식이 아닌 주식으로 삼아야 한다"고 선언했다고 한다.[13] 1994년 위대한 수령의 사망 이후 발생한 잇단 참혹한 자연대재난은 주민 일부에 정권의 '천명' 이 다해가고 있음을 일러주었을 수도 있다. 20세기의 다른 자연재해와 마찬가지로 북한의 재앙은 천재(天災)와 인재(人災)의 요소를 동시에 갖고 있었다.

일정 수준의 고도성장은 특히 1950년대와 1960년대 주체 농법에 의해 일시적으로 달성되었을 수 있다. 하지만 지금은 통계적 사실을 정치적 과장과 구분하기가 어려우며, 별로 대단치 못한 성과조차 상당한 고비용을 수반했다. 농업 발전 모델이 당초부터 지속 불가능한 성장에 바탕을 두고 있었기 때문이다. 북한은 프로메테우스의 오만한 자신감에 가득 차 자연에 순종하거나 이해하려하지 않았다. 대신 "사람은 자연의 주인이며……모든 것을 결정한다"고만 고집했던 것이다. 이로 인해 자연에 대한 착취는 극대화됐다. 산과 언덕이 벌목되고 경작됐다. 대규모 면적의 해안 습지가 간척됐다.[14] 일단 목표가 정해지면 이는 지도자와 그 측근의 허영심을 만족시키기 위해서라도 무조건 달성되어야 했다. 1990년대 북한을 휩쓴 홍수와 가뭄은 한편으로는 운영 시스템으로써 통제 경제의 실패와, 다른 한편으로는 자연을 문자 그대로 완전히 조작하고 통제할 수 있다는 공산주의 신념의 실패가 합작해낸 참혹한 산물이다.[15]

북한이 거둔 최고의 실적은 비록 전력 등 핵심 부분이 뒤쳐지고 낭비 수준이 높긴 했지만, 평균 약 6.3%씩 성장했을 것으로 보이는 1985년과 1990년 사이의 산업 생산량이다. 하지만 경제 성장률은 1989년 약 2%대로, 1990년에는 -3.7%로, 1991년에는 -5.2%로 떨어지며, 한국전 종전 이후 최악을 기록했다. 1990년 북한의 1인당

국민소득(1,038달러)은 이미 남한(6,498달러)의 1/6로 줄어 있었다.[16] 꼭 10년간 성장은 실질적으로 전혀 없었던 셈이다. 그러나 이는 쇠락의 시작에 불과했다. 1990년대 말까지 남북한 격차는 8 대 1 내지 11 대 1 사이로 꾸준히 벌어지고 있었다.[17] 북한의 3차 7개년 계획(1987~93) 공식 목표는 연평균 성장률 10%였지만, 유엔개발계획(UNDP)과 북한 정부의 공동 연구에 따르면 1993년~1996년 북한 경제는 50% 정도 감소했으며, 1인당 소득은 4백81달러로 떨어졌다. 계획 목표치가 미뤄진 것이다.[18]

1990년대 북한의 전력 발전량은 60~70% ── 전체 전력 발전량이 미국의 중간 크기 도시의 발전량에 불과한 낮은 수준 ── 로 떨어졌다.[19] 석탄과 비료 생산량은 50% 이상 떨어졌으며, 공장 생산량도 70% 정도 떨어졌다.[20] 21세기에 들어와서도 사정은 별로 나아지지 않았다. 한국은행의 통계는 2001년 북한 경제가 근소하게 성장한 것으로 보았지만, 미국 중앙정보국은 약 3%로 보는 데에도 모순이 있다고 평가했다. 북한의 전력 발전량은 현재 한국의 15%로 평가되고 있으며, 이같은 발전량의 절반 이상이 지하 송전 선로의 노후화와 수리 곤란 등으로 송전 과정에서 유실되고 있다. 2002년까지 북한의 공장들은 10년 이상 정상 가동되지 않은 상태였으며, 공급 체계와 원료 수송 체계의 붕괴, 전력 공급 중단, 산업 설비 노후화로 인해 전체 용량의 극히 일부만 생산하는 상태였다. 석유 수입이 격감하고, 운송 및 통신 체계가 파괴되었으며, 군대의 대규모 기동 훈련이 중지되는 한편, 공군 조종사의 연간 훈련 시간도 단축됐다(실질적인 전투 비행 훈련이 아닌 이·착륙 훈련).

평양의 정책 기획자들이 자기네를 괴롭히는 문제에 깜깜했거나 이를 무시했던 것은 결코 아니다. 주체의 자급자족 및 자력갱생 구호가 유지되던 시절인 1970년대부터 북한은 세계 자본주의 경제에 참여하기 위해 상당한 노력을 기울였다. 하지만 30년간에 걸친 이같은 노력의 성과는 이렇다 할 만한 것이 없었다.

1973년 '오일 쇼크'로 에너지 가격 특히 수출 가격이 뛴 반면, 북한의 비철금속 가격은 폭락했다. 당시 북한 경제는 처음으로 유럽 및 다른 자본주의 나라들과 교역 관계를 터 플랜트를 수입하기 시작할 때였다. 빚을 갚을 수 없었던 북한은 채무 불이행 상태에 빠졌다. 사실 북한은 여러 차례 채무 불이행 사태를 겪었고 그때마다 자본주의 세계와의 관계가 악화됐다. 이를 만회하기 위해, 그리고 야심 찬 경제 성장 목표를 기필코 달성하기 위해, 노동력 착취가 도를 더해갔다. 자신의 업적을 이루려는 김정일의 의지를 반영했을 것으로 여겨지는 대규모 캠페인이 대대적으로 시작됐다. 아버지의 영웅적인 대원들이었던 1930년대 항일 빨치산들이 일상생활의 전 영역에서 본받아야 할 모범으로 채택됐다. 이 시기는 중국 문화 혁명 때 혼란 상황의 극성기를 방불케 했다. 사상·기술·문화의 혁명을 통해 생산성 향상을 이룩한다는 사명을 띠고 북한 전역의 작업장에 파견됐던 3대 혁명 소조의 모습에서 그 영향이 쉽게 드러난다. 맨 처음 70일로 시작했던 '투쟁운동'은 훗날 200일이 되고, 심지어는 2000일이 됐다.[21] 그러나 광적인 스타하노프 식 생산성 운동(1980년대에는 '속도전')은 오히려 수확 체감의 결과를 빚었다. 인민들은 점차 지쳐갔고 기계는 낡아 못쓰게 됐다. 낙하산 식 계획 방식은 융통성 및 소비자 측의 피드백 장치를 개발시키지 못했다.

북한 개발 모델의 '자력갱생'이라는 요란한 선전은 또 소련의 원조에 고도로 의존하고 있는 현실을 은폐했다. 모든 주요 산업기지는 소련의 기술 지원에 의해 건설되었고 소련의 신용(거의 상환되지 못함)으로 자금을 조달했다. 1991년부터 러시아와 중국 양국과의 무역에서 '우호' 조건이 '상업 베이스'로 바뀌면서 연료 수입이 뚝 떨어졌고, 공업은 물론 농업까지 심각한 구조적 위기에 빠졌다. 게다가 그나마 빈약한 자원까지 미사일 연구 생산 등 군수 관련 산업 분야로 꾸준히 빠져나갔다. 이는 얼마간 경제에 긍정적인 효과를 가져다주었을 수도 있지만, 그 기간만큼 비군사 부문을 약화시켜 사회의 기본 수요를 충족시킬 수 있는 능력까지 감소시켰다. 급성장한 무기 수출 부문은 비록 1981년~1988년 약 40억 달러로 북한 전체 수출의 1/3까지 올라갔다. 하지만 이로 인한 수입은 전적으로 군사적 목적에 따라 군에 돌려졌다. 군이 직접 통제하는 경제의 정확한 규모는 분명치 않으나, 북한 전체 경제의 20~50%로 추산되고 있으며, 국방 제일의 그림자가 사회 전 영역에 드리워져 있다. 수많은 공업 및 군수 인프라를 지하 구조물화하고, 평양 지하철을 지하 100m 깊이에 건설하는 데 든 비용은 엄청나다. 특히 지도자 숭배의 과대망상증은 북한 경제에 아마도 가장 심각한 부담을 주었을 것이다.

김정일 가문이 국가나 마찬가지가 됨에 따라, 문화와 경제 모든 양식이 그 가문에 영광을 돌리게끔 됐다. 김정일 가문에 봉헌하는 기념물로서의 평양 개발은 응당 다른 부문에 쓰였어야 할 돈을 빨아들였다.

1984년 착공된 3천 개의 객실을 갖춘 1백5층짜리 류경호텔 공사는 원래 1989년의 제13회 세계청년학생축전에 때맞춰 완공될 예정이었다. 콘크리트 외관은 흉물로 변한 채 이 호텔은 오늘날까지 미완공 상태이다. 유령의 집이 되어버린 이 건축물은 피사의 탑처럼 기울어진 물매 탓에 토목 기사들도 손댈 엄두를 내지 못하고 있으며, 엘리베이터와 화장실도 아직 설치되지 못했다. 대규모 국제 행사들을 열기 위한 시설에도 엄청난 자원이 낭비되었다. 1989년 청년학생축전 경기를 위한 각종 시설에 수십억 달러까지는 아니더라도 수억 달러가 들었다. 이는 한 해 전 열린 88서울올림픽에 대항하려는 의도에서였다. 평양의 행사는 서울의 행사에 자극받은 것이 확실하다. 그러나 5만 명을 동원해 혁명적 장면이나 위대한 수령을 향한 충성심과 사랑의 메시지를 전하려는 의도로 거대한 인형극을 펼친 호사스런 매스게임에 대한 경탄을 빼놓고서는, 평양의 행사는 세계인의 관심을 전혀 끌지 못했다.

1992년 4월 위대한 수령의 80회 생일을 경축하는 행사는 청년

학생축전을 능가했다. 10만 명의 군중이 매스게임에 참가한 이 행사에는 10억 달러가 든 것으로 추산된다. 2002년 아리랑축전 때의 집단 체조와 각종 예술 공연도 비슷한 규모로 진행됐다.

요컨대 북한은, 특히 북한의 수도는 국가의 정통성을 기리는 사찰과 사당으로 가득 찬 기념비의 나라로 변했다. 고대 이집트의 파라오처럼 모든 국가 자원의 동원 우선순위는 지도자를 찬양하는 것이었다. 세계 각국의 언어로 위대한 지도자와 친애하는 지도자에게 받쳐지는 영웅전만 전문적으로 제작하여 보급하는 일은 대규모 사업이 되었다. 국가 전체가 이같은 집단적인 의사(擬似) 종교운동의 격심한 고통을 받게 된 것이다.

김정일 일가에 대한 찬양은 경제적 측면을 포함해 여타 사회 부문 전체가 따라야할 원칙이 됐다. 하지만 그 대가는 경제 계획의 폐기로 나타났다. 김정일 일가의 가계 유지와 선전이 공적 자원 동원의 최우선 사항이 됐다. 승인과 존경을 받으려는 물릴 줄 모르는 욕망은 국가와 사회의 정력 모두를 소진시키고 고갈시켰다.

주체사상은 국제 발전 모델로 선전되었고, 한때 공산 세계와 제3세계 일부 지역에 상당한 매력의 대상이 되기도 했다. 1980년 전성기 때에는 약 5천 명의 북한 기술팀과 관료팀이 아프리카에 파견되어, 북한의 모델을 현지 발전의 관건으로 만들기 위해 애쓰기도 했다. 당시 북한은 아프리카 국가 전체에 대사관을 열었는데, 이 무렵은 영국조차 비용 문제 때문에 아프리카 대륙의 외교관 상주 규모를 축소시킬 때였다.[22) 북한은 일부 아프리카 국가의 군사훈련에 참여하기도 했고, 또는 단순히 '우호' 조건으로 경제 개발에 참여하기도 했다.

김일성은 일부 국가의 아첨에 우쭐했으며, 아프리카 어딘가에서 대형 경기장에 자신의 이름을 붙이겠다는 발상에 큰 관심을 갖기도 했다.[23) 1978년 김일성은 평양에서 중앙아프리카공화국의 '황제' 보카사를 위해 만찬을 베푼 바 있다. 이때 김일성은 양국이 "독립적인 신 사회 건설에 대해 똑같은 열망을 갖고 있음을 확인했다"고 밝혔다. 자칭 황제를 표방한 보카사의 치세는 다행스럽게 짧게 막을 내렸다. 훗날 집단 살육 등 전범 혐의로 사형 선고를 받은 그는 오늘날, 20세기 아프리카 최고의 피에 굶주린 독재자로 일반적으로 인식되고 있다. 보카사 문제와는 별도로, 김일성 숭배 기술의 연구는 계속되었고, 자이레의 모부투, 적도 기니의 마시아스 옹구에마, 우간다의 이디 아민, 캄보디아의 폴 포트, 리비아의 가다피, 그리고 루마니아의 차우세스쿠를 비롯해 세계의 가장 잔인하고 악명 높은 정권과의 관계는 더욱 더 긴밀해졌다. 23년간 대통령 권좌를 지켰던 마다가스카르의 디디에르 라시라카는 김일성 생일을 위해 평양을 정기적으로 방문했다. 그의 태도는 김일성을 크게 감동시켜 김일성은 자신의 친구를 위해 호화로운 대리석 대통령궁을 지어주도록 지시했다.[24) 라시라카는 주체 사회주의를 자신의 나라에 적용하고자 했으나, 빈곤은 갈수록 깊어진 것 같다. 결국 그는 가족과 측근을 데리고 해외로 망명했다.[25] 소말리아의 주체 추종자들은 때때로 전세 비행기편으로 북한에 초청되어 주체 농업의 비밀을 연구할 수 있게 되기를 바랐다.[26] 루마니아의 차우셰스쿠는 특히 정권이 굴욕적으로 무너져 1989년 12월 처형될 때까지 김일성의 가장 가까운 동맹이었다.

이 모든 사태는 북한이 지지하기로 선택한 우방국과 동맹국, 그리고 명분의 관점에서뿐 아니라, 북한 자신의 개발에 투입될 자원이 다른 데로 유출됐다는 면에서도 재앙적인 결과를 초래했다. 아프리카로 흘러든 원조가 얼마나 지속적인 이득을 주었는지는 알기 어렵다. 분명한 것은 20세기의 마지막에 이르러 북한을 발전 모델로 보려는 발상은 어떤 식이든 조롱거리가 되었다는 것이다.

개혁 공식을 찾아서

모든 난관을 이겨내고 살아남은 유격대 신화에 의해 지탱되어온 자족적 경제 신화는, 경제가 죽은 뒤에도 북한에서 끈질기게 살아남았다. 김정일은 경제 난관을 돌파하는 방법으로 북한 인민군의 '결사적이고 절대적인 희생정신'을 강조해왔다.[27] 하지만 동시에, 북한은 지난 1996~2002년 사이, 서유럽 국가들(프랑스는 예외) 대부분과 호주, 말레이시아, 브라질, 터키, 캄보디아, 쿠웨이트, 러시아를 비롯한 많은 나라들과 관계를 정상화했다. 김정일은 또 2001년 중국 및 러시아 방문을 포함한 해외 순방을 단행했다. 여기서 그는 생산

시설들을 둘러보고 북한에 유용하게 적용될 수 있는 방안들을 고민했다. 적절한 발전 모델과 기술적 · 재정적 지원을 찾아내기 위해 관료와 정치인, 기술자로 꾸려진 시찰단을 파견해 전 세계를 바삐 돌아다니기도 했다. 2001년에만 중국, 호주, 이탈리아, 스웨덴 등지로 거의 5백 명에 이르는 학생이 파견되기도 했다.[28] 이들 중 상당수는 구미의 시장경제를 배우는 데 열중한 것으로 보인다.

1980년대, 평양은 자본주의 국가를 비롯한 외국과의 합작 사업을 통해 경제에 새로운 활력을 불어넣으려 했다. 그러나 미해결 상태의 외채 문제와 북한의 미래를 둘러싼 안보 불안 문제로 북한은 구미의 주요 기업 또는 다국적 기업들을 끌어들이는 데 실패했다. 북한에 대개는 섬유와 식품 가공 분야의 매장을 개설한 쪽은 거의 전적으로 재일 한국인(여기서는 조총련계를 지칭)들이었다. 그러나 이들의 경험도 관료들의 개입, 무능력, 혼돈 등 언짢은 것이었다. 그 결과 1993년까지 당초의 1백20개 합작 사업 가운데 고작 20개만 남을 수 있었다.[29]

1991년, 다른 접근법이 시도됐다. 북한 정권은 두만강 어귀의 러시아 및 중국 접경 지역에 나진 – 선봉 특별 구역을 설치하겠다고 발표했다. 국경 지역의 방대한 규모 —— 7백42km² —— 에 이르는 이 특구의 목표는 2010년까지 4백70억 달러의 해외직접투자를 유치해 '북한의 선전(홍콩에 인접한 중국의 경제특구)'이 되는 것이었다. 하지만 이 계획은, 1994년 국제연합의 프로젝트로 채택되기까지 했는데도, 외떨어진 입지와 개발업체에 대한 평양 측의 지나친 통제로 인해 의미 있는 투자를 유치하는 데 실패했다. 2000년말까지 나진 · 선봉 투자액은 고작 6억 달러에 지나지 않았다.[30] 나진 · 선봉 특구는 애초 중공업 및 화학 공업의 중심으로 부상하는 것이었지만, 오늘날까지 가장 성공적인 사업은 홍콩에 근거를 둔 '잉황(英皇)' 그룹에 의해 2000년 문을 연 카지노 도박장이었다. 24시간제로 운영되는 이 도박장은 주로 중국인 · 러시아인 고객을 끌어들이며 번창해 이국적인 도박의 메카라는 명성까지 얻을 정도가 됐다(그 뒤 2005년까지 중국인들의 잦은 도박장 출입이 중국 내에서 크게 문제가 되어 북 · 중 간 현안이 되기도 했음).

1998년 금강산에 관광사업으로 해외 자본을 유치한다는 목표로, 남쪽의 재벌 그룹 현대와의 합작을 통해 또 다른 특구가 문을 열었다. 현대는 또 2005년까지 9억4천2백만 달러라는 뭉칫돈에 사업권을 독점하는 대가로 매월 1천2백만 달러를 지불한다는 데 동의했다.[31] 금강산 관광은 1998년 시작됐다. 처음 4년간 남한 사람 50만 명이 승객 약 1천4백 명을 실어 나르는 유람선으로 금강산을 성지순례하듯 관광했는데, 이때의 수입 상당액은 평양으로 흘러들어갔다. 승객 1인당 3백 달러씩 유람선 침대칸이 모두 찬다면, 평양은 운항권 수수료로 연간 4억5천만 달러를 벌어들일 수 있었다.[32] 남한 관광객들은 북한의 일반인들과 접촉하지 못하도록 세심하게 출입국 수속을 통제받았다. 이들은 심지어 북한 항구에서 별도의 코스로 이동해야만 했다. 이런 상황에서도 북한 안내원과 마찰이 심심치 않게 발생했다. 2003년 2월 정치인, 학자, 기업가들로 구성된 5백 명의 방문단이 버스로 비무장지대를 통과했다. 더 편하고 빠른 금강산 관광길이 뚫린 것이다. 금강산 일대에는 '관광 특구'가 선포됐고, 현대는 지금도 스키 리프트, 호텔, 골프장, 주점과 술집, 그리고 노년층을 위한 특수 시설을 갖춘 '실버타운' 등을 포함해 현지에 대규모 여행 시설을 검토하거나 개발 중이다. 같은 해 10월, 일단의 버스 행렬이 거의 반세기만에 최대 규모의 남한 사람들을 북쪽으로 실어 날랐다. 1천1백 명의 인원이 평양의 한 체육관(현대가 기증한 것임) 개관식, 야구 경기, 그리고 선물로 가지고 간 소 1천 마리 전달을 위해 북한으로 들어간 것이다.

북한 프로젝트에 대한 현대 측의 열성은 영리상의 목적이라는 범위를 넘어섰던 것 같다. 어떤 사업도 위험부담이 따르긴 하지만 북한 관리들과의 협상 과정은 당혹스럽고 힘든 것으로 알려졌다. 게다가 기약 없는 미래의 어느 한 시점까지는 거의 이익이 나지 않을 수도 있었다. 2000년 평양 정상회담에 이르는 과정에서, 현대는 북한 정권에 5억 달러의 용도가 불분명한 거액을 송금했는데, 3년 뒤 남한에서는 바로 이 문제로 관련자 체포와 수사가 이뤄졌다. 현대는 또 심각한 재정 위기에 빠지게 되는데, 현대 측의 대북사업도 그 원인 중 하나였다. 2002년 한국 정부는 금강산 관광 사업을 구제하는 일에 나서야만 했다.

같은 해 9월, 북한에서는 중국 단둥시의 맞은편이자 압록강 북측 국경 지역에 신의주 특별 경제구를 설치한다는 내용의 새 특별법 하나가 통과됐다. 이 지역의 기존 인구 50만 명은 국제 금융, 무역, 통상, 산업, 첨단 기술, 레저, 그리고 여행 등의 자본주의 특별 구역에 한국과 중국의 젊고 숙련된 노동자들의 유입을 촉진시키기 위해 단계적으로 이주될 계획이었다. 이 지역의 유통 화폐는 미국 달러화로 지정됐으며, 이 지역은 장차 별도의 여권과 휘장, 별도의 입법 · 사법 · 행정권을 갖고, 국경 통과세나 자본 통제도 없이, 독립적으로 운영될 계획이었다.

하지만 이 계획은 백만장자 중국인 기업가(양빈 · 네덜란드 국적 소지) 출신으로 새로 임명된 행정장관이 탈세 및 기타 금융상의 탈법 혐의로 중국 당국에 의해 구금되면서 불안하게 출발했다. 2003년 7월 중국 법정은 그에게 8년 징역형과 약 9백만 달러의 벌금형을 선고했다.[33] 이는 분명 투기 자금과 투기단, 도박단에게 특구가 잠재적인 천국이 될 것이라는 전망과 기타 다른 사람들이 국경을 넘어 단속을 피할 수 있는 환경으로 유입할 수 있다는 것을 우려한 중국 당국의 외교 수단 이외의 신호였다. 하지만 2003년 4월 한국의 소식통들은 신의주프로젝트가 김정일의 처남 장성택에게 넘어갔으며, 그가 캐나다, 홍콩, 호주, 그리고 대만의 잠재 투자가들과 협상을 진행해왔다고 밝히기도 했다.[34] 신의주프로젝트는 이보다 앞서 있었던 거창한 국제 규모 프로젝트와 별반 다르지 않게 여전히 망각 상태에 있다.

2002년 11월 평양에서 열린 남북 실무회담에서, 현대아산과 토지개발공사가 서울로부터 북방 70km, 평양으로부터 남방 1백60km 떨어진 곳에 위치한 개성에 또 다른 경제특구를 열자는 남측 제안이 공식 채택됐다.

이같은 지역 개발 방식은 몇 가지 점에서 다른 특구와 달랐다. 재개통될 예정인 두 수도간의 철도선상에 자리 잡은 개성공단은, 계획대로만 진행된다면, 남측이 새로 건설한 인천 국제공항으로의 접근도 용이했고, 무엇보다 대규모 스케일을 자랑했다. 전체 28㎢의 공단에 20억 달러의 투자를 유치해, 1단계로 경공업(신발, 섬유, 전자 제품 및 전자 제품 조립)을 육성하고, 2단계로 석유화학제품, 자동차 부품, 반도체 및 첨단 산업을 육성한다는 것이다. 또한 첫해 안에 1백 50개 기업에 2만 명의 고용 인구를 창출하고, 5~8년 안에 6백 개 기업에 노동자 수를 8만으로 늘리는 계획도 있었다. [35] 투자자들에게 최대의 매력은 숙련된 노동력을 월 65달러(같은 수준의 남한 노동자의 경우. 2천 달러)에 쓸 수 있다는 것이었다. 게다가 남측 투자가들에게는 언어나 문화상의 장벽도 없었다. [36] 한국 정부와 몇몇 대기업의 참여 약속, 대도시와의 인접성, 교역 통로, 시장 등은 다른 선례에 비해 이 계획의 실현 가능성을 한층 더 밝게 했다. 서울에서 개성까지 걸리는 시간은 1시간으로, 이는 서울의 교통 혼잡 상황 때 길에서 허비하는 시간에 불과하다. [37]

개성프로젝트는 철길을 연결해 재개통하려는 계획과 분명하게 맞물려 있다. 이 프로젝트는 2000년 남북 정상회담에서 합의된 것으로, 경제 교류상의 의미뿐 아니라 민족 단결의 선구적 사업과 상징이라는 의미도 갖고 있다. 2003년 6월 양측 비무장지대에 매설된 지뢰가 철길변으로부터 제거되어 작업 완료를 기념하는 행사가 열렸다. 한국의 통일부는 기차를 9월(훗날 12월로 정정)에 운행시킬 예정이라고 발표했다. 북한은 북한을 거쳐 중국 · 러시아 그리고 유럽으로 통하는 화물 노선의 개통을 통해 상당한 '사용료 수입'을 올릴 수 있을 것으로 예상됐다. [38]

이른바 경제특구의 성적표는 지금까지는 어느 것이나 그다지 좋은 편이 아니다. 하지만 북한 당국의 실현 의지는 해가 갈수록 강해지는 것처럼 보이며, '자본주의 독소'로부터 주체 세상을 격리시키려는 의지는 이에 비례해 약화되는 것 같다. 각각의 실험적인 경제특구들이 점차 인구 중심 지역으로, 그리고 평양 인근으로 가까워지는 현상은 주목할만하다.

2002년 7월 경제특구 신설을 위한 조처와 함께, 일련의 전면적인 경제개혁이 채택되어(7 · 1 경제 조처), 실질적으로 북한의 경제생활 전반에 영향을 끼치기 시작했다. 실제로 상품 배급제는 극히 일부 소비재를 제외하면 거의 모두가 갑작스럽게 폐지됐다. 국가가 배급망을 통해 오랫동안 배급해왔던 상품들, 이를 테면 비누, 치약, 담배, 성냥, 의류, 신발, 식량, 된장, 소금 등에 대한 통제는 실질적으로는 1990년대에, 그리고 공식적으로는 2002년 중지됐다. 교육, 탁아,

복지에 대한 국가 보조금 또한 폐지됐다. 인민은 앞으로 이같은 서비스를 받으려면 '시장가격'을 지불해야 했다. 임금은 대폭 올랐으며, 사회 생산성 면에서 계층에 따라 차별화됐다. 이를 테면 탄광 광부와 같은 핵심 노동 계층의 경우는 무려 20배가 올랐다. 월급 1백10원을 받는 보통의 노동자가 1천원을 받는 상황을 맞았으며, 탄광 광부는 6천원을 받게 됐다.[39] 임금 증가폭은 의사들의 경우 최저 9배에서 12배, 석광탄 광부의 경우 8배~20배, 그리고 군 장교의 경우 25배~31배까지 다양했다.[40] 지금까지 서비스는 무상으로 공급됐다. 하지만 앞으로는 사용료가 붙게 되었다. 공공 교통 운임만 20배가 올랐다. 쌀에 대한 구매 가격은 5백 배 이상 폭등했고, 소비자가 치르는 쌀값도 같은 비율로 치솟아 kg당 0.08원(8푼)에서 43원으로 올랐으며, 이후로도 인플레가 시작됨에 따라 지속적으로 오름 행진을 계속해 2003년 4월에는 kg당 2백50원이 되었다.[41] 새롭게 인플레 된 봉급은 식량을 사들이는 데만 2/3가 소요됐다. 국가 통화인 원화는 2002년 기존 가치의 1/7로(달러 당 2.5원에서 1백50원으로) 평가절하되었으며, 이후 2003년 여름에는 또 다시 달러 당 9백원으로 깎였다. 2003년 초반에는, 원래 공급망의 붕괴에 대응하기 위해, 특히 식량에 대해 형성되어왔던 전국적인 암시장이 당국에 의해 공식 인정되어 합법화됐다.

　이같은 사태는 극적인 발전이었다. 북한 정부의 고위 관리는 "우리는 이윤을 기준으로 국가 경제 체제를 개혁하고 있다"고 선언했다.

여기서 '개혁'이라는 용어는 북한이 50년 만에 처음 쓴 용어이다. 이는 따라서 북한 체제가 완벽하지 않음을 시인한 셈이었다.[42] 이런 점에서 「아시안 월스트리트저널」의 북한 경제개혁에 대한 평가는 정확했다. "경제가 완전히 망가지고 생산과 배급제 관련 국가 시스템이 붕괴된 가운데, 조선인민민주주의공화국 정부가 택할 수 있었던 것은 주민 스스로 공개 시장에서 살아남게 하는 것 외에 없었다"[43]는 내용이다. 동기가 무엇이든, 그 같은 조처는 돌이킬 수 없는 것이 거의 확실하다. 평양은 중앙 통제 방식을 폐기하고 임금 및 물가를 결정하는 데 시장원리를 채택함으로써 자본주의로 들어서는 문을 열었던 것이다.

북한은 일종의 필사적인 조급증을 갖고 움직이는 듯하다. 현대 그룹의 북한 진출 계획의 웅장한 스케일은 북한 경제의 지속적인 위기, 사실상 에너지 부문의 붕괴, 붕괴 일보 직전의 제조업과 광업, 그리고 놀라울 정도로 열악한 자연 조건, 화학비료 생산량의 격감에서 기인하는 농업 생산량의 절대적인 감소등과 상당히 대조적이었다. 1990년대 중반부터 북한은 기아와 난민의 꾸준한 이동, 특히 이웃 중국으로의 이동으로 세계에서 가장 유명한 나라가 됐다.

특구는 자본주의 세계와 경제적으로 이득이 되는 관계를 맺고, 국가의 쇠락한 인프라를 재건하기 위한 해외 직접 투자를 확보하기 위한 시도였다. 그러나 북한 관리들은 거의 유일성에 가까운 '순수' 유격대 국가를 전복시킬 수도 있는 '정신적 오염'을 몹시 우려하고 있었다. 이는 중국이 벌써 20년 전에 깨달았던 딜레마, 즉 자본주의와 '정신적 오염'은 함께 온다는 불쾌한 딜레마이다.

　세계시장에 걸맞는 자본 또는 수출품이 없다는 현실은 평양으로 하여금 상당히 비정통적인 정책을 취하게 했다. 1970년대 어느 시점에서부터 북한은 마약, 화폐 위조, 밀수, 그리고 무기 판매(미사일 포함) 의사를 보였고, 시간이 갈수록 의지는 굳어졌다. 미사일 판매의 경우 미국 군사 소식통은 2001년 시점에서 미사일 판매액이 연간 5억8천만 달러에 이른다고 추정했다. 하지만 그 뒤 판매액은 국제 통제가 강화되면서 감소한 것으로 보인다.[44] 마약, 화폐 위조 그리고 밀수의 경우, 북한은 이들 분야를 국가 정책 사항 차원에서 시작했다는 점에서 독특하다고 볼 수 있다. 정책 결정 과정의 전모는 분명하지 않다. 하지만 1992년 김일성이 개인적으로 국경 지역 관구에 아편 재배를 포함해 각기 지역 사정에 알맞은 사업거리를 준비해 국가 정부로부터 예산 자율권을 갖도록 하라고 지시했던 사실은 이에 대해 설득력 있는 실마리를 제공해주고 있다.[45] 김일성은 또 이때, 일본을 따르려 했을 것이다. 1930년대와 1940년대 일본 관동군은 같은 지역에서 아편 재배를 통해 독립채산을 꾀한 바 있었던 것이다.

　1997년 망명한 북한의 전 최고위급 관료였던 황장엽은 아편이 '북한의 새 환금성 작물'로서 군, 국가보위부, 경찰의 후원 아래 그 재배와 관리가 이뤄지고 있다고 언급했다.[46] 그는 또 "동남아시아로부터 좋은 종자와 적절한 재배법을 도입하고, 무역 루트를 확보할

것"을 요구한, 1994년의 정무원(내각과 같은 기능을 갖는 북한 최고 국가 기관·
1998년 헌법 개정을 통해 위상이 훨씬 더 강화된 내각으로 개편됨)이 내린 지시를 언급
했다. 1999년까지 미국 국무부는 4천5백ha에서 7천ha 사이의 양귀
비 밭이 중국과의 국경 지대에서 경작되고 있으며, 여기서 연간
30~40t의 아편이 생산된다고 보고했다. 1996년 홍수가 이 경작지
상당 부분을 휩쓸어버리자 북한은 특히 일본 시장을 염두에 두고 암
페타민(환각제의 일종)의 생산과 유통에 많은 노력을 기울이기 시작했
다.[47]

　　1990년대 북한 사람들, 주로 외교관들이 스웨덴 핀란드 에스토
니아 러시아 독일 이집트 중국 네팔 카메룬 기니 케냐 잠비아 태국 캄
보디아에서 마약 밀수 혐의로 체포되거나 추방되었다.[48] 1997년
봄, 일본 세관 당국은 북한 선박에서 각성제 65kg을 몰수했으며,[49]
2003년 4월에는 호주 해안의 북한 선적 봉수호(약 2년에 걸친 봉수호 선장 등
북한 선원 4명에 대한 재판은 지난 2006년 3월 호주 배심원에 의해 무죄판결이 내려지는 것으로
막을 내렸음)에서 가공 전 헤로인 50kg이 발견되었다.[50] 일본 당국은
일본으로 들어오는 암페타민의 80%, 그리고 기타 마약의 40%가
북한산이라고 평가하고 있다.[51] 서울 당국은 북한의 연간 아편 생산
량이 40t으로 세계 3위의 생산국이라고 추정하고 있다.[52] 헤로인과
코카인, 그리고 메타암페타민(중추신경 각성제의 일종)으로부터 벌어들
이는 수입은 연간 약 1억 달러에 이르는 것으로 평가되고 있다. 이같
은 마약의 생산과 재배, 정련 과정은 최고위층의 승인 없이는 수행이

불가능하다. 일본과 러시아의 범죄 조직은 평양의 주요 해외 파트너인 것으로 추정되고 있다.

2003년 중순, 워싱턴은 바로 이 문제에 주의를 집중했다. 일각에서는 김정일이 마약을 혐오할 뿐만 아니라 마약 거래자와 중독자들을 총살시키도록 하는 한편, 마약을 거래한 '중국 상인'들을 투옥하거나 중국으로 추방했다고 주장하며, 아편과 헤로인 관련 혐의는 워싱턴이 중심이 된 대 북한 '심리전'의 일환이라고 반박했다.[53] 또 다른, 별로 타당성이 없는 설명은 "점점 무정형화 되어가는 북한 정부의 은밀한 내부의 범죄적 단위, 특히 해외 주재 대외 무역 부문과 일부 지방의 군 사령부, 그리고 특수 기구들"이 마약 밀매에 책임이 있다는 것이다.[54] 어떤 식으로 설명하든, 이미 입증된 북한의 마약 커넥션은 미국의 전직 외교관이자 미국 내 한반도 문제 전문가인 케네스 퀴노네스 Kenneth Quinones가 지적한대로, 모든 국가가 마약 거래에 반대하기 시작한 이후, 부시 정부는 북한에 압력을 넣는 국제적 연대 조직을 한결 쉽게 만들 수 있었다.[55] 거래가 계속 이뤄지는 한, 무죄 항변만으로는 김정일의 유죄에 대한 국제적 확신을 누그러트릴 수 없을 것이다.

화폐 위조 공작, 특히 미국의 백 달러짜리 지폐에 대한 위조 공작은 1990년대 중반 이후 광범위하게 보고 되어 왔다.[56] 하지만 고품질의 지폐를 제조할 수 있다손 치더라도, 북한은 진짜와 가짜를 테스트하거나 식별할 수 있는 장비는 갖고 있지 못하다. 진짜와 가짜 양쪽이 모두 현재 북한 내부에서 유통되고 있다는 뜻이다. 상대적으로 작은 규모의 밀수 공작 또한 1970년대 이래 보고 되어 왔다. 이들 보고에는 때로 친애하는 지도자의 식탁에 오른 위스키와 산해진미를 밀수하기 위해 외교적 특권을 이용한다는 내용도 들어 있다. 1991년 망명한 북한의 한 고위 외교관은 북한 외교 공관의 주요 업무 중 하나는 "프랑스산 헤네시 코냑, 노르웨이산 게, 흑해산 케비어, 심지어 앙골라 연안에서 잡아 올린 푸른 상어의 허파 등 김정일용 물품을 조달하는 것"이라고 보고한 바 있다.[57]

　　새 세기에 접어든지 몇 년이 경과한 오늘날의 북한은 1945년 태평양전쟁과 중일전쟁의 막바지 시기 일본과 크게 다를 바 없다. 만성적인 식량 부족, 조업을 중단한 공장, 혼란에 빠진 교통 통신 체계, 식량을 얻기 위해 가진 물건은 무엇이든 팔아치울 수밖에 없는 주민들, 그리고 최후의 재난이 올지 모른다는 예감에 극도의 피로와 긴장감까지 더한 심리적 분위기 등이 바로 그렇다.[58] 평양은 미국 · 일본과의 관계가 정상화되지 않는 한, 자신의 목표를 달성하기가 불가능할 것이라고 판단한 것으로 보인다. 이는 사실일 수 있지만 북한의 현대 산업국가로의 전환이 봉건적 · 왕조적 정치에 가로막힌 것 또한 사실이다. 북한의 실질적인 경제 변화는 실질적인 정치 변화에 달려 있다. 문제는 이 두 가지 장애에 동시에 대응할 수 있는 수단을 어떻게 찾을 것이냐이다.

한국 : 1 더하기 1은 1

북한과 문화, 언어, 그리고 한반도를 공유하고 있는 한국이 주체 세상과 그 통치자에 대해 유별난 견해를 갖는 것은 당연하다. 조지 부시가 서울에서 '악의 축' 발언을 꺼냈을 당시 서울에 있던 한 전직 외교관은 그의 발언을 "외교적으로는 제멋대로이고, 전략적으로도 현명하지 못하며, 역사적으로는 부도덕"하다고 생각했다.[1] 도쿄가 납치자 문제의 처리에 대해 평양에 주기적으로 분노를 터트리거나 워싱턴이 핵 보유 선언에 대해 북한을 비난했을 때, 서울의 반응은 꼬박꼬박 체크됐다. 김대중 대통령(1998~2003)과 그의 후임인 노무현은, 무력 사용이나 심지어 국제 제재도 있어서는 안 되며, 대화만이 한반도 문제를 해결할 수 있는 유일한 방법이라고 주장했다. 2002년 가을, 평양과 워싱턴 사이의 긴장은 고조되고 있었지만, 서울과 평양간 교류는 줄지 않은 채 계속됐다. 국가계획위원회 위원장이자 김정일의 처남으로서 조선노동당의 실력자인 장성택을 포함한 북한 최고위급 대표단이같은 해 10월26일, 9일간의 일정으로 반도체, 자동차, 화학 및 철강 공장을 견학했다.[2] 한편 워싱턴의 못마땅하다는 신호에도 불구하고, 1950년 이래 최초로 양측의 잘렸던 철길을 다시 연결시키려는 노력이 지속됐다.

북한 국내총생산의 13배, 북한 인구의 2배를 자랑하는[3] 한국의 자신감은 정치적 경제적 성숙에서 나온다. 약 40년에 걸친 군부 통치 이후, 1987년 한국의 민주화 혁명은 시민사회의 자유를 강화했고, 자신감을 심어주었으며, 북한에 대한 두려움을 감소시켰다. 한국의 정치적 민주화, 번영, 그리고 선진화된 산업 사회는 과거 어느 때보다 북한의 빈곤, 전체주의, 절망과 뚜렷한 대조를 이루고 있다.

식민주의, 점령, 전쟁, 그리고 분단의 고착화는 전체 한반도에 쓰라린 상처를 남겼다. 그리고 서기 668년 이래 통일된 국가를 유지해온 한국 민족의 '정상화'에 대한 민족적 열망도 훼손됐다. 지난 50년간 분단과 적대 관계에 있었지만, 역설적이게도 양쪽은 모두 수직적으로는 강하지만(주민에 대해), 수평적으로는 약한(외세의 압력에 대해) 국가였다.[4] 전쟁 전에도, 전쟁 중에도, 그리고 전쟁 후에도, 대한민국은 억압적이고 잔인한 독재정권에 의해 통치됐다. 납치와 고문, 그리고 각양각색의 인권 부인 행위는 냉전 시대 반공이라는 절대 과제에 의해 정당화되었으며, 미국의 확고한 지지는 이를 위한 보증

수표나 나름 없었다. 1967년부터 1969년 사이, 구미에서 공부하거나 살던 1백 명이 넘는 유학생, 예술인, 지식인이 실질적으로 납치되거나 서울에 끌려가 북한 간첩 혐의를 받았다. 그들은 고문당하거나 호된 시련을 겪었고, 상당수가 사형 선고를 받거나 장기 징역형에 처해졌다. 몇 년 뒤인 1973년에는 김대중(훗날 대통령이 됨)이 한국 중앙정보부 요원에 의해 일본 도쿄의 한 호텔방에서 납치됐다. 그는 구사일생으로 목숨을 건졌고 사건은 한·일 양국 정부에 의해 조용히 묻혀졌다. 한국 군부 정권의 국가 테러 —— 미국과 일본에 의해 지원받는 —— 는 1980년 광주 학살에서 최고조에 이르렀다. 군부 정권이 내린 계엄령에 저항했던 수백 명의 학생과 시민이 군부 정권의 탄압 과정에서 살육되었던 것이다. 대중적인 시민운동이 승리하고 나서야 군부 통치는 끝났다.

한국의 수도 서울로부터 비무장지대까지는 도로로 30마일이며, 여기서 다시 평양까지는 120마일이다. 간첩, 특수 요원, 그리고 간혹 암살대가 이 선을 넘나들며 다양한 임무를 수행했다. 이들 중 수천 명은 돌아가지 못했다. 공식적으로는, 한국전쟁이 끝난 이래 비무장지대나 그 인접 지역에서 1천4백 건의 사고가 발생해, 북한측 899명, 한국측 394명, 미군측 90명의 사망자를 냈다.[5] 규모가 큰 남북간 군사작전 가운데에는, 1968년 청와대에 대한 북측 특공대의 공격, 1974년 박정희 대통령에 대한 암살 기도(영부인 사망), 1983년 버마 랑군의 폭탄 폭발에 의한 한국 정부 각료 절반의 사망 사건, 그리고 주기적인 해상 무력 충돌이 있다. 한국은 북쪽의 이웃에 대해 환상을 갖고 있지 않다. 그러나 반세기 이상 지속된 비극적인 대결 끝에, 한국은 김대중 대통령 집권기에 반세기 간의 대결을 과감하게 끝내고, 자신의 미래를 '햇볕정책' 에 걸었다. 한국은 바로 최근까지도 비무장지대(DMZ) 이남에서 테러행위가 발생해왔다는 사실을 잘 알고 있으며, 북한의 문제는 북한의 본능적인 사악함 때문이 아니라 분단 체제 그 자체에 있다는 사실도 깊이 인식하고 있다. 따라서 한국인들은 북한에 대한 도덕적 비난 면에서 미국보다 훨씬 덜한 경향이 있다. 많은 남한 사람들은 북한의 미래에 대해, 외부 간섭이나 이보다 더한 경우 또 한번의 전쟁 발발과 같은 격변이 아닌 남한 식의 대중적 저항이나 압박에 의해 인권이나 기타 현대 북한의 문제들이 풀릴 수 있다는 낙관적 시나리오를 고수하고 있다.

최근 세계에서 쏟아지고 있는 '한국 문제' 에 대한 각종 분석과 평론은 북한의 언행에 대한 정의로운 분노라고 특징지을 수 있다. 하지만 북한에 대한 논의는 또한 의식적으로든 무식의적으로든, 그리고 대개는 우리가 거의 느끼지 못하는 방식으로, 일종의 '제국주의적' 틀에 갇혀 있기도 하다. 평양이 '국제사회' 의 의사를 따라야 한다는 주장은 종종 평양이 워싱턴의 의사를 따라야만 한다는 것을 뜻한다. 하지만 일단 대안적이거나 한국적인 논의 방식과 서울 중심의 접근법을 채택하면, 문제는 사뭇 다르게 보이기 시작한다. 한국(정부와 국민)만큼 북한을 잘 이해하는 나라는 없다. 또 현재의 상황에서 한국만큼 북한을 상대하는 데 적극적이고 또 이를 격려하며, 일이 잘 못되면 잃을 것이 많은 나라도 없다.

북한이 어떤 위협이 되든 이는 무엇보다 남한에 위협이 되는 것이 사실이지만, 남한 사람들은 북한에 대한 긴장을 상당히 누그러뜨린 듯하다. 정부 차원에서든 대중 차원에서든 북한의 군사 위협을 무시하지는 않으면서도, 주요 초점은 평양의 경제, 안보, 외교 문제를 도와 잘 풀어갈 필요가 있다는 데 맞춰져 있다. 북한의 정치·사회적 붕괴 가능성은 남한에 미사일 못지않은 위협이다. 탈북 물결이 두만강과 압록강을 건너 중국으로 넘어가는 데에서 기인한 현재의 혼란은, 김정일정권이 붕괴해 수백만 명의 난민이 걸어서 중국이나 남한으로 일시에 탈출하거나, 선박을 이용해 동해와 서해를 건너 일본이나 중국으로 밀려들 경우 남한과 중국에서 동시에 벌어질 대혼란과는 비교가 되지 않을 것이다. 동아시아 지역, 특히 서울의 경우는 인적으로 대혼란에 직면할 것이고, 핵이나 기타 다른 물질을 통제하기가 어려워져 사태는 더욱 더 악화될 것이다. 제재를 통해 북한의 붕괴를 유도하는 것은, 통제에서 벗어난 수십만 군대가 국경을 넘게 되는 것은 물론, 2천2백 만 명의 굶주린 사람들을 국경 지대로 집중케 하는 등, 남한에 생각만 해도 끔찍한 사회·경제적 불안 상황을 조성할 것이다. 냉전 시대, 서울은 북한을 접수하게 될 날을 꿈꾸고 계획했다. 그러나 서울의 관리들은 독일 통일 과정을 주의 깊게 연구한 뒤에는 통일의 충격이 3조2천억 달러나 들고, 동북아시아 전체 지역을 위협하며, 한국의 경제를 꼭 불황까지는 아니어도 후퇴시킬 수 있다는 사실을 이해하게 됐다.[6] 서울은 계획을 재고해야만 했다. 김대중이 발표한 '햇볕정책'이 바로 그 산물이었다.

| 햇볕 |

하나의 정책으로서 '햇볕'은 통일이 연기되었음을 의미한다. 점진적인 개혁, 화해와 협력이 통일을 얼마간 미래의 일로 돌리며 그 자리를 대신했다. 서울은 평양이 직면한 위기의 복잡성을 이해하는 한편, 붕괴를 촉진시키기기보다는 그것을 막는 조처를 취하는 데 집중했다. 평양의 양자 대화 또는 다자 대화의 참여가 권장되었으며, 북한이 군사력 수준을 낮출 수 있도록 북한에 대한 국제적 안전보장도 권장되었다. 김대중 대통령의 최고위 보좌관이었던 임동원이 언급했듯이, 북한 문제는 "핵무기 제조 의혹을 받는 북한이 안보 위협을 느끼지 않고, 다른 나라와 신뢰 관계를 형성할 수 있을 때" 해결될 수 있는 것이다.[7] 한국은 이에 따라 "핵무기 없이도 북한이 안보 위협을 느끼지 않는 환경의 창출"을 목표로 했다.[8] 한국이 미국과 다른 점은 장기적이고 전략적인 목표가 아닌, 전술상의 문제였다. 부시 정부와 달리 서울은 무력 사용을 배제했다.

한반도에서 북한과 미국이 전쟁을 벌이는 것은 한국이 '노'하면 실질적으로 불가능하다. 미국의 대북 폭격이 마지막 순간에 가서야

가까스로 철회됐던 1994년의 위기 때, 당시 대통령이었던 김영삼은
주미 대사 제임스 레이니 James Laney를 불러 영변원자로를 폭격해
전쟁이 발발할 경우, 65만 한국군은 단 한 명도 미국을 위해 움직이
지 않을 것이라고 말했다. 그러고 나서 그는 미국 클린턴 대통령에게
전화를 걸어 "본인이 대통령으로 있는 한 남북간 전쟁은 없다……본
인은 우리 땅에서 전쟁을 벌이려는 미국의 계획을 비판하는 바이다"
라고 말했다.[9] 주한미군 사령관 게리 럭 Gary Luck은 위기가 가라
앉은 뒤 미국 의회의 한 위원회에 출석해 자신은 (전쟁이 일어났을 경우) 8
만~10만 명의 미군을 포함해 백만 명이 사망할 것으로 예상했었다
고 말했다.[10] 대통령 재임 기간 중 김대중은 전임자의 견해를 확고
히 고수할 것을 명확히 했다. 2002년 2월 조지 W. 부시를 만났을
때, 김대중은 그에게 전쟁으로 인해 발생할 천문학적 규모의 인명 피
해에 대한 1994년의 펜타곤 평가를 상기시켰다.[11]

　2003년 2월, 새 대통령 노무현이 집권했다. 상업고등학교를 끝
으로 공식 교육 과정을 끝낸 가난한 농민의 다섯째 아들인 그는 독학
으로 한국에서 제일 어렵다는 사법시험에 합격했다. 노무현은 유명
한 인권 변호사가 되었으며, 1987년 혁명을 이끈 민주화 투쟁의 유
력 인사가 됐다. 대통령 선거 유세 중 그는 "나는 북한을 압박하는 것
으로 문제가 풀린다고 생각하지 않는다"고 주장했다.[12] 그는 당선되
면 워싱턴에 머리를 조아리거나, 핵 프로그램을 중지하라는 국제사
회의 요구에 평양이 응하도록 시한을 정하는 데 찬성하지 않을 것이

라고 다짐했다. 그는 덧붙여, 필요하다면 "북한의 안보를 보장하겠다"라고 했다. [13] 그러나 2003년, 워싱턴의 압력이 비등하자 그는 같은 해 4월 조지 부시를 만났을 때, 한국군 비전투 부대 7백 명을 미국의 점령지 이라크로 보내겠다고 약속한 데 이어, 같은 해 말에는 약 5천 명의 훨씬 더 큰 대규모 여단급 전투 부대의 파병을 신중하게 검토 중이라는 등 좀 더 모호한 태도를 취했다. 당시의 결정은, 당시 한국의 외무장관 윤영관에 따르면, "비용 대비 이익, 도덕적 정당성, 여론, 그리고 국제 상황에 대한 종합 판단"을 바탕으로 한 것이었다. [14] 당시 일반의 여론은 유엔의 위임 없이는 어떤 파병에도 반대한다는 것이었고, 한국 정부 판단의 주요 고려 사항은, 북한 문제에 대한 향후의 협상에 일정한 영향력을 갖기 위해 워싱턴의 심기를 달래고, 한국의 경제를 파국 상태로 몰고 갈 수 있는 압력은 피하자는 것이었다.

위싱턴이 북한을 보고 핵 위협을 느낀다면, 서울은 북한을 보면서 처참한 빈곤과 불행을 느낀다. 한국은 동포의 굶주림과 처참하고 억눌린 광경에서 두려움보다는 연민을 느끼는 경향이 있다. "냉전 종식의 역설적인 상황, 김정일정권의 가혹함이라는 덫에 걸려 있을 뿐 아니라, 미국에 의해……위험한 코너로 몰리고 있다"는 것이다. [15] 서울의 국방 당국자들이 의견 일치를 보는 대목은 북한의 공격 계획이 없다거나 가능하지 않다는 점이다. 현재의 위협은 그것이 어떤 종류든 이미 지난 50년 동안 존재해왔다. 평양이 서울을 파괴하려다가는 즉각적으로 보복 공격을 받아 아예 멸망해버릴 수 있고, 이런 일은 언제든지 가능하다. 서울 사람들은 북한 당국이 그 정도로 미쳤다고 보지는 않는다. 대신, 서울 사람들은 외부 위협에 직면해 털을 빳빳이 세운 고슴도치 한 마리를 보고 있다.

한국은 북한의 소위 세계 제4위 군사력이라는 것이 노후화되고 구식이라는 사실을 잘 알고 있다. 북한의 재래 무기는 탱크 3천 대, 대포 1만1천 문, 전투기 8백50 대, 전투함 4백30척이다. 그러나 이들 장비의 상당수는 1960년대산(심지어 일부는 1950년대산)이며, 북한군은 심각한 연료난(중국이 마음먹은 때에는 완전히 중단될 수 있다)을 겪고 있다. 2003년 이라크전쟁은 1980년대에 산 무기조차 미국의 최첨단 무기 앞에서 얼마나 쓸모없었는가를 잘 보여준 전쟁이다. 북한 무기가 이보다 사정이 좋다 할 수 없다. 북한 공군력에 관한 한, 북한의 영공을 샅샅이 살핀 사람들은 거의 움직임이 없다고 보고하고 있다. 일부 전투기 조종사들은 비행 훈련 시간이 1년에 고작 10시간에 불과하며, 나머지는 그나마도 없다. 미국 전투기 조종사들의 비행 훈련 시간은 연간 2백10 시간이며, 이스라엘은 1백80시간, 그리고 일본 자위대는 약 1백60시간에 이른다. [16)] 이는 북한의 조종사들이 이 착륙하는 것을 빼놓고는 별로 자신감을 가질 만한 것이 없다는 것을 뜻하며, 상황이 발생할 경우 북한의 영공을 방어하는 능력이 5분 이상 가지 못한다는 것을 뜻한다. 세계 군사비 지출의 40%를 차지하는 군사 괴물이 지구상에서 가장 빈곤하고 의기소침한 나라와 전쟁을 벌인다는 생각 자체가 사실 어불성설이다. 하지만 워싱턴에는 바로 그것을 꿈꾸는, 심지어 부추기는 실력자들이 명백히 존재한다. 최근까지 워싱턴의 막강한 국방 정책 위원회(미국 국방부 자문기구)에 있었던 리처드 펄 Richard Perle은 "우리는 이라크공화국수비대를 쳐 부셨다. 우리는 북한군에 대해서도 똑같이 할 수 있다"고 주장해왔다.[17]

서울 시민들이 두려워하는 것은 평양이 두려워하는 것, 즉 미국의 선제공격이다. 이들은 북한에서 가장 큰 문제는 군에게든 일반인에게든 모두 식량이라고 알고 있다. 북한에는 백만이 넘는 군인(공식 수치로는 1백17만)이 있다. 그리고 이들은 자원배분에 의심할 여지없는 1순위의 지위를 누리고 있다. 그런데도 탈북자들의 증언은 군인들의 평균 체중이 1백10파운드(50kg)에 불과함을 보여주는 내부 조사 결과에 대해 언급하고 있다.[18] 과거 북한에서는 군사행진이 취소된 적도 있다. 게다가 지난 몇 년간 기동훈련도 사실상 없었던 것이나 마찬가지다. 심지어 군용 트럭조차 움직임이 없었으며, 전쟁을 위한 어떤 동원 징후도 없었다. 북한의 영공은 정기적으로 정찰당하고 군용 통신 또한 미국(또는 다른 나라) 정보기관에 의해 모니터가 되기 때문에, 북한의 군사적 임전 태세에 관해서는 비밀이 거의 없다. 일부 부대는 의심할 여지없이 고도로 훈련되어 있으며, 사기도 높을 것이다. 그러나 전체에 비하면 이는 소수에 지나지 않는다. 다른 부대들은 스스로 사업을 꾸려왔다. 이 부대들은 생계유지를 위해 광산 또는 무역회사를 운영하거나 어업에 종사하고 있다. 정통한 소식통은 거의 10명 중 9명꼴로 상당수 군인들이 "군사훈련을 받는 대신, 농사에 더 많은 시간을 들이고 있다"고 판단하고 있다.[19] "군인들은 아무리 배고파도 절대 농가에서 식량을 훔쳐서는 안 된다"는 특별 지시를 내리거나, 징병할 때 "그대의 몸은 배고픔과 추위로 얼어붙을 수 있다……하지만 정신만큼은 그 같은 환경을 참고 견뎌내도록 단련해야 한다"라고 말하는 데에서, 우리는 농가 약탈이 심각한 상황이며 군 입대가 굶주림과 동상을 초래할 수도 있음을 추측해볼 수 있다.[20]

워싱턴이 늘 강조하듯이, 북한은 미사일 —— 중단거리 미사일은 당연하고, 장거리 및 대륙간 탄도탄까지 개발 · 생산 중 —— 을 보유하고 있다. 이는 위협적인 것이 틀림없다. 하지만 그 위협은 일단 병기 운용을 둘러싼 실제적인 현실을 생각하면 약화된다. 2003년 일부 단거리, 재래식 '지상발사 반함(land to ship)' 순항미사일이 인접 해상으로 발사되자, 이 사건은 당연한 관심 끝에 전 세계 언론의 1면 머리기사를 장식했다. 미국은 ("한국에서 필요할 경우"라는 전제로)B-1, B-52 장거리 폭격기 24기를 괌으로 급파했으며, 한국 군대와 합동훈련이 끝난 뒤에도 (10년 만에 처음으로) F-117 나이트호크 스텔스 전투기와 F15E 스트라이크 이글 전투기를 한국에 잔류시켰다. 항공모함 칼 빈슨 Carl Vinson호가 일본 해역에 배치되었고, 정기적인 정찰비행 또한 강화됐다.[21] 북한이 좀 더 사정거리가 긴 미사일을 시험 발사할 경우, 무슨 일이 벌어질지는 너무도 쉽게 짐작할 수 있다.

　중거리 노동미사일의 경우, 이는 일본에는 심각한 위협이 될지도 모르나, 남한의 경우 비무장지대 북측 야산에 파묻은 1만2천문에 이를 것으로 추정되는 장사포의 파괴력이 더 큰 문제다. 화학 무기나 생물학 무기를 탄두로 쓸 경우는 물론 애기가 확 달라진다. 또 북한은 이를 보유하고는 있지만 멸망에 직면하지 않는 한 사용할 가능성은 없는 것으로 여겨진다. 1993년 5월 단 한번 시험된 노동미사일은 5백km를 날아가 동해에 떨어졌다. 파키스탄과 이란은 여러 번 추가 시험을 해 그중 한번만 성공했지만, 북한의 노동미사일은 그 뒤로 한 번도 비행한 적이 없다.[22] 시험 발사장을 찍은 인공위성 사진은 '소규모 가옥에 비포장길, 그리고 논바닥' 만 보여줬을 뿐이다.[23] 그 어떤 포장길이나 철길도 발사장에 연결되어 있지 않다. 게다가 다른 산업 지원 시설이나 시험 시설도 없다. 미국 과학자 연맹 the Federation of American Scientists은 "이 시설은 신뢰할만한 미사일 시스템을 완벽하게 개발하는 데 필요한 각종 테스트 프로그램을 지원하도록 의도된 것이 아니며, 여러 가지 면에서 그렇게 할 능력도 없다"고 결론 내렸다.[24] 1998년 미국에 대한 탄도미사일 위협을 평가하기 위한 럼스펠드 위원회 보고서는 북한이 상당 규모의 미사일 생산 인프라를 갖추어 놓고, "여기서 상당수의 노동미사일이 생산됐을 가능성이 아주 높다"고 결론 내렸지만, 노동미사일에 대해 미국 과학자들에게 가장 인상적이었던 것은 "북한의 극도로 변변치 않고 지연된 시험 활동과, 이 프로그램에 대한 미국의 엄청난 반응간의 불일치"였다.[25] 미국과학자연맹의 존 파이크John Pike는 이를 두고 "쥐 한 마리가 온 산을 떠들썩하게 하는 것"이라고 묘사한다. 핵탄두 장착용 미사일을 생산하는 중차대한 프로그램은 거듭된 시험을 필요로 하지만, 평양은 "단 두 차례의 비효율적인 발사 ── 그것도 두 번 모두 미국의 협상 거부 태도에 대한 홧김에서 나온 ── 시험만" 했을 뿐이다.[26]

미국의 정보 분석은 1993년 5백km를 비행했던 노동미사일의 사정거리가 1천km에 이른다고 주장하더니, 급기야는 추가 시험에 대한 증거도 없이, 사정거리가 1천3백km로 일본 열도 대부분을 사정권에 두고 있다는 주장을 제기했다. 노동미사일 숫자에 대한 예측치 또한 신기하게도 2배씩 뛰었다. 미국과 한국의 1999년 예측치는 이동 발사대와 미사일이 9~10기에 불과했지만,[27] 그 숫자는 100기로, 그 뒤 다시 200기로 마술 부리듯 늘었다.[28] 실제로 얼마나 많은 미사일이 있는지, 또 그것들이 얼마나 멀리 날아가고, 얼마나 정확하게 날아가는지는 아무도 모른다. 미국의 패트리어트와 다른 미사일 생산자와 판매자들은 김정일의 고군분투하는 과학자들에게 큰 빚을 지고 있음이 틀림없다. 그들의 노력이야말로 미국, 일본, 그리고 장차 한국이나 호주까지 각국 정부를 설득해 다가오는 미래에 미사일 방어망(MD)을 위해 수십억 달러를 투자게 하는 데 관건이 되어 왔기 때문이다. 10년 동안 두 번 발사되어 그중 한번은 실패한 미사일치고는, 대단한 성적이 아닐 수 없다.

　미사일의 정확도에 관한 한, 일본의 군사 평론가 에야 오사무(惠谷治)는 노동미사일 두 발 중 한 발은 표적에서 반경 2.5km 안에 떨어질 것이라고 계산한다.[29] 다른 전문가들은 런던 대공습 때 런던을 때렸던 독일의 V-2처럼, 노동미사일 공격으로 실제 파괴되는 건물은 그리 많지 않더라도 상당한 공포를 가져다주는 효과를 낼 수는 있지만, 북한의 정부 공식 대변인이나 언론이 곧잘 위협하는 '불바다'처럼 소름 끼치는 발언과는 동떨어진 것이라고 평가한다. 그러나 일본 정부는 북한 미사일 이슈를 진짜 심각하게 받아들인다. 미국 국방부에 해당하는 일본 방위청은 화학탄두를 장착한 노동미사일 50기는 서울에서 4백만 명의 인명 피해를 내고, 도쿄에서 상당한 타격을 줄 수 있다고 예상한다.[30] 미국 부르킹스 연구소의 한 군사 전문가는 미사일 공격에 "수십만의 한국인이 죽고……수천 명의 미국인이 사망할 것으로 예상되는", 매우 '낙관적인' 시나리오를 내놓고 있다. 여기서 '낙관적' 이라는 것은 아마도 희생자 수가 수백만이 아닌 수천 명밖에 안 된다는 뜻에서 일 것이다.[31]

　평양의 유일한 또 하나의 '미사일' 시험은 지난 1998년 인공위성을 궤도에 올려놓으려다가 실패한 실험이다. 로켓은 일본을 벗어나기 전에 비행 중 폭발한 것으로 보인다. 아직 시험되지 않은 대포동은 이와 똑같은 로켓의 군용 버전일 것이다. 대포동의 사정거리는 초창기 1천5백km~2천2백km로 평가됐다. 하지만 이 또한 꾸준히 늘어났다. 2001년 12월 미국의 국가정보활동평가 보고서는 대포동의 개량형이 "수백 파운드짜리 탄두를 1만km까지 보낼 수 있으며, 일본이나 알래스카 전역은 물론, 미국의 본토 일부도 공격 가능하다"고 추정했다.[32] 이같은 기술적 평가는, 이 미사일에 대한 단 한번의 시험이 실패로 끝난 것만으로 거의 보증이 안 되는, 북한의 과학 · 기술적 재능에 대한 비상한 확신에 바탕을 두고 있다. 알려진 대로 대포동-2의 발사 준비는 1999년으로 포착되어 곧 중단됐다. 이후 시험 발사장에서는 어떤 의미 있는 활동 증후도 없다. 실제 대포동-2가 발사되었다면, 엄청난 대혼란이 일어났을 것이라는 점만큼은 분명하다. 시험 발사를 거치지 않은 미사일의 비행 방향은 예측 불가능했을 것이고, 따라서 발사는 물론이고 발사 준비의 징후조차 미군의 대규모 개입 위협은 물론, 일본의 군사 반응을 촉발했을 것이 거의 확실하다. 일본의 방위청 장관은 이미 미사일을 발사하려는 의도가 있다는 증거만으로도 (북한을) 공격할 명분은 충분하다고 주장한 바 있기 때문이다. 워싱턴이나 도쿄에는 북한을 자극해 자신들의 공격을 정당화하는 데 이용할 수 있는 바로 그 같은 행동을 북한이 저질러 주기를 기대하는 세력들이 있을 것이다.

워싱턴의 네오콘들이 평양을 '악'의 화신으로 보면서, 그런 정권과의 타협은 없으며, 서울의 '햇볕정책'을 기대할 것 없거나 무가치한 정책 또는 그 이하의 위험한 유화정책으로 물리쳐온 반면, 한국의 개입 정책은 경제, 문화, 스포츠, 교통 등 광범위한 영역에서 계

속되어왔다. '햇볕' 시대, 다시 말해 다차원적인 접촉과 협상의 시대
는 남북을 갈라놓은 장기 동결 상태의 비무장지대를 녹이는 데에서
시작했다. 서울의 햇볕은 과거에는 불가능하리라고 여겨졌던 것들을
서서히 이루어가고 있다. 남과 북, 하나의 한국과 또 하나의 한국 간
신뢰의 회복이 대표적이다. 상호간 대표들을 환대하고 협정을 맺거
나 이행하면서, 공포는 줄어들고 자신감은 늘고 있다.

| 사랑이냐, 증오냐 |

시간이 흐름에 따라, 세계의 초강대국으로서 자신의 존재를 대
규모 무력 투사 능력에 의존하고 있는 미국의 생각과, 조그마한 아시
아 국가로서 내전의 상처를 치유하며, 평화와 발전이라는 온건한 목
표를 세우고 북한과 통일을 이루기 위해 아직도 분투하고 있는 한국
의 생각은 점점 격차가 벌어지고 있다. 전임자 김대중과 마찬가지로
실용주의자로서 노무현은 한반도 긴장 완화, 핵 문제 해결, 남북통일
이라는 궁극적 목표의 전진을 위한 최선의 기회로 햇볕정책을 지속
할 것을 다짐했다. 워싱턴은 도쿄, 모스크바, 베이징은 물론 심지어
캔버라까지 평양에 압력을 넣어 핵 무장을 해제하도록 촉구하고 있
다. 반면 워싱턴은 서울이 외교 과정에서 중심 역할을 하는 것을 꺼
리고 있다. 워싱턴을 설득해 북한이 핵 프로그램을 포기토록 하는 과
정에 나서도록 노력하고 있음에도, 서울은 동포에 대해 지나치게 부

드럽거나, 심지어 정부 내 몇몇 인사가 미국의 입장을 훼손하기 위해 평양과 막후 채널을 가동해 연락을 주고받을지 모른다는 의혹을 떨쳐버릴 수 없다. 레이건 정부 시절 국가 안보 보좌관을 지냈으며, 현재 도널드 럼스펠드의 측근 인사인 리처드 알렌 Richard Allen이 말한 것처럼, 한국은 "북한 편에 서야할지, 미국 편에 서야할지 결정해야만 한다." 33)

하지만 국경을 넘나드는 관계가 심화되면서, 한국의 북한 다루기는 자신감을 더해가고 있다. 미국으로서는 1987년까지 (언젠가는 함께 북한을 친다는 생각을 공유하며) 한국의 역대 독재자들과 친밀한 관계를 향유했지만, 나라가 점점 더 민주화되면서 한국은 워싱턴에 점점 더 성가신 존재가 됐다. 미국에 대한 한국의 신뢰는 점점 줄어들고 있다. 아울러 북한과의 협상에서 타협을 지지하는 움직임은 점점 늘어나고 있다. 서울은 거의 평양만큼이나 미국의 지역 및 세계 질서 전략에 눈엣가시가 될 위험이 커지고 있는 셈이다. 지난 2002년 노무현 대통령 당선 이후, 미국의 고위 관리들은 (일본의 보수계 신문 「요미우리」가 미묘하게 표현했듯이) "양자 정책 협력을 촉진시키기 위해", 즉 한국의 새 정부가 워싱턴의 정책 요청 사항에 잘 따르도록 하기 위해, 급히 서울을 방문했다. 34) 한국과 미국, 일본을 포함하는 3국 조정감독 그룹회의도 같은 목적을 가지고 있었다. 즉 서울을 '봉쇄' 하고, 햇볕정책에 대한 환상에 고삐를 당기는 것이었다. 35) 미국 국무 부장관 리처드 아미티지 Richard Armitage가 같은 달, 이같은 과정의 일환으로 서울을 방문했을 때, 그는 현지 정부가 전쟁 논의에 대해서보다는, 장래 미군이 한국의 실정에 따라 통제되고 처벌받을 수 있도록, 미군을 한국 국내법에 귀속시키는 주둔군지위협정 Status of Forces Agreement의 수정을 확약 받는 데 훨씬 더 큰 관심을 갖고 있다는 사실에 당혹감을 느꼈다.[36]

한국 정부는 이제 거의 자동적으로 워싱턴의 강경파들과는 거리를 두고 있을 뿐만 아니라, 반미 시위에 많은 군중들이 참여하고 있으며, 여론조사 결과도 미국이 동아시아 어느 지역에서보다(심지어 유럽 지역을 합쳐도) 한국에서 더 인기가 떨어지고 있음을 보여준다. 2002년 노무현을 대통령으로 뽑았던 한국인들은 1960년대에 출생해, 1980년대에 교육받고, 현재 30대나 40대 초반의 나이어서 '386세대'로 묘사되곤 한다. 이 세대는 1987년까지 미국이 지원한 군사정권에 맞서 민주주의를 위해 싸웠고, 그 과정에서 정부가 북한에 대해 말하는 것을 곧이곧대로 믿을 수 없다고 생각했다. 요즘 한국인들의 절반 정도는 미국을 '혐오'하거나 미국에 대해 부정적인 견해를 갖고 있는 것으로 공언하고 있다.[37] 갤럽의 조사는 한국인의 60% 가까이가 북한을 더 이상 안보 위협이라고 생각하지 않고 있으며, 대다수는 평양이 통일 노력에 진지하게 임한다고 믿고 있음을 보여준다.[38] 2003년 중반 영국 비비씨 BBC의 한 조사는 한국인 48%가 미국을 북한보다 더 큰 세계 평화에 대한 위협으로 보고 있음을 확인한 바 있다.[39] 다른 여론조사 결과들도 남한 사람의 60~70%가 북한을 더 이상 위협으로 보고 있지 않으며, 남북 관계 정상화에 찬성하고, 미국의 (대북한) '봉쇄' 시도를 반대하는 것으로 나타났다.[40] 불과 31%가 미국과의 협력을 지지했다.[41] 2003년 여름 북·미 간 대립이 깊어지던 무렵, 「중앙일보」는 한국인의 9%만 북한 핵 위협을 중대한 국가 사무로 다루어야 한다고 생각한다고 보도했다.[42] 평소 가깝다고 생각하고 전략적으로도 중요한 동맹에게 이같은 결과는 놀랄만한 수치였다. 2002년 말 한국인 여학생 2명에 대한 과실 치사 혐의를 받았던 병사 2명에 대한 미국 군사법원 측의 무죄 방면 이후 분노는 한층 더 격렬했다. 노무현은 국민 대다수의 견해를 대표한다고 생각됐기 때문에 대통령이 됐다. 2003년 3월1일, 서울은 처음으로, 독립 달성을 위한 평화 봉기로서 1919년 일본에 의해 무자비하게 진압된 3·1 운동의 제84주년을 기념하기 위한 남북한 합동행사를 주최했다. 과거에 대한 공유와 공동의 정체성에 대한 강력한 의지는 미래를 위한 꿈도 나눌 수 있는 가능성까지 열어두고 있다.

한국의 대통령 노무현은 그러나 한편으로는 워싱턴으로부터, 다른 한편으로는 한국의 자율성 확대를 원하는 386 세대의 구성원들로부터 나오는 강력한 압력에 끼인 채, 태풍의 눈 한가운데에 있다. 미국의 점령을 지원하기 위해 실질 규모의 부대를 이라크에 파병해 줄 것과, 협의의 방어적 기능으로부터 동북아시아 전체(홋카이도, 대만, 괌을 포함한 지역)의 관점에서 미국의 안보 정책을 지원하는 광의의 전략적 기능으로 주한 미군의 역할을 전환한 데 대한 미국의 요구에 직면해 노무현은 망설였다. 한편으로는 국내 지지자에게 관심을 보이고, 다른 한편으로는 외국 동맹들의 말에 귀를 기울이면서 그의 지지율은 초기 80%에서 2003년 10월 시점에는 20%로 주저앉았고, 집무 개시 8개월 만에, 자신의 신임을 묻는 12월 국민투표를 치르겠다는 극적인 결정을 내렸다.[43] 이같은 돌연한 계획의 결과는 예측하기 불가능했다. 그러나 적어도 일시적으로는, 당시 진행 중이었던 북한에 대한 집중적이고 복잡한 외교 공세에 의해 한국인의 발언권이 약화될 소지는 다분해보인다.

이같은 혼란에도 불구하고, 전쟁과 냉전의 열정이 한국에서 상당히 소진됐다는 인상을 피하기는 어렵다. 안보를 경시하지는 않지만, 정부와 비정부 기구·싱크 탱크들은 모두 경제 과제와, 특별히 북한이 붕괴하지 않도록 하는 방법에 대해 주의를 집중하고 있다. 정부 출연 연구 기관 한국개발연구원은 1인당 소득을 올리고, 인구를 부양하며, 경제 인프라를 재구축하는 데 필요한 외국 자본을 유치하기 위해 북한이 연간 7%의 경제 성장을 이룩해야 한다는 청사진을 내놓고 있다.[44] 정부 차원 밖에서도, 불과 40년 전 한국을 극도의 빈곤 상황에서 구제하는 책임을 맡았던 몇몇 인사들까지 지금은 평양이 똑같이 되려면 어떻게 해야 할지에 대한 제안을 내놓고 있다. 냉전 시기 한반도 적대 관계에서 핵심 역할을 했으며, 1960년대와 1970년대 독재자 박정희의 오른팔이었고, 한국 산업화의 핵심 설계자 중 한 사람인 오원철도 최근에는 평양이 정상화되고 발전할 수 있도록 돕는 방안을 찾고 있다. 북한은 정신이상도 아니고, 개선의 여지가 없는 것도 아니라는 실용주의와 자신감이 바로 이같은 접근법을 특징짓고 있다.

북한의 지도자 김정일의 최대 과제는 전후 중국을 단숨에 자본주의 발전으로 이끈 중국의 최고 지도자 덩샤오핑의 북한판이 되는 것이라고, 오원철은 「월간 조선」에 쓴 바 있다. 김정일이 한국과 중국의 경험을 배워 현재의 경제적 자급자족이라는 주체 경제 정책 대신 수출지향 경제 체제를 채택하고, 전면적인 발전 정책을 펴나간다면, 전망은 밝다고 할 수 있다. 1999년 김정일이 현대의 창업주 정주영에게 한국의 근대화 독재자 박정희에 대한 탄복을 표시했던 사실을 알고 있었던 오원철은 북한의 독재자도 박정희 방식을 따를 것을 권고했다. 국가 최고 기술 두뇌들에게 권한을 주어 '인적 자원 최고 사령부'를 구성하고 수출 혁명을 지도하라는 것이다. 북한의 산업화 조건은 좋다고, 그는 지적했다. 모든 토지가 국유화되어 있고, 노동력은 값싼데다가 양질이며, 광물 자원이 풍부하고, 교육 수준 또한 높다는 것이다.

기술자와 전문가 백만 명을 해외로(한반도 차원의 노동 및 자원 재배분의 일환으로서 대부분은 한국에) 내보내야 하며, 그렇게 하여 즉각적인 외화 수입을 발생시키도록 해야 한다는 것이다. 기존 산업 플랜트의 대부분은 이미 낡았으므로 폐기처분하면 그만이다. 중·러 국경 지역의 나진-선봉 구역은 경공업으로부터 중공업 및 화학기반 산업으로 중심을 이동시켜야 하며, 이를 위해 바다 바닥을 준설해 심해항을 건설해야 한다. 일부 부문의 산업 플랜트는 남에서 북으로 이전되어야 하며, 이 경우의 유력한 후보가 바로 남한의 남아도는 연탄공장들로서, 이는 북한의 난방 문제를 해결해주면서 동시에 땔나무 수요에서 기인한 만성적인 산림 파괴를 저지할 수 있을 것이다. 그러나, 오원철은 성공의 전제 조건은 한국과의 관계 정상화는 물론, 미국·일본과의 관계 정상화가 될 수밖에 없다는 사실을 인식하고 있다. 아시아개발은행이나 세계은행으로부터 낮은 금리의 국제 개발 자금을 받을 수 있는 길이 열리기 때문이다.

| 민족의 문제 |

박정희 시대의 산업화 경험과 그의 후대 대통령 치세 기간 이룩한 민주화 및 국제화를 바탕으로 해서 서울은 북한에 한국 중심의 독창적인 비전을 제공해줄 수 있다. 한 학자는 심지어 국가 안보 영역에서 남한이 북한을 '보호령' 화하고, 통일 한국으로의 평화적 이행을 위한 다단계 과정에서 외교 정책이 우선 실현 가능한 1단계 대상이 될 수 있다고까지 제안하기도 했다. 알렉산드르 만수로프 Alexandre Mansourov는 다음과 같이 썼다.

남한이야말로 북한의 요구를 진지하게 고려해야 할 것이며, 바

로 이럴 때 북한의 안전을 보장하거나 경제 개발을 지원할 수 있
다. 북한이 치러야할 유일한 대가는 대량살상무기 개발과 같은 전
략적 분야를 포함해 자신의 주권에 대한 일부 실질적인 제약을 받
아들이는 것이다.…… 결국 한국인들 스스로 즐겨 강조하듯이,
한국이 하나라면, 이는 곧 한 국가의 문제요, 한 일가의 문제인
것이다. 45)

보호령이라는 용어는 한국적 맥락에서는 매우 부정적이고 불길한 역
사를 연상시킨다. 하지만 만수로프 주장의 큰 축, 즉 현재의 워싱
턴 - 평양 중심 사고의 축을, 서울 - 평양 중심 사고의 축으로 대체하
자는, '한국 문제' 에 대한 바람직한 해결책은 썩 수긍할만한 것이다.
한국인들 자신 —— 남과 북, 그리고 재외 한국인 —— 은 남북 대화
와 협력의 심화를 통해 '한국' 이 세계에 제 목소리를 낼 수 있도록,
서로의 면목과 역사, '바른' 관계에 대해 정통적인 이해를 반영하는,
역사적으로 좀 더 감도 높은 공식을 개발해내야 할 것이다. 서울의
과제는 이제 평양과 세계를 이어줄 완충적인 보호 지대와 교류의 다
리를 세우는 한편, 국제 의무가 준수되면서 동시에 평양의 정당한 안
전 문제를 보장하는 방안을 만드는 것이다. 다시 말해 서울의 정부가
당면한 앞으로의 과제는 '햇볕' 을 국제화하는 것에 다름 아니다.
　　교착상태에서 벗어나는 최선의 희망은 '5 + 2' (유엔 안보리 5개 상
임이사국에 한국과 일본), '5 + 5' (유엔 안보리 5개 상임이사국에, 남북한, 일

본, 호주와 유럽연합), 또는 심지어 2003년 중반부터 북한 핵 위협 문제의 협상 테이블이 된 '6자(남북한, 미국, 중국, 러시아와 일본)의 몇몇 조합 방식'에 의해 압력을 행사하는 식은 아닐 것이다. 오히려 간명한 하나의 등식, 즉 '1 + 1 = 1'이라는 등식에 기초한 서울과 평양의 상호 조정의 심화·확대야말로 최선의 방안이 될 것이다. 이 등식이 수학적으로는 아무리 엉뚱한 것이어도, 최소한 한국인들이라면 누구나 느끼는 한 가지 본질적인 진실은 담고 있다. 이같은 결합을 통해, 동포로서의 신뢰감과, 강력한 외세의 간섭에 의존하다가 초래한 비극적인 결과들에 대한 기억이 하나로 연결되면서 장래의 나아갈 길에 대한 합의점을 찾아갈 수 있다는 것이다.

오늘날 한반도 상황은 백 년 전의 상황과 비슷하다. 1백년 이상 외세의 간섭에 유린당했지만 한국 근대 민족주의는 여전히 강력한 힘으로 남아 있고, 남북한의 각기 다른 국가 구조 아래에도 '한국적인 것'이라는 공통분모가 있다. 서울에서든 평양에서든 한국인의 관점에서 문제가 되는 것은 사대(강력한 우방 또는 주변국에 대한 의존)냐, 주체(자력갱생)냐 하는 것이다. 백 년 전, 그리고 그 뒤 연속된 계기마다 많은 사람들은 크고 강력한 이웃으로 기울어지는 것을 가장 현명하다고 생각했다. 바로 그와 같은 사고방식이 한 세기에 걸친 식민지적 예속, 민족 분단, 그리고 비극적인 동족상잔의 유혈사태를 일으킨 주요 원인이다. 현재 예기치 못한 위기를 맞아 남과 북은 과거 자신들을 둘러싼 강대국들을 믿었던 것 이상으로 서로를 신뢰하는 방법을 찾아내야만 할 것이다. 김일성이 반세기 전에 품었던 주체는 이내 지도자를 위하는 때에만 자율성이 허용되는 부자유스럽고 정체된 이념으로 변질되었다. 하지만 그 열망만큼은 아직도 한국인들 사이에 강력한 반향을 일으키고 있다. 통일된 한국, 국가의 독자성, 대등한 입장에서 주변국들과의 지역 협력, 그리고 시민의 도덕적 자율성을 강조해온 한국 고유의 이념이 존립할 수 있도록 여지를 남겨놓아야 할 것이다.

북일 관계 : 불편한 이웃

현재의 북 핵 위기에 대한 일본의 선택은 동북아 및 세계에서의
자신의 역할을 말하는 쪽이 아닌, 자신의 미래와 정체성을 결정하는
쪽과 훨씬 더 깊은 관련이 있을 것이다. 2003년 이래 두 가지 사건
이, 한쪽은 세계적인 경제 초강대국이요, 다른 한쪽은 파산지경에다
외톨이이며, 거의 모두로부터 욕지거리를 듣고 있는 두 이웃 나라 간
의 이상하게 뒤엉킨 관계를 잘 보여주고 있다.

2003년 8월 25일, 북한과 일본 사이의 유일한 정규 왕복 노선을
따라, 북한 선박 한 척이 승객과 화물을 싣고 일본 북서 연안의 니가
타 항에 들어갔다. 이 배를 맞기 위해 기다리던 군중은, 경찰 1천 5백
명, 무역 및 해운 업무 유관 부처 소속 공무원 4백 명, 줄잡아 3백 명
에 이르는 취재진(일부는 헬리콥터 탑승 또는 모터보트 승선), 특유의 검

은색 용달차를 타고 각종 민족주의 구호와 반북 선전 구호를 외쳐대는 4백 명 남짓한 우익들, 그리고 1970년대와 1980년대 북한에 납치당한 사람들 가족이 만든 단체 대표들이었다. 일본 전역에 텔레비전을 통해 이 광경이 생중계됐다. 이보다 몇 주 전, 눈가리개를 한 일단의 탈북자들이 미국 의회의 한 위원회에 출석해 그 배는 바로 북한에 주요 미사일 부품을 들여가고, 북한으로부터 마약을 들여오는 비밀 파이프라고 증언했다. 그러나 수많은 관리들이 배를 샅샅이 조사했지만 찾아낸 것이라고는 극히 사소한 규정 위반 사항 몇 건이 고작이었다. 다음 날 배는 다시 항해를 시작했다.

2주 후, 북한과 심도 높은 협상을 벌여왔던 일본 외무성 고위 관리(2006년 현재 일본 외무성 야치 쇼타로 사무차관의 전임인 다나카 히토시를 지칭함)의 집에 시한폭탄이 배달되었다. '반역자 처단'을 사명으로 한다는 한 집단이 자기들 소행이라고 주장했다. 폭탄은 중간에 차단되어 아무도 해를 입지 않았다. 대단한 인기를 누리던 도쿄 도지사 이시하라 신타로(石原 愼太郎)는 공격 소식을 전해 듣고서, 문제의 관리는 충분히 그런 일을 당할 만하다고 주장했다. 다음날, 그는 자신의 발언 수위를 증폭시켜, 폭탄을 설치한 일을 인정하려는 뜻은 없지만, 반역자는 열 번 죽어도 싸다는 측면에서, 그런 특정 공무원을 공격 목표로 삼은 데에는 충분한 까닭이 있다고 생각한다고 덧붙였다. 정치인과 신문 논설들이 이에 대해 다양한 비판적 주장이나 반대의 목소리를 냈지만, 이시하라의 권위와 인기는 조금도 손상되지 않았다. 그의 발언

은 테러를 선동하는 것이 분명했지만, 이를 진지하게 생각하려는 움직임은 일어나지 않았다.[1]

위 두 가지 사건은 일본인이면 누구나 옳다고 느끼는 북한에 대한 분노와 좌절, 그리고 증오심을 나타내고 있다. 이는 또 현대 일본의 일상생활 이면에서 끊임없이 고동치고 있는 현상이기도 하다. 북한은 사실 반감을 불러일으킬만한 원인을 제공하지 않았지만, 일본의 반응은 너무 냉정을 잃고 있으며, 그에 대한 책임감은 물론 왜 그런 문제가 존재하는지에 대한 성찰도 결여되어 있다. 국가공무원에 대한 분노와 반역자를 처벌하자는 말은 모두 파시즘이 기승을 부리기 직전 1930년대 초반의 일본 분위기를 연상시켰다. 외무 관리는 자신을 겨냥한 폭력을 가까스로 피했지만, 일본 주재 북한 사무실과 기관에 대한 공격 위협과 실제 공격은 급격히 증가했다. 또 재일 한국인 학교(여기서는 조총련계 학교를 지칭) 학생들에 대한 폭력 수위도 꾸준히 높아졌다. 그것은 때로는 욕설로, 또 때로는 신체적인 폭행으로 나타났으며, 길거리를 걷거나 지하철을 탈 때 눈에 잘 띄는 재일 한국인 학생들의 교복이 찢겨지기도 했다.[2] 오늘날과 마찬가지로 19세기 말에도 한반도는 일본에 특히 중요했다. 오늘날처럼 당시에도 일본이 아시아 지역이나 세계와 관계를 맺는 조건이나 규정이 문제가 됐다. 당시 일본은 아시아 제국을 건설하기로 하고, 일본의 지침과 지도력에 의한 '아시아주의' 이념을 만들어냈다. 그것은 '비아시아' 인 동시에 '초아시아' 가 됐다. 한국은 일본이 제국주의 국가로 발전해

아시아에 대한 유럽의 분할 경쟁에 끼어들면서, 팽창을 위한 중요한 발판이 됐다. 중화 제국과 러시아 차르에 대한 두 차례 전쟁에서 승리하면서 사실상 일본은 주요 제국주의 국가로서 지위를 확립했다. 그러나 20세기의 관점에서 볼 때, 이는 불행한 승리였다. 1945년, 제국의 붕괴를 통해서만 해소될 수밖에 없었던, 일본과 그 이웃 나라들의 화해할 수 없는 모순을 발생시켰기 때문이다.

한국은 일본 흥기의 희생양인 동시에 전리품이었으며, 일본 제국의 핵심이자 일본 제국주의의 편견과 공포의 초점이었다. 일본은 한국으로부터 토지와 부, 역사, 심지어 성씨와 언어, 정체성까지 수탈해갔으며, 그 대신 일본 자신의 정체성와 종교, 천황제를 한사코 꺼리는 한국 민족에게 강요했다. 도쿄가 처참한 지진 피해를 당한 1923년(관동대지진을 의미), 일본인의 심리적 공황 상태와 공포는 '외지인'인 '조선인'에게 향했다. 한국인들이 공격할 기미가 있다거나 우물에 독을 넣었다는 소문이 돌면서, 자경단이 거리로 나와 한국인 6천 명 이상을 살해하는 끔찍한 학살극을 저질렀다. 정확한 희생자 수는 아직도 공식적으로는 조사 중에 있다. 제국주의의 마지막 시기에는 한국(조선) 젊은이 수십만 명이 병사로, 수용소의 경비나 노동자로, 그리고 가장 비극적인 경우로는 일본 제국군을 위한 성 노예로, 일본 본토나 제국령 전역으로 끌려갔다. 일본 법정 앞으로 낸 거듭된 소송에서 이들은 모두 보상을 거부당했다.

19세기와 20세기 초반 일본은, 모든 제국주의 국가들이 그랬던 것처럼, 민족주의의 흥기를 이해하지 못했고, 힘으로 제국을 유지하려는 것은 장기적으로 불가능한 일이라는 사실을 알아차리지도 못했다. 제국은 1945년 와해됐지만, 일본은 처음에는 미국의 점령으로, 그리고 나중에는 냉전으로 이웃 나라들과 화해할 기회가 차단되었다. 1945년 이후 20년 동안 일본은 한국의 어느 쪽과도 관계 맺기를 끈질기게 피했다. 그러다가 1965년, 냉전상의 이유로 인한 워싱턴의 압력으로 일본은 식민지 시기의 범죄와 잔혹 행위에 대해 한마디 사과 없이, 또는 그 희생자들에 대한 단 한 푼의 보상도 없이 남한과 관계를 '정상화' 했다. 불신은 계속됐지만, 적개심만은 서서히 약화되어갔다. 1998년 김대중 대통령 시대, 특히 (양국이 공동 개최한) 2002년 월드컵 대회를 통해서야 겨우 처음으로 양국 관계에 진심에서 우러나는 따뜻함, 자발성, 그리고 상호 존중을 보는 일이 비로소 가능해졌다. 그러나 북한의 경우 40년간의 식민통치 뒤에 일본과의 60년 가까운 끊임없는 적대와 대립이 이어졌다.

한국에는 4백년 이상이 흘렀지만, 결코 쉽게 진정될 수 없는 까닭에 아직도 대중의 뇌리에 생생히 기억되는 역사의 심층이 있다. 일본은 16세기말 조선 침략 기간의 약탈을 인정하지도, 사죄하지도 않았으며, 오히려 이를 기념하고, 당시 일본 군사를 이끌었던 도요토미 히데요시에게 영웅의 지위를 부여했다. 한국 문화는 당시 여러 면에서, 아마도 무기만 빼놓고 대부분의 측면에서 일본보다 더 발달해 있었다. 그러나 막상 한반도는 16만 여 왜군에 의해 무자비하게 유린됐으며, 왜군은 도공은 물론, 의사와 인쇄공, 목공 · 금속공 · 제지 분야의 장인과 화공 · 날염공 · 방직공, 정원사와 전문가, 학자, 수많은 젊은 여성, 많은 문화재, 그리고 당시로서는 '첨단' 제품이라 할 수 있는 인쇄기 등을 빼앗아 가져가는 한편, 조선인을 노비로 팔거나 총포 및 비단과 바꾸었다. 일본인들은 이 문제를 잊어버리는 경향이 있지만, 한국인들의 기억은 장구하다. 오늘날 일본인을 언급하는 데 쓰는 한국인 욕설은 이 어두운 시기에 연원을 두고 있다. '정상화'란 북한이 현대 세계에 의미 있는 적응 노력을 보이는 것일 뿐 아니라, 일본에 대한 집단 기억이 형성되는 방식에 대해 일본 스스로 의미 있는 적응 노력을 보이는 것 또한 요구하고 있다.

21세기에 접어들면서 일본 언론에는 북한에 대한 부정적인 뉴스 —— 미사일, 납치피해자, 핵무기, 마약, 간첩선 등등 —— 가 넘쳐나고 있다. 일본의 입장에서, 북한은 동아시아 지역을 말 그대로 이해할 수 없는 이유로 혼란 상태로 빨아들이는 블랙홀이다. 북한의 독특한 역사와 심리 상태, 특히 역사에서 차지하는 일본의 위치에 대한 배경은 거의 이해되지 못하고 있다. 대신 북한은 미쳐 있거나 사악한, 또는 병든 곳으로만 비춰질 뿐이다.

사죄의 정상회담: 평양, 2002년 9월 17일

평양은 미국의 압력을 피하고, 궁지에 몰린 경제적 곤경에서 벗어나기 위해 무슨 이유로든 일본과 관계를 정상화해야만 했다. 이전의 10년간 산발적인 시험적 회담과, 바로 한 해 전의 좀 더 집중적인 일련의 왕래 끝에 잠정적인 합의의 틀이 그려졌다. 이는 정상화로 가기 위한 도로 표지판에 해당했다. 평양의 입장에서 가장 큰 현안은 일본 식민주의 기간의 범죄 행위에 대한 사과와 보상을 받아내는 것이었다. 도쿄로서는 북한 간첩선의 일본 영해 침투와 수십 년 전 일본 국민들을 대상으로 북한 요원들에 의해 자행된 십 수건의 납치 사건에 대한 의혹의 해명이었다. 2002년 9월17일 고이즈미 일본총리의 평양 방문은 역사적으로 대단히 의미 있는 화해를 기약했다. 그러나 불과 며칠 뒤 일본의 적대감은 다시 새롭게 불타올랐으며, 일본의 저명인사들은 두 나라간의 취약한 관계를 정상화하기보다는 이를 아예 단절시킬 것을 주장하거나, 심지어 북한에 대해 군사적으로 선제공격을 하자고 목청을 높였다.

북·일 양국 지도자들의 9월 만남은 팽팽한 긴장 속에서 짧고 (오후 한나절) 극적으로 이뤄졌다. 고이즈미는 평양에 점심 도시락을 싸들고 갔으며, 뚜껑을 열지도 않은 채 당일 밤에 도쿄로 도로 가져간 것으로 알려졌다. 두 지도자는 식사를 하거나 술을 마시기 위해 자리를 함께 하지도 않았으며, 상대방에 대한 '사죄' 또한 억지춘향 격에, 형식만 갖추는 식이어서 진실성이 의심됐다. 고이즈미는 식민지 통치 기간 한국민에 끼친 "다대한 손해와 고통(多大の損害と苦痛)"에 대해 "통절한 반성과 마음으로부터의 사죄(痛切な反省と心か

201

らのお詫び)"를 표시했다. 한편 김정일은 1977년부터 1982년까지 일본인 13명에 대한 납치사건에 대해, 그리고 간첩선을 일본 영해에 보낸 것에 대해 사과했다.

일본은 '마음으로부터의 사죄'에 따라 적절하게 행해질 것으로 여겨지는 보상 요구에 대해서는 오랫동안 한사코 주저해왔으며, 보상 요구가 빠지는 것을 확인하고 나서야 평양과의 협상 테이블에 나섰다. 공동 선언에서 채택된 말 ── 1998년 10월 한일 회담에서 사용했던 것과 사실상 똑같은 말 ── 은 그 말이 정확히 아무런 법적 의미도 담고 있지 않았기 때문에 도쿄의 관료 집단에게 받아들여질 수 있었다. 일단 말하고 난 뒤에는 도쿄에서 완전히 잊혀졌고 일본 언론에 의해서도 외면당했다. 식민 통치 35년간 일본에 의해 자행된 '위해'는 좀 더 최근의 몇십 년 간 일본에 가해진 위해와는 결코 비교될 수 없는 성질의 것이었다.

일본의 집권 자민당 파벌들 사이에서 정상화는 상당 규모의 '원조 및 개발' 프로그램을 초래하는 것으로, 이는 장차 도로 및 교량, 댐, 발전소, 철도 및 기타 북한의 인프라 건설에서 자민당 내 핵심 파벌에게 수지맞는 기업 활동의 기회를 열어주고, 경기후퇴의 타격을 받은 건설업계 동업자들에게도 득을 줄 수 있는 것으로 이해됐다. 바로 이같은 거래를 위해 남한과 처음 국교 정상화되었을 때인 1960년대, 자민당 유력 파벌에 의해 상당 금액의 자금이 흘러들어가기도 했다. 당시와 거의 비슷한 전망이 일본 건설업 국가의 견고한 지배층들을 끌어당겼다. 1970년대부터 내내 일본 전국을 불필요한 '공공사업'으로 넘쳐나게 했으며, 일본에 천문학적 수준의 부채를 부담 지웠던 관료·정치인·건설 부문 기업가들의 음모적이고 부패한 구조는 오늘날 '도켄 곳카(土建國家)', 또는 '건설업 국가'로 알려져 있다. 북한이 나라를 현대화하기 위해 대규모의 인프라 사업을 필요로 하는 것은 분명하다. 그러나 북한은 또한 일본 '도켄 곳카'에게는 거의 무한정의 잠재력을 갖는 처녀지이기도 하다.[3]

각종 우려, 특히 보상 요구를 포기해야만 하는 데 대한 의구심이 있음에도, 평양으로서는 경제재건 필요에 대한 긴급성이 훨씬 더 절박했다. 식민시기 문제는 일본과의 관계 정상화를 이룩하기 위해 간접적인 방식으로만 해결되어야 했다.[4] 김정일은 또 일본 식민 정권이 군사력에 의해 유지된, 불법적으로 강요된 정권이라는 장기간 고수해온 입장을 포기해야만 했으며, 식민 정권이 국제법 절차에 의해 합법적으로 수립된 것이라는 일본 측 주장을 따라야만 했다. 이는 1965년 관계 정상화의 대가로 남한에게 강요되었던 것과 똑같은 쓰디쓴 양보였다. 남한의 적지 않은 사람들은 이를, 전체 한국이 역사 기록을 바로잡을 수 있는 기회를 잃어버린 것으로 개탄했다.[5]

김정일은 또 두 가지 항목의 사죄를 했다. 그는 1977년과 1982년 사이 일본 국민들에 대한 납치 사실을 인정했다. 피랍자(이하 납치 피해자)들 중에는 여학생, 미용사, 요리사와 세 쌍의 연인들(외딴 해변에서 종적을 감춤), 유럽을 여행 중이던 몇몇 학생들이 있었다. 그들 모두는 북한 정보 계통 요원들에게 일본어를 가르치게 할 목적으로, 또는 북한 요원들이 남한과 일본 및 다른 나라에서 활동할 때 신원을 도용할 목적으로 평양에 보내졌다. 김정일은 자신이 이들에 대해 개인적으로 아는 바가 전혀 없다고 주장하며, '특수 국가 기관의 일부 부서'가 '맹동주의 또는 영웅주의로 저지른 행위'라는 식으로 납치 사건을 설명했다.

둘째, 그는 이른바 '위장 간첩선'의 일본 영해 침범에 대해 설명하고 사과했다. 평양회담이 있기 약 1주 전, 2001년 12월 동중국해 상에서 가벼운 총격전 끝에 침몰됐던 위장 간첩선이 해저에서 인양되었기 때문에, 이 부분에 대해 뭔가를 말하는 것 외에 별다른 도리가 없었던 것이다. 그는 설명하기를, 특수부대가 자체 훈련 중이었으며, "나는 그 배가 그렇게까지 깊이 들어가 그런 일을 하리라고는 생각지도 못했다……특수부대는 과거의 유산이며, 나는 그 부대들을 폐지하는 조처를 취하려 한다"고 엉거주춤 말했다.[6] 후속 조사를 통해 그 배가 북한 선적임이 확인됐다. 또한 그 배는 대공 로켓과 로켓 발사대 2문, 무반동포 1문, 로켓 12발, 대공포, 경기관총 2문, 자동 소총 3정, 수류탄 6개는 물론 '매우 보기 드문 형태의 수중 스쿠터 1대'로 완전무장하고 있었다.[7] 그 배가 마약, 위폐, 밀수 또는 다른 공작에 개입되었음을 보여주는 증거는 없었지만 못된 짓을 꾀하는 것만큼은 분명했다.[8] 선체는 2003년 5월 일본에서 일반에 공개되었다.

납치와 간첩선은 테러행위로 규정될 수 있으며 이들 행위가 정당화될 수 있는 여지는 없다. 그러나 역사는 적어도 그 같은 행위를 이해할 수 있는 맥락이 무엇인가에 대한 실마리를 제공해준다. '정상상태'는 한반도를 둘러싼 동아시아 지역에서는 과거 1백년간 찾아볼 수 없었다. 식민주의, 분단, 전쟁, 냉전, 그리고 긴장완화 없는 군사 대결은 국가의 틀과 국가간의 관계는 물론, 정신과 영혼도 심하게 왜곡시켰다.

개인적으로는 간첩선이나 납치 사실을 몰랐다는 김정일의 항변은, 물론 그의 완벽하고 의심할 바 없는 권위에 비춰볼 때 공허하게 들렸다.[9] 납치 문제에 가장 책임 있을 법한 조직은 '35호실'로 알려진, 과거 조선노동당의 대외정보조사부일 것으로 추정됐다. 일본 정부 소식통은 이와 똑같은 조직이 과거 일련의 엄청난 사건들, 즉 1968년 남한 대통령 관저인 청와대에 대한 게릴라 습격 사건, 1983년 10월 남한 대통령 방문 사절단 일원 17명을 사망케 한 미얀마 랑군에서의 폭탄 테러 공격, 1987년 11월 안다만 해(海) 상공에서 대한항공 858기를 공중 폭파시켜 탑승했던 승객 1백15명을 사망케 한 사건과 관련 있는 것으로 믿었다. 노동당 대외 연락부 산하에 별도로 설치된 '56부'는 유럽 방면의 납치 사건과 관련 있는 것으로 의심되고 있다.

13명의 납치 피해자 중에서 평양은 7명만 강제로 붙잡았다고 인정했다. 북한은 5명은 자신들의 자유의사에 따라 북한에 갔고, 또 다른 한 사람은 일본 중개인의 도움으로 감쪽같이 납치됐다고 주장했다. 정상회담이 있은 지 3주 뒤, 평양이 생존자라고 규정한 납치피해자 5명이 특별기편으로 일본으로 돌아갔다. 두 쌍의 부부는 자녀를 여전히 북한에 남겨둔 채였는데, 이들은 1978년 동해 해안에서 어느 여름날 저녁에 붙잡혔다. 이들과 함께 한 여성도 있었는데, 그녀는 납치될 당시 사도시마(佐渡島)에서 어머니와 함께 살고 있던 19살 먹은 간호사였다.

'평양의 5인'은 2002년 10월15일, 납치된 지 거의 25년 만에 깔끔한 옷차림새로, 충성의 상징인 김정일 배지를 자랑스럽게 가슴에 단 채 귀국했다. 양국 정부 간의 사전 합의는 이들이 열흘에서 약 2주간을 일본에서 지낸 뒤 평양으로 자신과 가족들의 장래를 도모한다는 것이었다. 이들은 북한에 대한 비난을 거부했는데, 이는 자유롭게 의사를 표현할 수 없는 증거로 비추어졌다. 이들이 북한에서 정상적인 생활을 했으리라고는 상상이 가지 않았기 때문에 일본인들은 이들이 '세뇌됐다'고 해석했다. 약 1주일 뒤, 이들이 예정됐던 2주를 다 채우기보다 일찍 돌아가는 편이 좋겠다는 뜻을 넌지시 비추자, 이들을 자제시키려는 요란한 캠페인이 벌어지기 시작했다. 고뇌와 분노, 일본을 휘저어 놓은 복수에 대한 열망은 9·11 당시의 미국을 방불케 했다.

납치 피해자 가운데 2쌍의 부부와 두 사람은 사망했다. 이들의 운명에 대한 평양의 설명은 곧이곧대로 믿을 수 없는 무리한 것이었

다. 가고시마(鹿兒島) 현에서 1978년에 붙잡혀 북한에서 결혼한 한 쌍의 부부는 1979년~1981년 사이에, 두 사람 모두 심장마비로 사망한 것으로 전해졌다. 그러나 사망 당시 남편은 겨우 24살, 아내는 27살이었다. 남편은 수영 중 심장 발작이 온 것으로 전해졌다. 하지만 일본에서 사망 당일을 체크해본 결과, 그날은 태풍이 한국의 해안을 강타했던 것으로 밝혀졌다. 1978년~1980년 사이 따로따로 납치되어 1984년 결혼한 두 번째 부부는 1986년 한 사람은 간경변으로, 다른 한 사람은 교통사고로, 일주일 간격으로 사망한 것으로 전해졌다. 세 번째 쌍은, 한 사람은 1980년 스페인에서, 다른 한사람은 1983년 덴마크에서 납치됐다. 두 사람은 1985년 북한에서 결혼한 후, 1988년 불량 난방 장치의 가스에 중독되어 자녀 한 명을 남긴 채 동반 사망했다. 이 모든 피해자들의 사체는 종적도 없이 사라졌으며, 유해도 1990년대 중반의 홍수와 댐 붕괴, 산사태로 유실됐다. 1980년 스페인에서 납치된 일곱 번째 피해자는 1996년 교통사고로 죽은 것으로 추정되며, 그의 유해 역시 홍수에 쓸려내려 갔다. 하지만 평양측은 그의 유해를 되찾아 공동묘지에 재매장한 것으로 일본 측에 통보했다. 그러나 그 유해들은 일본에서 DNA 검사를 통해 한 중년 여성의 유해인 것으로 드러났다. 여덟 번째 피해자, 그리고 아마도 가장 논란이 분분한 케이스는 1977년 배드민턴 시합이 끝난 뒤 귀가하던 중 납치된 열세살짜리 여학생 요코다 메구미(橫田 めぐみ)(당초 '북한 남성'으로 알려졌던 요코다 메구미의 남편은 한국에서 납치된 김영남으로 추후 확인되었으며,

그는 지난 2006년 6 · 15 공동선언 기념 행사 자리를 통해 남측에 생존한 노모와 상봉했다) 일 것이다. 1986년 그녀는 북한 남성과 결혼해 이듬해 혜경이라는 딸을 낳았다. 평양의 설명에 따르면, 요코다는 우울증을 앓았으며, 딸이 겨우 다섯 살이 되던 해인 1983년 치료를 받는 도중 자살했다.

분노에 떨고, 불신감에 가득 찬 일본의 피해자 유가족들은 평양이 제공한 근거 문서들을 허위라고 비난하며, 사랑하는 가족들이 아직도 살아 있으므로, 필요하다면 "강제로라도" 데리고 와야 한다고 주장했다.[10] 일본 경시청은 당초 예상했던 것보다 일본인 납치 피해자가 더 많아 줄잡아 40명 정도에 이를 것이라고 추정하고 있다.[11] 또한 북한에는 1953년 휴전 이후 약 5백 명의 남한 국민이 납치된 것은 물론, 유럽, 아랍, 그리고 중국 등 다양한 국적을 가진 납치 피해자들이 있는 것으로 알려지고 있다.[12] 북한 영화 산업을 국제적으로 인정받기 위해 남한 최고의 영화감독과 최고의 여배우를 납치해 제멋대로 이용하려들었던 사건은 이 중에서도 단연 압권이다.

일련의 범죄 행위에 대해 공식적인 국가 책임을 인정하자, 김정일은 즉각 다른 일에 대해서도 더 깊은 의심을 받았다. 이를테면, 랑군 폭파 사건과 KAL 858기 공중 폭파 사건이 대표적이다. 그는 일본에 대해 '보상' 요구를 포기하고 불법행위를 자인함으로써 납치자 문제를 조속히 해결하고 '정상화' 를 추진하며, 상당액의 경제 협력 기금을 마련할 수 있을 것으로 계산했을 것이다. 협상 테이블에 오를 '원조 금액' 으로서, 약 1조5천억 엔(미화 1백20억 달러)이라는 액수가 곧잘 거론됐다. 이는 일본이 남한과 양자 관계를 열 때, 남한에 지급했던 돈 5억 달러(이른바 '수교 자금')에 상당하는 금액이다.[13] 이 정도 규모의 자금은 사실 1991년 일본이 걸프전 전비를 지원할 때 들인 액수보다는 약간 모자라고, 도쿄의 새 지하철 노선인 오에도(大江戶) 선(線) 건설비와는 엇비슷한 정도이지만, 파산 지경의 북한으로서는 의심할 나위 없이 큰 액수였다. 그러나 평양회담 이후 북한에 대한 감정이 급격히 악화되는 분위기 속에서, 일본 의회는 '경제 협력'을 위해서는 김정일에게 단 한 푼도 내놓을 수 없음이 명백해졌다.

그럼에도 북한의 사죄는 공산주의나 전체주의 국가에서는 유례가 없는 것이었다. 단순히 사과를 했다는 사실, 이 과정에서 오랜 적대국 일본에 대해 상당한 양보를 했다는 사실 그 자체가 김정일의 처지가 그만큼 절박함을 입증하는 증거였다. 평양회담이 북한 상황의 극적인 개선을 초래했더라면, 김정일의 사과 결정은 대담하면서도 불가피한 것으로 받아들여졌을 것이다. 하지만 사실 그의 사과는 일본, 나아가 미국과의 관계를 급격히 악화시켰다. 정권 그 자체가 지도자와 동일시되는 나라에서 지도자가 그 정도로 체면을 잃었는데도 여전히 정권이 유지될 수 있을까는 더 지켜보아야 할 것이다. 한때 신격에 준했던 '친애하는 지도자'가 범죄를 자인하는, 그것도 조선을 식민지화 했던 일본에 대해 자인하는, 약점 많고 과도한 압박감에 시달리는 정치인으로 바뀐 결과를 말이다.

평양과 도쿄는 역사적인 만남을 공표하는 방식에서 양쪽 모두 똑같이 오만한 태도를 보였다. 고이즈미는 평양에서 '친애하는 장군님을 만나 과거사를 사죄하고 청산하기 위해' 방문한 것으로 알려졌다. 북한에서 회담은 공식적으로는 승리로 선언되었다. 납치 문제, 간첩선 문제, 또는 김정일의 사죄에 대해서는 한마디도 언급이 없었다.[14] 반면 도쿄에서는, 모든 관심이 총리가 '불명예스런 국가'로부터 유죄 시인을 받아낸 사실에 온갖 초점이 맞춰졌다.[15] 평양이 도덕적 혹은 역사적으로 합당한 자격을 가진 보상 문제를 일본이 회피했는지의 여부, 또는 일본의 사과가 왜 57년이 흐른 뒤에서야 있게 되었는지의 문제는 무시되거나, 북한 정권의 완고하고 비합리적인 성격 탓으로 돌려졌다.

일본, 분노의 정치학

다뤄야할 주제와 양측 모두의 사과의 성격에 비춰볼 때, 한 가지 역설은 식민 통치 기간 일본은 수십 만 명은 아니더라도 수만 명의 한국인들을 강제적 또는 반강제적 조건에서 노역시키기 위해 사실상 납치했다는 것이다. 이들 중 일부는 제2차 세계대전 중, 아시아 각지의 일본군을 위해 매춘('위안부')을 강요받았다. 또 일부는 연합군 포로들을 감시하는 등 일본군 내에서 하급 직무에 종사했다. 이같은 전과는 일본 당국에 의해 결코 공식 인정되지 않았다. 사죄나 혹은 보상은 말할 것도 없다. 남북한 통틀어 한국인들에게는 바로 이런 맥락에 따라, 명백하게 범죄적인 일본인 13명의 납치 문제가 이해된다. 북한의 납치 문제가 문자 그대로 세기적인 범죄가 되고, 일본이야말로 아시아적 폭력성의 궁극적인 피해자로 둔갑해버리는 일본 내의 야단법석은 한국인들에게 고통스런 괴리감을 안겨주었다. 일본의 한 평론가는 이런 현실을 포착하여 일본의 처신에 대해 다음과 같은 의문을 던지고 있다.

> (일본은) 이웃 나라를 침략해 식민지로 만들었다. 토지와 이름, 언어, 촌락을 빼앗았다. 저항하는 사람을 죽이기도 했으며, 젊은 남성들을 납치해 제국군을 위한 노동자나 군인으로 전장으로 보내는 한편, 여성들은 '위안부'로 전장에 내보내어 수없이 목숨을 잃게 했다. 그 뒤 57년간 사죄나 보상은 없었다. [16)]

하지만 정상회담 이후 일본의 모든 관심, 특히 언론의 조명은 납치 피해자 문제에만 사로잡혀 있었다.

10월24일 후쿠다 야스오(福田康夫) 관방장관은 납치 피해자 5명의 평양 귀환은 허용되지 않을 것이라고 발표했다. 「저팬 타임스」(일본에서 발행되는 주요 영자 신문 중의 하나)는 일본 정부의 이같은 방침에 대해 "그들이 본인들의 자유의사를 밝히는 데 필수적……"이라고 논평했다. [17)] 「요미우리신문」은 "정부는, 본인들의 생각과는 관계없이, 그들을 북한으로 돌려보내지 말아야 한다"고 논평했다. 조지 오웰은 이런 경우, 자유 의지라는 표현이 강제라는 표현으로 슬그머니 바꾸었다고 말할 것이다. 하지만 이에 대해 잠깐이라도 생각하는 일본인은 드물었다. 강제가 자유라면, 전쟁도 평화라고 할 수 있을 것이다.

납치 피해자 5명이 어떻게 일본인다움을 '회복'하고 있는지에 대한 일본 언론의 집중적인 보도가 잇따랐다. 텔레비전과 인쇄 매체는 이에 관한 뉴스로 온통 뒤덮였다. 가족과 동창들과의 만남, 온천·휴양지 나들이, 이들이 말한 내용, 맥주를 얼마나 마셨는지 또는 마시지 못했는지의 여부, 심지어 가라오케에서 어떤 노래를 불렀는지 등 일거수일투족이 낱낱이 체크되었다. 이들이 옛 보금자리로 돌아옴으로써 일본은 한 가족이 됐다. 이들이 2002년 12월19일, 마침내 김정일 배지를 떼어버리자 일본인들은 눈물을 흘리며 국가적으로 이를 환영했다. 바로 그날 이들은 북한으로 돌아가지 않겠다는 결심을 밝히고 다시 일본인이 됐다. 이제 그들은 자유의 몸이 된 것이다.

일본은 납치 피해자 5명의 평양 귀환을 거부했을 뿐만 아니라 북에 남은 자녀들까지 인도하라고 북한 측에 요구했다. 몇몇 '자녀'는 이미 성인이 되어 있다는 사실과 무관하게, 그들이 전혀 알지 못하는 나라로의 '귀국'을 요구한 것이다. 일본은 납치 피해자 자녀를 분명한 '일본인'으로 간주했으나, 이들 중 5명은 자신의 부모가 납치당했음은 물론, 원래 일본인이었고, 자신들로부터 떨어져 어쩌면 영영 다시 집에 돌아오지 못할 것이라는 사실을 전혀 모른 채, 평양에서 계속 살아야 할 처지였다.[18] 이들은, 20여 년 전 일본의 납치 피해자

가족들이 자녀를 빼앗길 때와 똑같이, 아무 설명도 없이 부모를 빼앗기고 말았다. 부모가 실종되고 난 한참 뒤에서야 이들 자녀들은 북한 당국으로부터 자기네 부모가 일본에 있음을 알게 됐다. 부모들이 또한 일본인이라는 것을 자녀들이 알게 됐는지 여부는 확실치 않다.

분명한 것은, 심지어 이들이 평양으로 떠나기 전부터 일본 정부 관리들은 귀환 합의를 지키지 않겠다고 결정내린 것이다. 당초 '북조선에 납치된 피해자 가족모임(이하 납치피해자모임)'이 내린 '결정'이, 이번에는 정부 당국과 피해자 모임 측의 집중적인 협상 뒤 정부 당국에 의해 채택됐다.[19] 납치 피해자 5명을 일본에 영주시킨다는 결정으로, 일본은 귀환 합의를 저버렸음은 물론, 이들을 실질적으로 다시 한번 납치했던 것이다.

도쿄 측이 납치 피해자들의 '자유의사'를 언급할 때, 이는 실제로는 납치 피해자 가족들의 희망사항, 즉 가족들 중에서도 북한 측이 아닌 일본 측 가족들의 희망사항을 뜻하는 것이었다. 또 이는 일본을 완전히 군사화 시키고, 핵무기를 개발케 하며, 북한에 대해 '단호한' 자세를 취하도록 압력을 가하려는 일본 내 과격파 활동가와 정치인들의 희망사항이기도 했다. 납치 피해자에 대한 다양한 '지원' 집단의 영향력은, 일본이 납치 피해자 문제의 해법에 대해 북한과의 합의를 취소키로 결정해 평양과의 관계가 얼어붙은 이래, 기하급수적으로 증가했다. 일본의 대북 정책은 몇 가지 목표 하에 잘 조직된 전국적 캠페인에 흡수됐다. 그 목표란 일단 맨 처음 평양과의 합의를 협상했던 일본 외무성 내 담당관들의 신뢰를 떨어트려 사퇴시키고, 이어 김정일정권을 전복시키기 위해 북한과의 관계를 단절하는 것이며, 마지막으로는 일본이 필요하다면 자신의 정책을 무력으로 수행할 수 있을 때까지 일본의 군사력을 증강한다는 것이다.

명목상 납치 피해자를 지원하는 일단의 조직들은, 실제로는 사실상 고도로 정치화된 캠페인의 후원자들로서, 일본의 가족과 귀환자들의 조기 재회 가능성을 줄이려고 했다. 이 캠페인과 가장 밀접한 관계가 있었던 정치인 아베 신조(安培晋三) 당시 관방차관은 북한이 빈곤과 자포자기로 인해 결국은 일본 측 조건을 수용할 수밖에 없을 것임을 시사했다. "일본에는 식량도 있고 석유도 있다. 하지만 북한은 없다. 그것들이 없으면, 북한은 겨울을 넘길 수 없으며, 멀지 않아 망하게 될 것이다." [20] 국가적 캠페인의 또 다른 주요 인물 사토 가쓰미(佐藤勝巳) 현대아세아연구소 소장은 북한의 김정일정권이 권력을 잡고 있는 한, 북한과의 문제 해결은 결코 있을 수 없다고 주장했다. 노골적이다 못해 때로 준(準)히스테리 상태의 대중 운동, 아베와 사토 및 기타 인물들이 부추기는 대북 적대감은 핵 문제를 포함해 한반도의 각종 분쟁을 평화적으로 해결하는 데 대해 일본이 적극적인 역할을 할 수 있다는 전망을 감소시켰다. 2003년 내내, 이들 집단은 힘을 결집해 내심 이런 태도를 반기는 워싱턴과, 반대로 이를 주저하는 서울에 압력을 넣었다. 이 집단(이른바 '납치의련')은 또 2003년 10월 단행된 고이즈미 정부의 개각 때 요직 세 자리를 얻어, 일본에서 단일 압력 집단으로는 가장 영향력이 센 집단이 됐다. 아베는 이 때 자민당 간사장이라는 핵심 요직에 앉았으며, '평양에 강경한' 여론 분위기를 대표하는 대중적 얼굴이 됐다.

일본이 북한에 '정상 국가'가 되는 법에 대해 한 수 가르쳐야 한 다는 믿음은 일본 사회에서 폭넓게 공유되었다. 2003년 3월, 북한의 노동미사일과 본질적으로는 똑같은 로켓에 의해 쏘아 올려진 일본의 첩보위성이 북한을 공중에서 감시하며 정찰 활동을 시작했다. 이같 은 행동이 북한 측에 대단히 위협적인 것으로 인식될 수 있다는 사실 은 일본에서는 별 문제가 되지 않았다.

납치 피해자와 이들의 일본쪽 친척은 물론, 이들의 평양쪽 가족 들 모두에게 갈가리 찢긴 가족의 인간적인 고통은 그저 짐작할 수 있 을 뿐이다. 사도(佐渡) 섬의 간호사였던 소가 히토미(曾我 ひとみ)는 북한에 들어간 지 2년 뒤, 미군 출신의 찰스 젠킨스와 결혼했으며, 십대의 두 딸이 있었다. 이들 두 딸은 자기네 아버지가 1960년대 말 한국 근무중 실종되었으며 탈주 혐의를 받고 있는 미군 병사라는 사 실 때문에 극도로 어려운 상황에 놓여 있었다. 젠킨스 일가는 아버지 가 체포되어 미군 군법에 따라 재판을 받지 않으면 일본에서 결코 재 결합할 수 없는 처지였다.

일본에 홀로 귀국했던 소가는 일본 땅에 첫발을 내디디면서 다른 납치 피해자들을 대변해 이렇게 말했다.

24년이 지나고서야 저는 고향에 있습니다. 꿈만 같습니다. 사람들의 마음, 산과 강, 계곡, 이 모든 것이 따뜻하고 아름답게 보입니다. 하늘도 땅도, 나무도 제게 속삭이는 것 같습니다. '고향에 돌아온 것을 환영합니다. 정말 잘 하셨습니다' 라고. 그러면 저는 큰 목소리도 대답합니다. '저는 돌아왔습니다. 감사합니다.' 21)

그러나 일본 정부에 이같은 인간적 고통이나 희열은 부차적인 것이었다. 내각 관방참사로서 납치자 문제를 처리할 책임을 맡았던 나카야마 교코(中山恭子)는 "나는 처음부터 이 문제를 국가적 사무로 생각했다. 사람들의 감정 그 자체는 물론 중요하다. 그러나 더 중요한 것은 국가의 대응이다." 22)

일본에 귀환한 지 6개월 뒤, 소가는 가슴이 찌릿할 정도로 통렬하게 물었다.

기다려라, 참아라, 우리는 그렇게 들었다. 그러나 우리는 말이 아닌 행동을 원한다.……나의 아버지, 어머니, 동생과 나는 한 가족이다. 나의 남편과 딸, 그리고 나는 또 다른 가족이다. 누가 우리를 떼어 놓았는가. 누가 우리를 합쳐줄 것인가. 23)

소가의 말은 참으로 여러 뜻으로 해석할 수 있다. 그녀의 원래 가족은 북한의 납치범들에 의해 갈가리 찢겼음은 분명하다. 하지만 소가의 두 번째 가족, 즉 그녀의 미국인 남편과 딸들은 평양과의 합의를 저버리기로 결심한 일본 정부의 결정에 의해 또한 찢겼다. 북한의 가족에게로 돌아갈 길을 봉쇄당한 지 두 달 뒤, 소가는 또 한번, 이번에는 그녀를 주저앉히기 위해 멀리 외딴 섬에 있는 자신의 집까지 찾아온 일본의 고위 내각 인사의 간섭에 의해, 북한으로의 귀환길이 막혔던 것이다.[24] 귀환 일정이 가을에서 겨울로, 다시 봄에서 여름으로 연장되었는데도, 그녀의 간절한 귀환 호소에는 아무도 답하지 않았다.

이들 가족들의 드라마가 국민들 앞에 공개되자, 주요 텔레비전 채널과 신문, 그리고 잡지들이 이에 편승해, 이번에는 북한에 대해 엄청난 적대감과 공포, 편견을 조장해냈다. 1991년부터 2003년까지 일본에서는 북한 관련 책이 약 6백 권 출판됐다. 이 중 압도적 다수는 악의적이며 적대적이다.[25] 2002년 9월 고이즈미의 평양 방문 때부터 일본의 텔레비전은 북한에 대해 거의 포화상태의 보도를 내보냈고, 하루에도 서너 프로그램씩 북한 사회와 국가의 이모저모를 고발하기도 했다. 탈북자 이야기, 빈곤과 기아 기사, 김정일의 내밀한 삶에 대한 무시무시하고 센세이셔널한 설명, 부패, 미사일, 핵 위협에 관한 기사 등이 바로 그것이다. 한국에서『나는 역사의 진리를 보았다 - 황장엽 회고록』이라는 제목으로 나왔던 망명객 황장엽의 회고록은『김정일에의 선전포고 - 황장엽 회고록』이라는 일어판 제목으로 출판됐다. 그의 두 번째 책 제목은 『미친개는 무섭지 않다』였다. [26] 2003년 중반 출판된 망가(만화) 김정일 일대기(『만화 김정일 입문 - 북조선 장군님의 진실』)는 김정일을 폭력적이고 피에 굶주린 타락한 전제 군주로 그려, 출간된 지 3개월 만에 50만 권이 팔렸다. 이는 그때까지 일본에서 북한에 대해 외국어로 출판된 책들을 모두 합친 것보다 많았다.

참고로 지난 6개월간 출판된 책을 일별해보면 이렇다. 『테러 국가』『북조선 악의 정체 - 붕괴 직전 김정일 왕조의 충격적인 실태를 처음으로 밝힌 북조선 비화』『납치 가족 '김정일과의 투쟁' 전기록』『실록 북조선의 성 - 살기 위해서는 할 수 없다』『북조선 우리 고향의 악마』, 그리고 『김정일의 진실 - 교활하고 간사한 '장군님'』 등이다. 주간지와 월간지도 엄청난 분량으로 기사를 쏟아냈는데, 내용은 주로 강경한 것들이었다. 21세기 초반의 불확실한 정치 · 경제 환경에서, 일본의 독자들은 언제나 관심이 시들지 않은 '악'에 관한 이야기에, 특히 이야기의 상당 부분이 음란한 내용으로 채워졌을 때 강한 흥미를 느끼는 듯했다. 김정일의 복잡한 가정사, 처와 첩, 그리고 그의 후궁들에 해당될 젊은 여성들, 이른바 '요로고비구미(喜び組)', 또는 '기쁨조'에 관한 이야기보다 더 잘 팔린 책은 없다. 이런 부류의 책은 아무리 비슷한 제목을 단 책이 수백 권 나와도 수요가 줄어들지 않으니 까닭 모를 일이다.

일본인의 격렬한 대북 적대감, 과거 한국에 저지른 자신의 범죄와 정면으로 맞서기를 꺼리는 소극성은 부분적으로는 북한이 전전의 일본을 너무 닮았다는 사실에서 기인하는 지도 모른다. 많은 중년 일본인들이 기억하는 1930~40년대의 일본은 무례하고, 저질스러우며, 일본의 신성하고 신화적인 국가에 비해 2류급이다. 북한을 적대시하는 감정은 특히 보수파와 민족주의자들 사이에서 가장 강한데, 이는 이들 자신들이 일본을 위해 내놓았던 처방들이 제국주의적이고 가부장적이며, 획일적이고 애국을 강조하는 한편 반서구적이라는 점에서, 그 어떤 시민 중심의 통상적인 민주주의 체제가 아닌 북한의 현실과 가까웠기 때문이다. 두 나라는 겉으로는 양극단처럼 보이지만, 실제로는 똑같이, 보편적인 시민권이나 주권·평등의 틀이 아닌, 특별하고 독창적이며 우월한 존재로서 신화적 정체성과 상상된 정체성이 깊이 온존하고 있다.

일본의 합의 위반은 평양으로서는 심각하게 받아들여질 수밖에 없었다. 납치 피해자의 자녀들은 (일본 측이 시사했던 것처럼, 자유 의사에 반할 경우에도) 간단히 '인도' 될 수 있는 것이 아니었다. 사실 평양은 당초 납치 피해자들이 자녀들을 데리고 일본을 방문할 것을 제안했었다. 하지만 평양 당국의 제안은 거절당했다. 북한이 불성실하게 책임 전가를 하거나, 일단 납치 피해자들이 평양으로 귀환했을 경우, 북한 측이 다시는 방문을 허용하지 않을 수도 있는, 정당성이 없고 모욕적인 제안으로 생각했기 때문이다. 역설적이게도, 실제 납치 피해자들을 모든 문제의 중심에 놓기 위해 최대한의 노력을 기울이고, 복잡한 인간적 감정에 동정심을 보인 쪽은 북한 외무성 대변인이었다.

　우리가 (납치 피해자들을) 영원히 돌려보내지 않은 데에는 이유가 있다. 그들이 물건이라면, 우리는 벌써 돌려보냈을 것이다. 하지만 그들은 사람이다. 그들은 북조선에서 20년 넘게 살았고, 결혼하여 아이를 낳고, 우리 문화와 관습에 이미 익숙해져 있으며, 우리 사회의 기준과 생활 방식에 맞춰 살아왔다. 그들의 자녀는 자기네 부모가 일본인이라는 사실을 알지 못하며, 우리나라의 다른 아이들과 똑같이, 일본이 조선 민족에게 다대한 고통과 피해를 준 데 대해 증오심을 갖고 있다. 그들의 부모는 우리 공화국을 위해 일해 왔으며, 일반 인민들의 수준 이상의 대우를 받아왔다. 그들은 우리 인민들과 온갖 형태의 인간관계에 대해 애정을 갖고 있다.
　그들이 갑자기 '너희들은 모두 일본인이다. 그러니 나가라' 라는 말을 듣게 되면 어떻게 나오겠는가. 우리 의도가 무엇이든, 이 말은 '너희들은 더 이상 필요 없게 됐다. 그러니 가라' 라는 뜻으로 들릴 것이다. 이는 그들에게 정신적 충격을 줄 것이며, 그들은 배신감을 느낄 것이다. 특히 자녀들은 일본인을 모르며, 일본 사회의 관행과 습관, 그리고 사회 질서에 완전히 무지하다. 이런 문제를 고려해볼 때 그들을 물건처럼 묶어서 보내는 것으로 문제가 한번에 풀릴 수 없는 것이다.[27]

이같은 발언의 이면에 숨은 평양의 의도가 무엇이든, 이는 일본인들의 발언 대부분에 담긴 민족주의 감정에 덮혀버린 인간적 곤경에 대한 인간적 연민과 동정심을 표현한 것이다. 일본인들의 잘 짜 맞춰진 캠페인은 납치 피해자 5인의 자녀들에 대해서 뿐만 아니라, 납치된 배드민턴 선수(요코다 메구미)의 딸, 김혜경에 대해서도 행해졌다. 다섯 살 때 엄마가 죽은 뒤 북한의 아버지 손에 자란 이 어린 소녀에 대해, 자기 집을 떠나 일본에 있는 조부모를 '방문' 토록 하려는 노력이 일본인들에 의해 집중적으로 전개됐다. 김양은 일본의 텔레비전과 인터뷰하면서 자신을 먼저 찾아오겠다던 조부모가 왜 이번에는 손녀가 먼저 찾아오라고 말하는지 울먹이며 물었다. 조부모는 그녀를 도쿄의 디즈니랜드로 데려가겠다는 식으로 답했다. 자기네 방문이 어떤 결과를 초래할지와는 상관없이 손녀를 찾아가겠다는 당초의 바람이 흔들리면서, 김양의 조부모는 점차 반북 캠페인의 중심인물이 되어 김정일을 비난하고 타도하는 데 나서게 됐다. 김양이 텔레비전에 나와 자신은 목숨을 바쳐 나라에 충성하고, '친애하는 지도자'에 충성한다고 밝히자, 이는 즉각 세뇌의 증거로 지목됐다. 하지만 법률적으로, 특히 북한 실정법상 김양 자신의 권리와 김양이 성인이 될 때까지는 아버지의 권리에 우선권이 있다. 일본 정부의 성명은 그러나 어떤 식의 일본 '방문'이든 한번 오면 끝이며, 평양에서 온 다섯 명의 '귀환자'들도 마찬가지라는 식이었다.

2002년 10월말 쿠알라룸푸르에서 열린 정상화 후속 회담에서,

북한 대표는 좀 더 "성의 있는 태도"를 보여 달라는 주문과 함께, "일본과 북조선은 사람의 생명에 대해 다른 가치관을 갖고 있다"는 말을 일본 측으로부터 들어야 했다. 같은 달 말, 1970년대~1980년대의 납치에 대해 북한으로부터 보상이 있어야 할 것이라는 발표도 나왔다. 이는 위선까지는 아니더라도, 기가 찰 정도의 넌센스였다. 도쿄는 예전의 '종군 위안부'와 강제징용 피해자, 그리고 대부분 납치와 관련 있는 식민 통치 시대의 다른 피해 사례에 대한 보상을 한사코 배제해왔고, 이런 입장을 양측의 전제로 받아들일 정도로 평양 측이 태도를 누그러뜨리기를 수십 년 간 끈기 있게 기다려왔기 때문이다. 그러므로 일본의 평양에 대한 메시지는 쿠알라룸푸르에서 자기네들이 주장했던 것과는 정확히 정반대로 나온 셈이다. '한국인의 생명과 일본인의 생명은 사실 값어치가 다르다. 한 무리의 일본인 생명이 수십만, 아니 수백만 한국인의 생명보다 더 값이 비싸다'라는 것이다.

　'피해자로서의 일본'의 고통은 '가해자로서의 일본'이 주는 고통을 상쇄시키는 데 일조했다. 북한이 죗값을 치르게 해야 한다는 요구가 사회 상층부에서부터 나왔다. 일본에 있는 북한계 기관들이 감시 아래 들어갔으며, 살해 위협까지 보고됐다.[28] 보수계 신문 「요미우리신문」은 북한을 언급하면서 '가증스러운' 등의 표현을 쓰기 시작했으며, 「아사히신문」조차도 사설에서, "그처럼 무법한 나라와 외교 관계를 맺는 것이 꼭 필요한가"라고 물었다. 2003년 1월 일본 내각조사국이 실시한 한 여론조사 결과는, 일본 국민의 43%가 일본이

전쟁에 휘말려들 위험이 있으며, 이들의 두려움은 압도적으로 한반도에 쏠려 있음을 보여주었다.[29]

전문가들은 북한이 일본을 공격할 공산은 거의 없으며, 현실적으로 가장 무서운 시나리오는 북한 기지와 핵 시설에 대한 미국의 선제공격 가능성이라고 단언했지만, 두려움은 그 뒤로도 계속 확산됐다.[30] 고이즈미 총리는 이같은 대중적인 분위기에 호응해 북한을 '사람이나 납치하고 죽이는 불명예스런 국가'라고 비난했다. 후쿠다 야스오 당시 관방장관은 북한을 '미친 나라'라고 불렀으며, 아베 신조 당시 관방차관은 북한의 행동을 '깡패 같다'고 했다.[31] 2002년 9월 납치 진상이 밝혀지기 전에도 도쿄도 지사 이시하라 신타로는 미국 시사 주간지 「뉴스위크」와의 인터뷰에서, 북한 문제에 대한 자신의 해법은 북한에 대해 전쟁을 선포하는 것이라고 말했다.[32] 수많은 망언들에도 불구하고, 그는 여전히 일본의 인기 있는 정치인으로서, 유력한 차기 총리 후보로 손꼽혔다. 납치 피해자들의 비극은 계속됐고, 그들의 권리와 희망은 추상적으로는 존중됐다. 하지만 실제에 있어서는 격앙된 대중 여론의 자존심과 격렬한 미디어 동원에 의해 부추겨진 정부의 자존심에 비해서는 부차적인 것에 불과했다.

일본은 북한 세계관의 역사적 기원에 대한 이해, 식민 시대 및 냉전기 과거 행적에 대한 '진지한' 개선, 또는 평양의 개방 과정에 대한 협력 등에서 멀찌감치 물러서버렸다. 일본 정부는 평양이 협상 테이블로 돌아오는 것 말고는 그 어떤 대안도 없을 정도로 약해지고 있다고 굳게 믿는 듯했다. 그 테이블에서 일본의 자본은 최후에 가서는 북한이 저항할 수 없는 카드였다.

북한 연구의 주요 권위자 중 한 사람인 도쿄대학 명예교수 와다 하루키(和田春樹)는, 김정일의 개혁·개방 의지가 북한 언론에 거의 보도되지 않고 '강경파'들에 의해 도전받으면서, 북한이 권력투쟁의 진통 과정에 있다고 믿었다. 와다 교수가 옳다면, 김정일은 옛 소련 말기의 고르바초프와 유사한 위치에 있었을 것이다. 고르바초프는 완고하고 보수적인 기득권층 세력들 사이에 고립되어 있었으며, 갈짓자식 개혁 과정을 밟고 있었다. 김정일의 경우, 2002년의 양보가 가져다준 것은 아무 것도 없었으며, 이같은 상황은 그로 하여금 강경파들의 요구에 좀 더 귀 기울이는 쪽으로 문제를 풀어나가도록 강요했다.

고이즈미의 짧았던 일방주의식 대북 외교가 지나가자, 워싱턴은 북한을 포위·압박해 굴복시키려는 자신의 정책에 도쿄를 끌어들이기 위해 상당한 에너지를 쏟았다. 특히 미국 국방부로서는 일본이 일종의 '아시아주의'를 내걸고 대미 동맹을 약화시키는 쪽으로 '자신의 길'을 걸을 가능성은 최악의 시나리오였다. 일본이 "계속 미국의 보호에 의존해야 한다"라는 것은 이전 정부와 마찬가지로 부시 정부에게도 절대적이었다. 미국에게 일본·한국 두 나라와의 양자 동맹에 기초한 현재의 동아시아 안보 구조를 한반도 평화정착 체제, 특히 중국과의 협상이 개입된 체제로 대체하려는 그 어떤 시도도 "동아시아에서 미국의 정치적 · 군사적 영향력에 치명적인 타격을 주는 일"
이었다.[33]

부시 정부는 일본에게, 완전히 성숙한 나토 식 파트너로서 지구
상의 어느 곳에서보다 '동맹'을 확실하게 지원할 수 있게끔, 또는
미 · 일 관계에 관한 '아미티지 리포트'(2000년 10월 작성된 보고서 · 1
기 부시 정부 시절, 국방부 부장관을 역임한 리차드 아미티지의 이름을 따서 지
음)가 지적했듯이, 일본이 아예 '극동의 영국'이 될 수 있게끔,[34] 평
화 헌법을 수정하고 국방 영역을 확대하도록 일본에 요구할 것을 분
명히 했다. 오랜 기간 세계 시장에 대한 접근 대가로 군사기지를 제
공해주는 식의 거래라는 의미를 지녔던 일본의 대미 동맹은 9 · 11
이후 한층 새로운 면모를 갖게 됐다. 이는 특히 미국 부시 정부가
2002년 9월(9 · 11 테러가 난 지 정확히 1년 뒤) '국가 안보 전략' 보고서를
통해 미국의 역할을 '세계 유일 패권국'으로 재규정하는 한편, 선제
공격은 물론 예방 전쟁까지 정당화하고, 선제 핵 공격도 검토 중이라
고 밝힌 상황에서 특히 그랬다.[35]

혹자는 고이즈미의 평양 방문을 워싱턴과 도쿄 간 반세기에 걸친
밀접한 외교 정책상의 협력 관계를 극적으로 단절시키는 전조로 보
았다. 하지만 1년 뒤 상황은 정반대가 됐다. 자율적인 외교적 주도권
을 갖기 위한 일시적인 움직임은 저지됐고, 고이즈미는 다시 '동맹국
파트너'와 확고하게 보조를 맞추었다. 워싱턴은 고이즈미가 성실성
면에서 토니 블레어 다음 가는 '우리 편'임을 자신하는 듯했으며, 바

로 이때문에 2003년 5월에는 부시의 크로포드 목장에서 10시간씩 함께 머물렀다. 그럴만한 충분한 가치가 있었다. 이로부터 몇 주 뒤 한국의 노무현 대통령에게는 부시로부터 고작 30분짜리 면담 시간이 주어졌을 뿐이다. 미국이 근심 걱정을 하는 데에는 여러 가지 충분한 이유가 있었다. 역설적으로 일본은 북한이 위협이 되는 한 제어하기가 훨씬 더 쉬웠다. 북한과 일본의 관계, 또는 한국과 북한의 관계가 정상화되면, 이들 국가에서 긴장은 사라질 것이고, 그렇게 되면 미국의 패권적 구상에 일본을 포괄적으로 통합시키는 일이 이에 비례해서 정당화되기 어려워질 것이었다. 바꿔 말해, 동아시아에 평화가 오면, 한국과 일본에 미군 군사기지를 주둔시킬 명분이 사라질 수 있었다. 일본이 아시아 대륙과의 관계를 정상화해, 이 지역의 '영국'으로서가 아니라 동아시아의 '일본'이 되어 아시아 대륙에 종속적인 '매판' 노릇을 한다면 이는 워싱턴 측으로서는 악몽이 될 것이다.

현대 일본의 경제·정치·사회 위기는 흔히 전후 미국의 점령 기간 중 형성된 종속 구조에(그리고 자신의 목적을 위해 일본 엘리트가 이를 받아들인 데) 있는 것으로 간주된다. 일본의 민족주의는 따라서 국가에 대한 구호와 상징에 대한 과도한 강조가 (미국에 대한) 군사적·정치적 종속과 결합되었다는 의미에서, '매판적' 또는 '기생적인' 신민족주의의 굴절된 형태로 이해되어 왔다.[36] 이런 측면에서 일본이 제 발로 설 때, 그리고 워싱턴의 것이 아닌 독자적인 국가적·지역적·세계적 이해의 우선권을 가질 때, 일본 문제는 비로소 해결될 수 있으며, 지역 질서가 안정적으로 확립될 수 있을 것이다. 흥미롭게도, 일본의 상당수 전직 고위 관리들이 바로 이같은 견해를 피력하기 시작했다.

전 유엔 대사와 경제협력개발기구(OECD) 사무차장을 지낸 다니구치 마코토(谷口誠)는 일본 외무성 내부의 짝사랑식 '미국 추종' 사고방식을 전면 재검토할 것과 아시아 중심의 다자 외교 정책을 채택할 것을 촉구했다. 다케오카 가쓰미(竹岡勝美) 전 방위청 관방장은 동아시아에서 일본을 침략할 만한 능력이 있는 나라는 없으며, 따라서 미국이 9·11에 대응하여 채택한 많은 조처들, 이를테면 양국간 동맹을 '일본의 방위' 체제로부터 지역적·세계적 협력 체제로 점진적으로 전환시키는 것과 같은 조처들은 '순전한 군사적 광기'라고 주장한다. 2003년 6월 일본 국회에서 압도적 다수의 지지로 유사 법안이 통과했을 때, '유사(有事)'는 명백하게 한반도를 상정한 것이었다. 유사 법제의 입법은 한반도에서 실제 일이 벌어질 경우 미국을 지원하기 위해 일본군을 동원하는 길을 분명하게 열어놓았다.[37] 일본의 군사력 보유 및 행사권에 대한 제한을 제거하고 핵 무장을 할 수 있도록 헌법을 고치는 일이 현안으로 대두했다.

전 방위청 사무차관 아키야마 마사히로(秋山昌廣)는 "일본이 미국의 진정한 파트너가 되기 위해서는 필요할 때 확실한 조언을 할 수 있어야 한다"고 주장했다. 2002년 8월6일, 원폭 투하 기념일을 맞아 행한 연례 성명에서, 히로시마 시장은 "미국 정부는 우리들에게

팍스 아메리카나를 강요하거나, 또는 세계의 운명을 일방적으로 결정할 권리가 없다"라고 주장했다.[38]

　민간 부문에서는, 미쓰이물산 전략연구소 소장 데라시마 지쓰로(寺島實郎) 또한 일본의 당면문제가 지난 50년 간 미국의 렌즈로 세계를 바라본 데 기인한다고 보았다. 데라시마는 부시 정부의 외교 정책 독트린 하에서 일본에 상당 기간 큰 혼돈의 시기가 도래할 것을 예견하면서, 도쿄가 그 자신의 독자적인 독트린을 개발하고, 장기적으로는 미군의 일본 영토 주둔을 종결시키는 쪽으로 움직여야할 시기가 왔다고 믿었다.[39]

　두 나라의 대중적 정서 사이의 간극은 넓어지고 있다. 2003년 이라크에 대한 미국 주도의 전쟁이 터졌을 때, 일본에서 이라크가 위협이 된다고 생각하는 사람은 거의 없었다. 사실 일본인의 절반은 미국 자체가 세계 안보에 나쁜 영향을 끼치고 있다고 대답했으며, 전체의 14%는 실제로 미국을 일본이 당면한 위협으로 보았다.[40] 일본 정부는 워싱턴 측 요구에 서둘러 응했지만, 미국의 이해에 굴복한 비겁함에 대해 일본 여론의 불만과 불안감이 크게 고조됐다.

　일본 일각에서는 워싱턴의 압력을 환영했던 사람들도 있다. 1999년 3월, 방위청장관 노로타 호세이(野宮田芳成)는 일정한 조건 하에서, 일본의 자위력 권한(평화 헌법 제9조의 상당히 엄격한 조건에도 불구하고, 일본 방위청은 군사력 보유를 '고유의 권리'로 주장하고 있다)은 선제공격권까지 포함해야 한다고 주장했다. 전후 맥락상 이는 그가 북한을 상정하고 있음이 분명했다. 그의 후임 이시바 시게루(石破茂) 방위청장관은 지난 2003년, 북한이 일본에 대한 공격을 준비 중일 경우, 일본이 북한의 미사일 기지를 선제공격하는 것은 정당하다고 말하면서 똑같은 입장을 되풀이했다. 현재 '신세기 안전보장 체제를 확립하는 젊은 의원 모임'에는 일본 국회의원 백 명 정도가 참가하고 있다.[41]

일본 방위청 정무차관 니시무라 신고(西村眞吾)는 1999년 10월, 그 가능성을 다시 제기했다. 저명한 보수파 학자인 나카니시 데루마사(中西輝政) 교토대학 교수는 북조선의 위협 때문에 일본의 핵무기 개발은 정당하다고 주장했다.[42] 여론조사 결과는 일본인들 사이에 두려움과 불확실성이 상당히 높은 것으로 나타났다. 이같은 불안감은 북한 자신의 불안감이 높아질수록 덩달아 높아질 공산이 높다. 선제공격 가능성에 대해 두려워하면 두려워할수록, 북한이 비록 자살행위나 마찬가지가 되더라도 선제공격에 호소할 공산은 그만큼 높아진다. 핵무기에 대한 불평·불만의 목소리는 일본에서 훨씬 더 자주 들려왔다.[43] 2002년 후쿠다 야스오 내각 관방장관과 아베 신조 관방 부장관은 각각, 일본의 '비핵 3원칙'을 재검토할 때이며, 핵무기는 헌법을 위반하지 않는다고 주장했다. 2002년, 일본의 자유당 당수 오자와 이치로(小澤一郞)는 "만약 일본의 민족주의를 건드려 놓으면, 핵무기를 채택하라는 요구가 고개를 들 것"이라며, 중국은 일본을 자극하지 않도록 조심해야 할 것이라고 썼다.[44] 이들 모두가 여론의 동향을 나타내는 조짐 이상은 아니었지만, 2002년 7월17일 납치 문제 실토로 촉발된 북한에 대한 분노와 공포, 당혹스러움의 분위기는 향후 일본의 진로를 한층 더 예측하기 어렵게 만들었다.

북한과 일본의 지도자가 너무도 단명으로 끝난 합의에 도달한 2002년 9월의 그 날, 과거와는 근본적으로 다른 동 아시아의 미래가 잠깐 내비쳤다. 북한과 일본 양국의 화해와 정상화 및 경제 협력, 동 아시아 지역 전체의 비핵화와 비무장화, 남과 북의 협력 가속화(그리고 장기적으로는 통일), 그리고 딱딱하게 각질화 된 북한 유격대 국가의 해체가 바로 그 그림이었던 것이다.

핵 치킨 게임 : 북한과 미국의 대립

북한과 미국의 대결은 양쪽의 실력이 워낙 고르지 않아 적절한 선례를 찾으려면 성경을 뒤져야 할 판이다. 여기서 미국은 현대의 골리앗이라 할 만하지만, 북한은 결코 다비드가 아니다. 북한은 확실히 새총 이상의 무기로 무장하고 있다. 사실 이웃나라들은 이 시합이 필리스틴 사람들(현재의 팔레스타인 사람들·유태인과 앙숙이었으며 호전적인 것으로 알려짐)끼리 싸우는 것이라고 생각할 수 있고 이는 과히 틀린 말이 아니었다. 한쪽은 대량 파괴를 일삼는 듯한, 도저히 이해할 수 없는 정책을 추구하는 자그마한 나라이다. 다른 쪽은 전 세계적인 초강대국으로서 툭하면 선제공격을 외치고, 전 세계를 지배할 권리를 주장하는 나라다. 북한과 미국의 상호 적대 상태는, 그 효과가 동 아시아 지역에 재난을 초래하기 전에, 반드시 해소되어야만 한다.

이 대결과 관련해 근본적인 오해가 꽤 많이 존재한다. 북한이 적대 관계를 시작했다는 것, 북한은 핵 국가가 되려는 단호한 결심을 결코 거두지 않을 것이라는 믿음, 북한은 다른 '정상 국가'들과 달리 협상은 안중에 없이 오로지 엄포와 요구, 협박만 일삼는다는 것, 그리고 북한은 약속을 지키지 않는다는 것 등이다. 진실은 그러나 좀더 복잡하다. 그리고 이에 대한 책임은 다른 나라들도 널리 나눠지고 있다.

| 핵 억지력 |

지난 10년 이상 워싱턴에서는 북한의 핵 위협이 주요 이슈가 되었다. 반면 평양에서는 미국의 핵 위협이 지난 50년간 이슈가 되어왔다. 핵 시대에 북한의 독특함은 우선 북한이 핵을 대면한 방식과, 다른 어느 나라보다 오래 핵 위협의 그림자 아래에서 살아왔다는 데 있다. 한국전쟁 기간, 북한은 거의 간발의 차이로 핵무기에 의한 멸망에서 벗어났다. 1953년 정전 협정의 조인에 따른 안도감도 한순간에 불과했음이 입증됐다. 미국은 정전협정 4년 뒤, 핵폭탄과 핵지뢰, 핵미사일을 한국에 들여왔고, 이후 주기적으로 비무장지대에 인접한 곳에 핵 비축량을 늘려, 비핵국인 북한을 협박하는 수단으로 썼다. 1991년 이 핵무기들이 마침내 철수되었을 때에도, 평양이 생각했던 것처럼 위협은 거의 줄어들지 않았다. 미국은 이번에는 북한에 대한

장거리 핵 공격 연습을 공개적으로 계속했기 때문이다.[1]

수십 년간 핵 공격 위협에 직면했던 탓에, 평양의 생각이 핵 공격 가능성이 높아질 경우를 대비한 '억지력'을 개발하는 쪽으로 관심을 돌렸다 해도 이는 과히 놀라운 일이 아니다. 미국이 핵무기를 개발해 히로시마와 나가사키에 사용한 이래 여지껏, 세계에 소련(러시아) 영국 프랑스 중국 인도 파키스탄 이스라엘, 그리고 기타 잠재적인 핵병기 구성 국가들을 탄생시킨 원동력은 정확히 바로 이같은 위협과 그 대응 논리였다. 이들 중 어느 나라도 핵무기 없이는 불안감을 느낀다면, 핵 공격의 직접적인 위협을 그토록 오랜 기간 받아야만 했던 북한은 얼마나 더 크게 불안감을 느꼈을 것인가.[2]

북한은 천연 우라늄이 풍부하다. 핵에너지에 대해 낙관론이 팽배했던 수십 년 동안, 자신의 자원을 이용해 에너지 문제를 풀어보려는 전망은 매우 매력적인 것이었다. 1950년대 말부터 북한의 과학자들은 핵 기술을 배우기 위해 소련의 기관으로 보내졌고, 1960년대에는 작은 실험용 경수로형 원자로를 소련으로부터 지원받은 핵전력 연구 센터가 평양 북방 약 60마일 거리의 영변에 건설됐다. 1970년대, 북한은 국제원자력기구(IAEA)와 다양한 협정을 체결했으며, 1980년대부터는 가스냉각 및 흑연감속로의 건설이 시작되어, 1986년 완공을 보아 가동에 들어갔다. 북한 핵 문제의 핵심이 되었고, 현재에도 핵심이 되고 있는 것은 바로 이 원자로로서, 바로 이 타입의 원자로에서 나온 폐기물로부터 핵무기의 핵심 원료인 플루토늄이 추출되기 때문이다.[3] 1980년대 말 어느 시점에서, 북한의 흑연로가 가동을 시작하면서, 북한은 플루토늄 기반 핵무기 프로그램에 착수하기로 결정한 것으로 보인다.

1985년 북한은 비확산조약(NPT)에 서명한 국가가 되었다. 북한은 또 2개의 다른 원자로, 즉 각각 50 MW와 200 MW 용량의 원자로를 건설하기 시작했으며, 소련의 협력을 얻어 좀 더 큰 원자로 단지(각각 440 MW짜리 원자로 4개 규모)를 건설한다는 상당한 규모의 핵에너지 프로그램 계획을 세웠다. 하지만 자체의 경제 위기와 소련의 붕괴를 초래한 정치적 위기로 인해 후자의 계획은 결실을 보지 못하게 됐다.

북한은 전 세계에 자신은 다만 풍부한 천연 연료를 이용해 에너지 문제를 해결해보자는 것이라고 주장했지만, 의심과 의혹은 점점 더 커졌다. 북한 핵 설비는 실험 용도로는 지나치게 컸고, 플루토늄을 추출하기 위해 연료봉을 제거할 수 있게 의도된 몇 차례 의문투성이의 가동 중단 사례도 있었다. 더욱이 영변 시설에서 생산된 전력을 다른 지역으로 연결시켰다는 어떤 증거도 없었다. 인공위성 사진은 또 재처리가 진행 중인 과정을 보여주는 듯했으며, 1991년까지 소련의 KGB나 미국의 CIA 모두 북한의 핵무기 프로그램이 높은 단계에 도달했다고 결론 내리게 됐다. 1993년, 미국인들은 북한이 이미 1∼2개의 핵무기를 생산했을지도 모른다고 판단했다.[4]

그러나 1991년 소련이 붕괴됐다. 데탕트의 분위기가 감돌았고,

탈냉전의 세계는 많은 큰 문제들이 평화적으로 풀릴 수 있을 것이라는 희망을 가져다주었다. 북한은 남한에 있는 미국의 핵무기가 철수되기를 바랐고, 미국은 오래지않아 이에 동의했다. 국제 관계가 급속히 호전되면서 북한은 IAEA의 안전협정에 서명했고, 사찰단이 핵시설을 방문하는 데 동의했다. 1972년의 짧았던 데탕트 이후 최초로, 남과 북은 다시 일련의 중요한 합의에 이르렀다. 양측은 동시에 국제연합에 가입했다. 양측은 또 핵무기를 "실험, 제조, 생산, 수입, 보유, 보관, 배치 또는 사용하지 않음"은 물론, 이런 용도로 핵폐기물을 재처리하거나 우라늄 농축 시설도 사용하지 않을 것을 다짐한, 한반도 비핵화 관련 문서에 서명했다. 양측은 또 광범위한 '남북한 화해 및 불가침교류협력 협정'도 채택했다.[5] 북한은 또 자신의 숙적인 일본과의 관계 정상화 노정에 올랐다. 북한은 같은 해(1990년 9월) 일본 자민당의 가네마루 신(金丸信)이 이끄는 초당적인 정당 대표단을 맞아들였으며, 이때 대표단은 과거 일본 식민지 시대의 행위에 대해 공식적인 유감과 사과의 뜻을 밝혔다.

그러나 데탕트의 약속, 정상화 및 화해는 이행되지 못했다. 대신 한반도에는, 다른 곳에서는 이미 청산된 냉전이 끈질기게 살아남았고, 1992년부터는 오히려 심화됐다. 미국과 한국은, 새로 선출된 조지 부시 대통령과 노태우 대통령 체제 아래에서, 진일보한 조처를 취하기 전 북한이 먼저 핵 사찰을 만족스럽게 종료시키라며, 국면을 화해 분위기에서 최후통첩으로 일변시켰다. 한국과 미국은 북한이 곧 붕괴될 수도 있으므로 양보는 불필요하다고 생각하는 경향이 있었다. 북한으로서는, 자신이 핵 '억지력' 개발권을 그대로 유지하면서 동시에 오랜 적들과 데탕트를 꾀함으로써 새 질서에 성공적으로 적응해나갈 수 있을 것이라고 확신하면서, 심각한 판단 착오를 범한 듯이 보인다. 핵을 통한 국방력 확보의 긴급함은 소련의 핵우산을 잃어버리면서 최고조에 올랐다. 북한의 지도자들은 남아프리카공화국 브라질 아르헨티나 이라크 및 기타 여러 나라들이 각기 다른 시기에 심각한 문제없이, 다양한 핵 프로그램을 추구할 수 있었다는 사실을 알고 있었다. 그때까지는 NPT 체제 내에서 사찰 문제가 그다지 심각하지 않기 때문이다. 북한은 사찰 과정을 주의 깊게 조작하면 자기네도 문제를 피해나갈 수 있을 것으로 생각했다. 그러나 이같은 가정은 하자가 있었다. 북한이 채택한 방식은 안정적이지 못했을 뿐만 아니라 모순적이기도 했다.[6]

북한의 문제는 부분적으로는 시기 문제이자 또 기술의 문제이기도 했다. 북한만큼 미국으로부터 심하고 지속적인 적대감에 직면했던 나라가 없었듯이, 북한만큼 핵 프로그램 중단 압력에 과도하게 시달린 나라도 없었다. 안보를 확보하는 방법으로써 독자적인 핵 억지력을 갖는다는 것은 북한의 경우, 말 그대로 굉장한 위험이 수반되는 것이었다. 게다가 앞선 사찰 기술은 핵무기 프로그램을 성공적으로 은폐하는 것을 더욱 어렵게 만들었다. 1992년 5월, 사찰단이 도착하자, 북한의 영변 시설은 북한 당국을 깜짝 놀라게 할 정도로 정교함을 자랑하는 기술로 강도 높은 조사를 받아야만 했다.[7] 속임수는 더 이상 통하지 않으며, 데탕트로부터 얻을 수 있는 득이 그리 많지 않을 것이라는 점이 분명해지자, 북한은 격론 끝에 1993년 3월 NPT 탈퇴를 발표했다.

북한의 핵무기 개발은 두 가지 목적을 위한 수단으로 간주 되어 왔다. 첫째는 안보이며, 둘째는 세계와의 관계 정상화이다. 핵무기 없는 북한은 그저 빈곤하고 무의미한 나라일 뿐이었다. 핵무기가 있으면, 아니 핵무기가 있어야만, 북한은 미국과 일본의 이목을 집중시킬 수 있었다. 미국이 평양이 먼저 핵 프로그램을 포기하고, IAEA의 사찰에 따르기 전까지는 협상이 있을 수 없다고 주장하면서 양측은 상대방의 굴복을 요구하며 벼랑끝으로 내닫는 치킨게임에 빠져들었다.

1993년부터 1994년까지 위기는 꾸준히 심화됐다. 클린턴 정부의 국방부는 북한의 핵 시설을 공격하고 파괴하는 내용의 작전계획 5027을 구상했다. 이같은 공격은 "미국인 8만~10만 명을 포함해 백만 명 정도가 사망하고, 미국에 천억 달러가 넘은 비용이 들며, 재산 파괴와 기업 활동의 중단으로 인한 피해액이 1조 달러에 이르는" 전면전을 초래할 것으로 판단됐다.[8] 이같은 계산에서, 한반도의 상당 지역과 한반도 이외의 지역이 북한에 대한 공격, 또는 북한의 남한 핵발전소에 대한 보복 공격 등으로 오염될 경우, 그 피해가 체르노빌 원전 한두 개 또는 그 이상의 원전 사고와 맞먹을 것이라는 부분은 빠져 있었다. 고려 중인 전쟁에 대해 서울이 강력하게 반발하고 이를 거부하자, 미국은 협상으로 전환할 수밖에 없었다. 당시 대통령이었던 클린턴의 마지못한 동의 끝에 전직 대통령 지미 카터가 1994년 6월, 조선인민민주주의공화국 방문 특사를 맡아 1년 뒤 제네바의 '기본 합의'를 이끌어낼 협상을 중재했다.

| 기본 합의 |

이 합의에 따라 NPT 탈퇴는 철회되었으며, 북한은 2003년까지 새로 구성된 한반도에너지개발기구(KEDO)로부터 경수로 2기를 지어 넘겨받고 매년 기름 3백30만 배럴을 제공받는 대신, 플루토늄을 함유한 8천개 남짓한 사용 후 핵 연료봉을 원자로에서 수납하는 작업 등을 포함해 흑연로 프로그램을 전면 동결키로 했다.[9] 이 협상은 미국이 중심이 되어 성사시킨 것이지만, 거래에 따른 재정적 의무는 일차적으로 한국과 일본이 짊어져야 했다. 미국과 북한은 '정치 경제 관계의 완전 정상화를 추구하기'로 합의했다. 한편 미국은 '조선인민민주주의공화국에 대해 핵무기로 위협하거나 사용하지 않는다는 공식 보장'을 제공하기로 했다. 저명한 한국 전문가 돈 오버도퍼 Don Oberdoffer는 이에 대해 "평양은 세계에서 가장 잘 살고 가장 강력한 나라가 세계에서 가장 별 볼일 없는 나라를 상대로 협상을 벌이고 양보를 하지 않으면 안 되게끔, 핵 카드를 영리하게 이용했다"

고 말하기도 했다.[10] 잠깐 동안이나마 전쟁의 가능성도 사라졌다. 김일성은 마침내 카터와 마주 앉았을 때 놀랍게도 협상을 개시했다. 단기적인 위기 국면 타개용 협상은 물론, 항구적인 평화에 대한 협상도 가능한 것처럼 보였다.

북한의 에너지 위기는 이 무렵 매우 심각했다. 소련의 붕괴와 러시아 및 중국의 시장 원리 도입으로, 석유는 예전의 '우호국' 가격이 아닌, '시장' 가격으로 수입하지 않으면 안 되었다. 평양은 경제가 붕괴한 이래, 필요량을 충분히 사들일 수 없게 됐다. 석유가 고갈되면서, 에너지 의존형이었던 농업 부문이 덩달아 무너졌다. 핵에너지는 당시까지 프랑스와 일본을 비롯해 많은 나라들이 핵 발전 쪽으로 치닫고 있었지만, 경제적 의미는 대단치 않았고 채산성도 분명하지 않았다. 그러나 적어도 경수로는 기존의 흑연감속로에 비해 월등히 더 정교하고 매력적인 옵션이었다. 북한은 오랫동안 경수로 기술을 선호했으나, 엄청난 가격(원자로 1기당 약 10억 달러) 탓과, 실질적으로 모든 핵심 부품이 북한의 기술적 능력으로는 불가능했던 탓에 엄두를 내지 못하고 있었다. 언론인 돈 오버도퍼는 자신의 유명해진 계산에서, "5MW짜리 영변의 원자로가 순조롭게 가동될 경우, 미국의 사무실 5개동에 공급할 전력량을 생산할 수 있다. 그러나 표준형 경수로 2기는 2,000MW로서 이는 워싱턴 대도시 지역에 전력을 공급할 수 있는 양이다"라고 설명한 바 있다.[11] 1994년 최종 담판에서, 경수로 기술이 '고급'이며 값비싸다는 사실은 북한 측에 체면 유지용으로는 매우 매력적으로 비춰졌고, 비효율적인 흑연로를 잘 보관 처리하고 핵무기 개발 의지를 단념하는 데 대한 만족스러운 보상책으로 여겨졌다.

평양으로서는 기본 합의가 원자로 2기의 건설에 대한 대가로 자신의 핵 야망을 포기한다는 일방적인 약속이 아니라, 상호간 복잡한 약속의 그물이었다. 양측이 정치·경제적 관계의 완전 정상화를 추진한다는 조항과 미국은 조선인민민주주의공화국에 대해 핵무기를 사용하지 않는다는 공식 보장을 제공한다는 조항은 특히 중요했다. 하지만 북한과의 어떤 '협상'도 단호하게 반대하는 공화당 주도의 의회 반발에 부딪쳤던 클린턴 정부는 핵 기술이 북한에 완전히 양도되기 전, 북한이 동유럽 국가들처럼 내부 모순에 의해 붕괴될 것이라고 보기 시작했으며, 이후 북한과의 관계 정상화에 속 터지게 더디고도 주저하는 모습을 보였다.

기본 합의 5주년을 맞았는데도 아직 약속했던 경수로에 대해 공사가 착공조차 되지 못하고 있던 시점인 1998년 8월16일, 워싱턴은 북한으로부터 강력한 경고를 받았다. 북한이 광명성 위성을 발사했던 것이다. 비록 궤도 진입에는 실패했지만, 이 위성은 일본 측 상공을 극적으로 날아가 북태평양에 떨어졌다. 평양의 대륙간 탄도미사일 개발이 임박했음을 일깨운 이 사건은 워싱턴에 큰 충격을 주었다. 1994~1997년 클린턴 정부에서 국방장관을 지낸 윌리엄 페리

William Perry가 북한과 협상하고 정책에 대해 조언할 권한이 있는 특사에 임명되었다. 8개월간의 강도 높은 조사와 평양에 대한 직접 방문 끝에, 페리보고서는 평양이 비밀리에 핵 개발을 진행하고 있다는 의혹을 불식하고, '포괄적인 관계 정상화와 항구적 평화 체제의 확립'을 위해 단계적인 과정을 밟아나갈[12] 것을 권고했다.

김정일의 오른팔이며, 북한 인민군 차수이자 국방위원회 제1 부위원장 조명록과, 미국 국무장관 메들린 울브라이트의 교환 방문이 이뤄졌다. 북한의 완전 군복 차림의 조명록은 워싱턴에서 클린턴 대통령으로부터 우호적인 접대를 받았다. 이때 나온 북·미 공동 선언은 1994년 기본 합의를 재확인했으며, 양국 관계를 근본적으로 개선하고 한국전쟁을 종식시키는 데 대한 양측의 다짐을 새로이 할 것을 표명했다. 그러나 양국간 포괄적인 대타협이 이뤄지기 직전 이 중대한 국면에 시간 —— 또는 미국 대통령의 용기 —— 이 없었다. 클린턴 정부는 더 이상의 진전을 보지 못하고 끝났다.[13] 두 나라가 이처럼 대타협에 근접했던 때는 일찍이 없었지만, 몇 개월이 지나지 않아 극적 계기는 소실됐다.

| 다시 원점으로 |

조지 W. 부시 정부에서, 기본 합의는 클린턴 정부의 유화책 또는, 잘해봐야 핵 프로그램을 포기하겠다는 북한의 일방적인 선언에 불과한 것으로 여겨졌다. 2001년 9월 11일 이후, 미국의 태도는 한층 더 굳어졌다. 평양이 반테러 국제간 협약에 서명하고 유엔총회에서 테러를 반대한다고 선언하는 등, 국제사회의 분위기에 자신을 맞추려고 애쓰는 모습은 별 문제가 되지 않았다. 또는 2001년의 경우 미국 국무부가 북한에 대해, 1970년의 항공기 납치 사건에 연루된 나이 먹은 일본의 적군파 테러범을 숨겨준 것 이외에 북한이 국제 테러와 연계되었다는 어떤 증거도 찾지 못했다는 사실 또한 거의 고려되지 않았다.[14] 콜린 파월 미국 국무장관이, 북한에 대해 "스스로 정한 (미사일 발사 시험에 대한) 유예 결정을 준수하고, 케도(KEDO), 즉 기본 합의의 테두리 안에 남아 있다"고 계속해서 믿는 사실 또한 마찬가지였다.[15] 이 모든 사실들에 아랑곳하지 않고, 미국은 2001년 12월 의회에 제출한 핵 태세 보고서를 통해, 북한을 다른 수많은 비핵 국가들과 함께, 미국의 잠재적인 핵 공격 목표로 정해놓았으며, 그 뒤 2002년 1월, 대통령이 직접 북한을 '악의 축'의 일원이라고 불렀다. 대통령의 연두 연설에서 말한 '악의 축'은 백악관의 전 연설문 작성자 데이비드 프럼 David Frum이 확실하게 설명했듯이, 거의 우연의 소산으로, 북한이 갑자기 위협이 되었다기보다는 미국의 불량국가 사격장에 비이슬람 국가 하나를 줄 세우려는 희망에서 비롯된 것이었다.[16]

북한이 국제 의무를 위반했는지의 면에서 유죄이든 아니든, 엄연한 사실은 중대한 위반 행위를 먼저 저지른 쪽은 미국이라는 사

실이다. 맨 처음 한반도에 핵무기를 도입한 것, '모든 형태의 핵 무
장해제라는 정확한 결과를 성취하기 위해서는 신의 · 성실의 자세로
협상할 것' 이라는 비확산 조약 하의 의무를 진지하게 받아들이기를
거부한 사실, 그리고 북한을 자신의 핵 공격 리스트에 포함시킨 사
실은, 모두 비확산조약 위반이었던 것이다. 미국은 기본 합의의 각
종 조항도 위반하고 있었다. 미국은 우선 이미 계획된 경수로 건설
을 지연시켰다. 공사는 부지에 커다란 구덩이 몇 개를 파고 기초 공
사를 실시한 2002년에서야 겨우 시작된 터여서 2003년 완공 약속은
결코 진지하게 고려됐다고 할 수 없다. 미국은 또 관계정상화를 위
한 조처를 이행하는 데에도 성의를 보이지 않았다. 게다가 미국은
북한에 '불량국가' 와 '악의 축' 이라는 명찰을 붙여 위협했다. 평양
은 이런 일련의 사태를 '미국의 공격 의도' 를 나타내고 있는 것으로
해석했다.

　　북한이 설혹 비밀리에 스스로 핵 억지력을 갖는 단계까지 갔다
해도, 그것이 실제로 국제법이나 조약의 위반인지는 분명하지 않았
다. 국제사법재판소는 1996년, "극단적인 환경 하에서의 자위 목적,
즉 생존 그 자체가 문제가 될 때, 한 국가의 핵무기 사용이 합법적인
지 불법적인지에 대해 명확한 결론을 내릴 수 없다"고 말한 바 있
다.[17] 기본 합의는 영변원자로 가동과 사용 후 핵연료봉의 재처리만
금지시켰고, 평양은 이를 준수했다. 다만 우라늄 원심 분리 장치를
파키스탄으로부터 구입한 일은, 남북간 한반도 비핵화 선언에 대한

명백한 위반이었다.

북한의 관점에서 볼 때, 세계는 핵에 관한 한 위선으로 가득 차 있다. 비핵 국가는 핵폭탄을 보유한 강대국에 따를 수밖에 없다. '핵 클럽'에 가입하면 현재의 핵클럽 회원국들로부터 존중받을 수 있지만, 핵클럽에 들어가려 하는 국외자들은 멸망의 화를 부를 수도 있다. 워싱턴은 북한이 어떤 종류의 핵 계획(그리고 실질적으로는 재래식 전력에 대한 감축까지)도 거부할 것을 요구한다. 하지만 미국은 7천6백 50개의 핵탄두(대부분은 '전략' 핵탄두이며, 히로시마에 사용했던 것보다 훨씬 더 강력함)를 실전 배치하고 있으며, 이밖에 3천6백 개의 추가 핵탄두가 예비용으로 비축되어 있거나 분해 작업을 기다리고 있다.[18] 미국은 포괄적 핵실험 금지조약(CTBT)과 ABM조약(탄도탄 요격미사일 수와 전개 지역, 발사대 등을 제한하는 조약), 생물무기협약, 국제형사법원(ICC), 지구온난화에 대한 교토협약에서 탈퇴한 상태다. 미국은 또 우주 공간에서의 우세를 포함한 핵 패권을 추구하겠다는 의사를 표하고 있다. 미국은 집속탄(cluster bomb)과 '데이지 커터'(daisy cutter·비산성 대인 폭탄), 그리고 열화우라늄 폭탄 등 새롭게 개발된 테러무기 및 대량살상무기를 '재래식 무기'로 실전 배치하고 있다. 미국은 또 차세대 핵 장착 '벙커 버스터' 폭탄(지하 군사 시설을 파괴하기 위해 개발 중인 신형 폭탄)과 지구상 어느 곳이든 공격할 수 있는 우주-기반 무기 체계를 개발 중이기도 하다. 미국은 자신의 적을 암살하거나, 적에 대해 선제공격할 수 있는 권리를 주장하고 있으며, 자신의 행위나 자국민의 행위를 심판할 수 있는 국제 법정의 그 어떤 사법권도 인정하기를 거부하고 있다. 미국은 지난 30년 동안, "핵무장해제를 위해……신의 · 성실의 자세로 협상을 꾀한다"라는 1968년 비확산 조약 제6조하의 의무를 무시해왔으면서도(이는 따라서 조약에 대한 '실질적인 위반' 상태다), 한편으로는 다른 나라에 대해서는 엄격한 준수를 강조하고 있다. 그러나 이 모두는 미국의 입장에서 보면 전혀 '깡패 짓'이나 '악'이 아니다. 평양은 미국이 일관되게 스스로 법 위에 군림하고 있으며, 실질적으로 아무런 제한 없이 세계에서 자신의 이익을 추구하기 위해 폭력을 행사할 권리를 스스로에게 부여하는 한편, 이에 반대하는 편을 '테러주의자'로 낙인찍는다고 생각한다.

조지 부시 대통령 임기 중 북미 관계는 지금까지 3번에 걸친 극적이고 논란 많은 조우에 의해 특징 지워진다(2005년 이전 기준). 바로 2002년 10월의 평양 만남, 같은 해 4월 베이징의 만남, 그리고 다시 2003년 9월 베이징의 만남이 바로 그것이다.

| 평양, 2002년 10월 |

일본 고이즈미 총리의 평양 방문 몇 주 후인 2002년 10월3일, 미국의 제임스 켈리 James Kelly 국무차관보가 대통령 특사로 평양에 파견됐다. 그의 방문은 북한이 한국 및 일본과 빠르게 관계를 개선하는 상황에서 이뤄졌으며, 그같은 모멘텀을 급히 반전시키는 효과를 낳았다.

켈리는 협상하러 간 것이 아니라 북한의 나쁜 행동 증거를 가지고 북한과 대결하러 갔다. 그는 북한의 비밀 우라늄 농축 프로그램 증거를 들이대며, 북한에 대해 "대량살상무기 프로그램은 물론, 탄도미사일의 개발과 수출, 주변국에 대한 위협, 테러 지원, 북한 인민에 대한 개탄할만한 대우를 비롯해 광범위한 이슈에 대해 행동을 고치라"고 북한에 요구했다.[19] 미국의 최초 평양 특사 윌리엄 페리가 클린턴으로부터 받은 데탕트라는 올리브나무 가지를 가지고 간 곳에, 켈리는 부시로부터 받은 최후통첩을 들고 갔다. 그는 북한이 혐의를 부정하기를 분명하게 바랐다. 그러나 놀랍게도 강석주 제1 외교부상은, 어찌됐든 켈리에 따르면, 우라늄 농축 프로그램과 "그보다 더 강력한 무기"도 보유하고 있음을 인정했다.

회담 분위기에 대한 미국 측 설명은 무엇보다 북한이 세계에 대한 임박한 '위협'이라는 느낌을 주게 했다. 하지만 워싱턴 측의 설명은 훗날 이라크 전쟁의 경우 때 못지않게 회의적이며 주의 깊게 정밀 조사를 해볼 필요가 있다.[20]

우라늄 농축에 대한 의혹은 영변원자로 사용 후 핵 연료봉으로부터 플루토늄을 처리하는 문제와 관련된 기존의 의혹과는 전혀 별개의 또 다른 문제이다. 플루토늄이 나가사키형 핵무기를 위한 물질이라면, 농축우라늄은 이보다 더 초보적인 히로시마형 무기를 위한 물질이다. 워싱턴은 자체 플루토늄 기반 무기를 생산하는 데 성공한 파키스탄이 대략 1999년, 우라늄 농축에 필요한 원심분리기를 북한에 넘겼다는 내용의 정보를 입수한 것만은 분명하다. 북한은 이미 플루토늄 기술에 관한 한 선진국에 다다른 상태였기 때문에, 원심분리기를 반입함으로써 실제 플루토늄 프로그램은 감추려 했을 수 있다. 북한은 그 뒤 자기네는 농축 프로그램은 없다(원심분리기가 있음을 부정하지는 않았다)고 주장했다. 가스 원심분리기는 상당량의 알루미늄 합금이 없으면 사용할 수 없으며, 정보 소식통들은 이 문제에 대해 평양이 이같은 알루미늄 합금을 획득할 능력이 없었다는 쪽으로 결론을 내리고 있다.[21] 북한은 훗날 유엔에서는 우라늄 농축 장치를 구입한 것은 사실이지만 가동하지는 않았다고 일부 사실을 인정했다.[22]

그러나, 전 세계 언론들은 평양이 실행 중인 핵무기 프로그램이 있음을 '시인' 했다고 일면 머리기사로 보도했으며, 이같은 '시인' 보도로 평양의 신용도는 의심할 여지없이 실추됐다. 2002년 10월16일, 백악관 대변인 숀 맥코맥 Sean McCormack은 평양이 기본 합의를 '실질적으로 위반' 했다고 발표했으며, 워싱턴은 즉각 동북아 동맹국들이 북한의 합의 준수를 강제하기 위해 정치적·경제적 압력을 가하는 데 협조해 나가기로 했음을 강조했다. 대북 협상 경험이 풍부한 케네스 퀴노네스 Kenneth Quinones는 "이는 평양을 압박해 전쟁 상태까지 가도 좋다는 식의 생각을 가진 워싱턴 '강경파' 들의 입지를 강화시켰다"라고 평가했다.[23] 북한의 '시인' 은 또한 별다른 진척을 보이지 못하던 경수로 건설 공사를 중단시키는 구실로도 이용됐다. 2002년 11월14일, 미국의 강력한 압력 하에 한반도에너지개발기구 이사회는 계절이 막 겨울로 접어들기 시작했는데도, 북한에 절대적으로 필요한 연료유(중유)의 공급을 중단하겠다고 발표했다. [24]

그러나 강석주가 정확히 무엇을 시인했는지는 분명하지 않다. 그는 평양 측 최고 협상가이며 1994년 기본 합의 북한 측 서명자였다. 어쩌면 그는 영수증 복사본 또는 파키스탄과 거래한 다른 문서상의 증거를 보고, 원심분리기의 보유 사실만큼은 인정하지 않으면 안되는 상황에 있었을지 모른다. 하지만 강석주의 시인이 그 자체로 반드시 '실행중인 핵무기 프로그램'이 되지는 않는다. 왜 그는 북한은 "이것을 갖고 있으며, 이보다 더한 것도 할 수 있다"는 식으로, 일부러 더 미국에 맞서는 자세를 취했을까? 북한 중앙통신의 공식 성명은, 대화에는 관심이 없고, "우리식 사회주의를 파괴하려는 일에만 열심인, 극도로 고압적이고 교만한" 켈리를 맞아, "조선인민민주주의공화국은 공화국 주권과 미국의 그 어떤 핵 위협 앞에서도 존재할 권리를 지키기 위해, 핵무기 뿐 아니라 그보다 강력한 그 어떤 무기도 보유할 권리가 있음을 명백히 했다"고 서둘러 발표해버렸다. [25] 북한 외무성의 한 관리는 "우리는 처음부터 농축우라늄을 사용한 핵무기 프로그램에 대한 미국 측 주장을 부인했음을 나는 분명히 밝힌다"고 말했다. [26] 베이징회담 몇 주 후, 「워싱턴 포스트」의 돈 오버도퍼 Don Oberdorfer가 평양을 방문해 켈리가 만났던 북한 관리들

상당수를 다시 만나 '9시간 이상 대화'를 가졌을 때, 북한 관리들은 켈리의 널리 알려진 설명을 격렬하게 부인했다. 강석주는 외무성 성명 내용이 켈리에게 자신이 말했던 내용을 정확하게 되풀이 한 것이라고 주장했다.[27] 오버도퍼는 또한 (북한 핵 문제는) "평화적 해결을 위해 여전히 넓게 열려 있다"는 자신의 강한 인상을 피력했다(워싱턴 측의 공식 반응은 이를 부인).[28]

그러나 1994년의 기본합의는 플루토늄과 관련된 영변원자로와 사용 후 핵 연료봉만 동결시켰을 따름이다. 사실 평양은 국제원자력기구로부터 사찰을 받는 의무를 받아들이기도 했다. 다만 그 시점만은 케도(KEDO) 원자로의 '주요 부분'이 완공되고, '핵심적인 부품'이 전달되었을 때로 한정되었다. 케도 원자로는 예정했던 공사 일정에 상당히 뒤쳐졌기 때문에, 켈리의 방문이 이뤄지던 시기, 평양은 국제원자력기구에 대한 의무를 위반한 상황이 아니었다.

서울에서는 상당수가 워싱턴이 평양에서 논의됐던 것에 대해 '뭔가를 오해'하고 있거나, 심지어 교묘하게 왜곡하고 있다고 생각했다.[29] 한 가지 가설은 (강석주가 말한) '핵무기보다 더 강력한' 무엇인가가 미국이 가정하는 것과 같은 '막가파' 식의 사악한 화학무기나 생물학무기 프로젝트라기보다는, '당과 인민의 총단결'된 힘을 보여주려는 수사적 언급이었을 수 있다는 것이다. 김대중 정부 시절 청와대 보좌관이었던 한 인사는 미국이 북한의 우라늄 프로그램을 공개한 시점에 의문을 제기했다. 이때는 고이즈미의 방문으로 평양과 도쿄간에 잠시나마 해빙 무드가 조성됐고, 남북한의 경제 협력 분야도 빠른 진전을 보이고 있을 때였다는 것이다.[30] (남북한 철도 연결 사업이 대표적). 그렇다면 워싱턴은 남북간, 그리고 북일간 평화와 화해가 이뤄지기를 바라지 않았던 것일 수도 있지 않을까? 이 인사는 되물었다.

이때의 시점에서 북한 최대의 위반 사항은 원심분리기의 구입이었다. 플루토늄 원자로와 재처리 시설은 동결되어 있었다. 켈리의 모욕적인 발언에 기분을 상한 데다, 동시에 경수로 공사와 중유 수입이 중단 위기를 맞자, 평양은 이 해 12월 국제원자력기구의 감시 카메라를 떼어내고, 봉인을 제거했으며, 사찰단원들을 가동 중지했던 흑연로 시설로부터 추방시켰다. 2003년 1월9일, 북한은 핵 비확산 조약에서 탈퇴하고 곧 영변원자로를 재가동할 것이라고 발표했다. 북한은 발표에서, 자신들의 행동은 제네바에서 시작한 국제 합의를 더 이상 믿지 못하게 됐기 때문이라고 말했다. 결과적으로 북한은 심각한 에너지 문제를 스스로 알아서 해결해야만 됐다. 북한은 '현재, 원자로는 순전히 에너지 생산 목적으로만 가동되고 있다'고 주장했지만, 주변국들은 플루토늄이 규제 없이 생산될 수 있다는 전망에 신경을 곤두세울 수밖에 없었다. 한편 (북한이 보유 사실을 인정한) 우라늄 기술은 히로시마형 원자폭탄 생산용이라는 것 외에는 그 용도에 대해 알려진 바가 없었다. 워싱턴은 북한을, 세계에 도전하고 지역 질서와 세계 질서를 위태롭게 만드는 '무법 정권'이라는 선전 강도를

서서히 높이기 시작했다. 평양은 미국의 주의를 사로잡고, 자기네의
관심사로 일을 진척시키는 유일한 길은 원자로 프로그램을 재개하는
것이라고 분명하게 결론 내렸다. 이어진 사건들은 평양이 옳았을 수
도 있음을 보여준다.

| 교착상태, 2002년 10월~2003년 4월 |

2003년 1월, 부시 정부는 대담한 '새 제안'에 대해 말하기 시작
했다. 평양은 아직 모든 핵 야심을 포기하고, 엄격하면서도 강제적인
사찰을 받아야만 했지만, 만약 그렇게 할 경우, 경수로를 대체하는
화력발전소, 식량 원조 제공, 미국의 무력 공격에 대한 모종의 안전
보장 조처 등 지원을 받을 수 있다는 것이다.[31] 하지만 이같은 제안
은 북한의 굴복을 전제로 한 것으로써, 적대적 언사까지 수반하고 있
었던 탓에 성사되기는 어려웠다. 이라크전쟁이 임박하면서 미국의
도널드 럼스펠드 국방장관은 '두 개의 전선'에서 싸워 이길 각오가
되어 있음을 되풀이 강조했다. 즉 이라크에서는 물론, 한반도에서도
동시에 전쟁을 수행하며 '한 전장에서 결정적으로 승리한 뒤, 신속하
게 다른 전장의 적을 패퇴시킬'자신이 있음을 강조한 것이다.[32] 북
한은 다시 한번, 한 개 내지 두 개의 핵무기를 보유하고 있으며, 6개
에서 8개 이상 추가로 핵무기를 만들 수 있는 핵물질과 미 대륙에 도
달할 수 있는 사정거리의 미사일까지 가진 '테러 국가'로 비난받았

다.[33] 2003년 연두교서 연설에서 부시 대통령은 평양을 "국민을 기아와 공포 속에 살게 하는 억압적 정권"으로서, 이 정권의 '협박'은 결코 용납될 수 없다고 비난했다.[34] 장거리 폭격기와 항공모함이 출동명령을 받았다. 평양은 예상했던 대로, 미국의 제안을 '새 제안'이 아닌 위협으로 받아들였으며, 미사일과 기타 무기 실험, 또는 심지어 '무제한 수단의 사용'을 통한 선제적인 반격을 하겠다며 위협으로 맞섰다.[35]

2월13일 국제원자력기구 모하메드 알 바라데이 Mohammad El Baradei 사무총장은 북한이 "1993년 이래 안전보장 협정을 상습적으로 위반했다"고 단언했으며, 국제원자력기구는 투표를 통해 만장일치로 이 문제를 유엔안전보장이사회(이하 안보리)에 회부했다.[36] 중국과 러시아는 안보리의 어떤 움직임도 반대했다.[37] 이는 제재로 이어질 공산이 높았고, 안보리의 제재는 북한 당국에 따르면, '전쟁 선포'나 다름없었기 때문이다.[38] 어쨌든 평양의 IAEA 탈퇴는 비회원국들의 국제 규약을 어떻게 강제할 것인가 하는 문제를 제기했다.

위기가 커지면서, 북한 정권은 한해 전 평양에서 고이즈미와 회담할 때처럼, 공식적이며 국제적으로 구속력 있는 의무를 이행할 용의, 또는 엄격히 말해 이미 이행하고 있는 의무에 대해 존중할 용의가 있다고 밝혔다. 다만 북한은 미국이 자신의 존립에 대해 위협하기를 그만두고 관계를 정상화하는 쪽으로 움직일 때라는 단서를 달았다. 이는 1994년 북한이 했던 약속과 크게 다름이 없었다.

만약 미국이 불가침 협정을 통해 북한을 침공하지 않겠다고 약
속한다면, 조선인민민주주의공화국은 미국의 안보 우려를 덜어
줄 수 있다. 조선인민민주주의공화국은 비록 비확산조약을 탈퇴
했지만, 현재의 활동은 전력 생산이라는 평화적 목적에 국한되어
있다. 만약 미국이 조선인민민주주의공화국에 대해 적대 정책을
버리고, 핵 위협을 가하는 일을 삼간다면, 조선인민민주주의공화
국은 미국과 특별 검증을 통해 핵무기를 제조하지 않는다는 사실
을 입증할 수 있을 것이다. **39)**

미국 콜린 파월 Colin Powell 국무장관에게 이는 미국이 결코 받아
들일 수 없는 '협박' 또는 '불량 행위' 였다. 미국 관리들은 '공갈' 이
니 '협박' 이니 하는 단어들을 정기적으로 내뱉었다. 럼스펠드 장관
은 2003년 4월, "핵무기와 관련해 저들이 하고 있는 짓을 중단시키
기 위해 우리는 어떤 대가도 치를 용의가 없으며, 저들이 받아들일만
한 것들을 해줄 용의가 전혀 없다"고 말하며, 협상 가능성을 일축했
다. **40)**

평양은 물론 기분 좋을 리 없었다. 평양은 자신의 '가공할 군사
적 억지력' 에 대해 소름이 오싹 돋는 주장을 공공연히**41)** 떠벌렸으
며, "북조선과 미국의 전쟁은 북조선의 빛나는 승리로 끝날 것이며,
1백 시간 안에 북조선군은 크게 떨쳐 일어나 미국을 화염에 휩싸이게
하고, 종국에 가서는 '교만하고 사악한 제국' 의 숨통을 끊어놓게 될

것"이라고 호언했다. [42] 평양의 맞대응은 때때로 이처럼 살벌했지만, 기본적인 협상 태도는 놀라울 정도로 일관성을 유지했다.

부시 정부는 이따금 북한과 '언제, 어느 곳에서든, 전제 조건 없이' 대화할 용의가 있다고 주장했지만, 이는 북한에 '국제사회에 대한 의무를 어떻게 이행할 것인가'에 대해서, 그리고 사찰단을 다시 받아들이고 재래식무기를 감축하는 문제에 대해서 '통보'하는 것이었지 북한과 '대화'하자는 뜻은 아니었다. [43] 2003년 초, 교착상태를 풀기 위한 한국의 제안에 워싱턴은 북한과 협상을 '시작'할 생각이 없다는 발표로 거부의사를 표시했다. [44] 미국의 전직 고위 외교관이며 한반도에너지개발기구의 전 집행국장이었던 데사이 앤더슨 Desaix Anderson은 "외교는 본질적으로 다른 목적을 가진 쌍방간의 협상을 뜻한다. 외교는 강제만이 능사가 아니다……미국 정부는 김정일을 상대하는 데 아이들처럼 반응하는 식의 혐오감을 극복해야한다"라고 말했다. [45]

베이징, 2003년 4월

미국은 자신의 요구가 충족될 때까지 북한과의 '협상'을 거부한다는 입장을 고수하는 한편, (평양이 상당한 압력 하에서 마지못해 동의한) 전술적 변화를 꾀했다. 의사 교환의 무대가 양자의 틀에서 다자의 틀로 넘어간 것이다. 미국의 의도는 관련국들을 공동 전선에 묶어세워 북한에 집중적인 압력을 가하려는 것이었다. 특히 중국은 핵심 역할을 맡았다. 중국은 북한 석유의 50~80%와 식량 수입 분의 절반 이상을 공급하고 있는 북한 최대의 생명선이었기 때문이다.[46] 2003년 4월, 베이징에서 '3자 회담'이 열렸다. 중국은 워싱턴의 입장에서는 회담의 핵심 참가국이었지만, 북한의 입장에서는 중립적인 회담 주최자이자 회담의 관리자 정도였다.

이 회담에서 평양측은 문제해결을 위한 3단계 '로드맵'을 켈리에게 제시했다. 그 내용은 첫째, 북한은 미국의 불가침 보장(경우에 따라, 반드시 조약 형태가 아닐 수도 있음)을 요구하며 이에 상응하는 대가로 핵 및 미사일 프로그램을 포기할 것을 제안했다.[47] 둘째, 외교관계를 개설하고, 셋째, 경제 지원과 함께, 경수로 건설 및 조기 완공의 지연에 따른 북한의 손실을 보상한다는 것이다.[48] 미국의 켈리팀은 이 제안에 대해서도 무관심했다. 미국 측은 협상을 하기보다는, 다른 문제들을 논의하기 전에 평양이 핵 프로그램을 검증 가능한 방식으로 무조건, 그리고 일방적으로 포기할 것을 주장했다. 평양의 제안은 조지 부시 식으로 말하자면, '상투적인 공갈게임으로 돌아가는 것'으로 간단히 거부당했다.[49] 도쿄 주재 미국대사 하워드 베이커 Howard Baker는 북한 측 제안을, '냉정하고 인내력 있는' 미국에 대한, '그들의 모호한 성명과 과격한 언사, 그리고 내가 연속적인 도발이라고 부르는 것 등의 상투적인 혼합물'이라고 묘사했다.[50]

미국 측은 북한의 협상대표 리 근(당시 북한 외무성 미주부국장)이

휴식 시간에 켈리를 회담장 바깥으로 불러내, '우리는 그것들을 해체할 수 없다. 우리가 물리적 시위를 할지, 그것들을 바깥에 유출시킬지는 전적으로 당신에게 달린 문제' 라며, 핵무기의 존재를 실토했다는 취지의 일화를 유포시켰으며, 이는 즉각 전 세계에 알려져 센세이션을 일으켰다. 이 장면에 대한 또 다른 이야기는, 리 근이 핵무기를 테러분자들에게 팔겠다고 분명하게 위협했다는 것이다.[51] 이같은 엉뚱한 대화 내용의 진실성을 뒷받침할만한 구체적인 확증은 없었다. 중국 외교부 관리들은 이에 대해 아는 것이 전혀 없다고 부인했다. 하지만 또 다른 증언들은 전혀 다른 얘기를 전하고 있다. 이에 따르면, 리 근은 핵 보유에 대해서는 전혀 언급한 바 없고, 다만 미국의 도발이 계속될 경우, 북한이 '물리적 수단' 으로 대응할 수도 있음을 강조했다는 것이다.[52] 일본 언론 소식통은 이를 워싱턴의 강경파들이 북한과의 협상은 불가능하다는 인상을 심어주기 위해 교묘하게 추진한 계획적인 누설로 보고 있다.[53] 다시 말해, 실질적인 협상을 위해 실현가능한 토대를 마련해줄 수도 있는 북한 측의 일괄타결식 제안은, 2002년 10월 평양회담 때와 흡사한 방식으로, 사적인 자리에서 있었다는 불확실한 위협으로 산산조각이 났고, 실제 위협을 가했을 것으로 추측되는 사람들에 의해 오히려 거부당한 것이다.

세계 유수 정보기관들이 집중적이고 강도 높은 추적을 했지만, 2003년 시점에서 북한이 핵무기를 개발했거나 개발 중일 것이라는 사실을 분명하게 밝히지는 못했다. 2003년 1월 미국 중앙정보국은 북한이 '한 개 또는 두 개'의 핵무기를 가졌을 것이라는 장기간의 입장을 수정해, 북한이 '최소 한 개 또는 어쩌면 두 개를 제조할 수 있는 양의 플루토늄'을 갖고 있다는 정도로만 말했다.[54] 다시 말해, 이전의 10년 이상 미국이 되풀이 이용했던 정보는 부정확했던 것이다. 한국은 대통령 자신의 입을 통해, 북한이 그런 무기를 갖고 있는지에 대해 "확실한 증거는 없다"는 생각을 거듭 밝혔다.[55] 러시아 전문가들은 북한이 핵무기를 생산할 군사적·경제적 능력이 있다는 사실에 대해 일관되게 부정했다. 한편, 2003년 6월, 미국 정보기관은 "북한이 핵 기술과 미사일 기술을 결합한 최고급 무기 프로젝트"에서 급속한 진전을 보이고 있다며, 1년 안에 핵무기 모형의 개발에 성공할 수도 있다고 주장했다.[56]

하지만 한국과 러시아 측 주장처럼, 북한의 핵 프로그램은 실질적인 내용이 있다기보다는 교묘한 위장에 불과하다고 보는 편이 더 그럴듯하다. 미국은 오로지 핵무기만 신뢰하거나 두려워하는 데다 핵무기를 보유하고 있다고 되풀이 고발되는 상황에서, 북한은 미국에 엄포를 놓으며, 실제로는 핵이 없는 데도 '보유하고 있다'고 주장했을 공산이 있다. 그럴 때 이같은 엄포는 위험천만한 게임이다. 양측이 서로를 노려보며 검을 휘두르다 보면, 양측 모두 뒤로 물러서기가 더 어려워진다. 교착상태가 계속될수록, 선택의 여지는 두 개로 좁혀질 공산이 높아진다. 전쟁이냐, 아니면 핵 무장한 북한이냐인 것이다.

2003년 5월말부터 6월초 사이, 공화당의 커트 웰던 Kurt Weldon을 대표로 한 6명의 미국 의회 대표단이 양측의 관심사를 충족시킬 수 있는 다양한 방안들을 논의하기 위해 평양을 방문했다. 웰던은 귀국길에서, 지금은 잘 알려진 평양의 탄원 내용을 공개했다. 평양이 원하는 것은 무엇보다 불가침 협정이라는 것이다.[57] 회담 결과를 기초로 해, 웰던 팀은 1년짜리 불가침조약을 체결하는 조건으로, 평양 측이 공식적이고 검증 가능한 방법으로 핵무기와 핵 연구 프로그램을 포기하는 대신, 미국은 외교적으로 북한을 승인하고, 미국·한국·일본·러시아·중국이 참여하는 상당 규모의 대북 지원을 제공하는 방안을 제시했다. 이들의 제안은 평양으로부터 '긍정적인 반응'을 얻었지만, 정작 워싱턴에서는 찬물만 뒤집어썼다.[58]

웰던은 또 미국에 대해 북한이 지난 1994년 이후 보관 중이던 8천여 개의 플루토늄 연료봉에 대한 재처리 작업을 '완료'했다고 말했다고 전했다.[59] 이것은 명백히 사실이 아니었다. 한국 정보 당국은 같은 해 10월, 전체 작업의 1/3만 겨우 완료된 것으로 평가했기 때문이다.[60] 평양은 쉽게 말해 워싱턴에 허세를 부려 자기네 핵 프로그램이 실제보다 훨씬 더 진전된 상태인 것으로 믿게끔 안간힘을 쓰고 있었던 것이다. 양측의 심리전이 격화하면서 둘 중 어느 쪽 주장이 옳은지 판단내리기가 더욱 더 어려워졌다.

평양의 중앙통신이 최초로 핵 억지력을 보유하겠다는 계획을 언급했을 때, 그와 같은 언급은 과연 사실이었는가, 아니면 허세였는

가? 이 '억지력'은 누구를 '직접 겨냥해 위협하거나 공갈치는 것'이
아니라, 재래식 무기에 대한 지출을 줄이려는 추가적인 목적만 있는,
순수하게 방어적인 용도여야 함은 물론일 것이다.[61] 윌리엄 페리는
북한 측의 이같은 발표를 매우 심각하게 받아들였음에 틀림없다. 그
는, 2003년말까지 북한이 핵무기를 6~8개 가질 수 있고, 매년
5~10개까지 계속해서 생산할 능력이 있으며, 2010년말에 가서는
45개의 핵병기를 갖게 될 수도 있다는 '최악의 시나리오'를 내놨던
것이다.[62] 윌리엄 페리는 상당 부분 책임이 자국의 대통령에게 있다
고 결론 내렸다. "나는 대통령이 김정일은 사악하고 혐오스러우며,
그래서 그와 협상하는 것을 부도덕하다는 결론에 이른 것이 아닌가
생각한다"라는 것이다.[63]

대치 국면이 계속되고, 잠시나마 북한에 대한 '외과 수술'식 폭
격 가능성이 배제되면서, 북한을 불안에 빠트리려는 미국의 노력은
오히려 적극적으로 모색되었다. 미국은 소수 탈북 난민에게 적극적
으로 문호를 열어놓았다.[64] 또 재정 지원과 사면을 제공함으로써 고
위급 탈북자의 망명을 신중하지만 적극적으로 권장하기로 방침을 정
한 듯했다.[65] 과거 뇌물 공세를 통해 북한을 뒤흔들려 했던 한국 정
부의 노력은 1997년, 남측 당국과 접촉했던 일단의 북측 관료들이
숙청 또는 처형되는 역풍을 맞은 바 있다.[66] 그러나 2003년 초반의
보고들은, '북한 핵 프로그램의 아버지 경원하 박사'를 비롯해,[67]
북한의 고위 관리나 과학자들이 북한을 성공적으로 빠져나오고 있음

을 보도했다. 북한의 불안정을 촉진시키기 위해 정보 당국의 정보가 조작되고 있을 가능성도 물론 있다. 켈리 특사에 대한 보도처럼 논란의 여지가 있거나 확인되지 않은 정보가 누설된 것이 좋은 예다. 기존의 탄도미사일에 장착할 수 있는 소형 핵무기의 개발에 관한, 또는 지금까지 알려지지 않은 두 번째의 비밀 핵무기 생산 장소에 관한 보고는 사실로 밝혀질 수도 있지만, 다른 한편으로 이같은 선전전의 일환으로 판명날 수도 있다.[68] 이라크전을 정당화하는 데 사용됐던 유사한 보고들이 훗날 후자 쪽으로 판명 난 마당이어서, 의혹을 피해가기는 더욱 더 어렵다. 좀 더 극단적인 형태의 불안정화 작전도 검토 중인 것으로 알려진다. 금융망을 파괴하고 역정보를 퍼트리는 계획과 더불어, "북한의 제한된 자원을 낭비케 하고, 군대에 긴장을 가하며, 북한군 장성들을 지도자에게서 등을 돌리게 할 정도로 혼란을 가중시키게끔" 설계된 기동전을 편다는 것이다.[69]

이같은 비밀 동요 프로그램과 병행해 부시 정부는 주변 국가들이 북한을 압박하고 궁극적으로는 김정일정권을 무너뜨리게끔 공동 전선을 형성하는 데 외교력을 집중하기 시작했다. 연료용 석유의 공급 중단, 정찰 비행의 집중, 폭격기 동원, 전쟁 준비의 강화(한국에 대한 최신무기 판매 포함) 등은 압력을 점진적으로 증가시켰다. 국제 합의를 공조·실행하고, 핵무기나 미사일 관련 화물을 싣고 있을 것으로 의심되는 북한(또는 기타 국가) 선박에 대한 나포 등을 논의하기 위한 '확산 방지 구상(PSI·Proliferation Security Initiative)' 회의가

2003년 6월초, 호주에서 열렸다.[70] 일본 항구를 드나드는 북한 화물선과 어선은 이미 엄중한 감시를 받고 있었지만, 이제 북한은 자기네 선박이 심지어 공해상에서도 강제로 수색당할 수 있음을 알게 됐다.[71] 대북 송금(특히 일본 내 상당 규모의 한국인에 의한 송금)을 봉쇄하기 위한 조처가 검토되기 시작했다. 한국은 이미 철도 연결 사업을 포함해 각종 남북 경제 협력 사업들을 보류하도록 강한 압력을 받고 있는 중이다.

이라크에서 미국의 군사적 승리가 틀어지면서, 워싱턴 행정부 내에서 북한을 어떻게 다룰 것인가를 둘러싸고 분열이 점점 더 뚜렷해지기 시작했다. 국방부와 딕 체니 부통령실 및 그 주변에 주로 포진한 네오콘 이념파들은 '악'에 대한 '선'의 승리와 그 연장선에서 평양의 '정권 교체'에 열중해 있었다. 이들은 북한의 핵 또는 미사일 위협을 막는다는 제한된 목표를 추구하는 동시에, 그것이 협상을 통해 성취될 수 있다고 믿었던 국무부 내의 실용파와 대립했다. 미국 「뉴 요커 New Yorker」지의 노련한 기자 세이모어 허쉬 Seymour Hersh는 이라크전으로 줄달음치던 기간 중, 행정부의 한 내부 인사의 김정일에 대한 평가를 다음과 같이 인용하고 있다. "부시와 체니는 쉽게 그 자의 목을 노렸다. 협상에 관한 논의로 주의를 빼앗기지 말라. 협상은 있을 것이다. 하지만 그들은 계획한 바가 있고, 이라크 전이 끝나면 이 자가 그 다음 차례가 될 것이다. 그들에게 김정일은 히틀러나 다름없다."[72] 부시 정부 내의 네오콘파들은 어떤 수단을 써서라도 다시 말해 되도록 다른 수단을 쓰지만 불가피한 경우 무력으로라도, 김정일을 전복시키기로 결정내린 것 같다. 미국 국무부 군축 및 국제안보 담당 차관 존 볼턴 John Bolton (1기 부시 정부 때의 군축 및 국제 안보 담당 차관·UN대사로 나가면서 후임에 로버트 조지프가 임명됨) 은 북한을 '지옥과 같은 악몽' 이라며, 북한이 공갈을 일삼는 시대는 끝났다고 말했다. [73]

평양에 공감하는 편이라는 평판을 거의 듣지 않는 워싱턴의 주요 싱크탱크 중 하나인 브루킹스연구소의 분석가들은, 좀 더 온건한 노선을 요약하면서 다음과 같이 쓰고 있다.

북한은 과거 10년 동안 특별히 공세를 취하지 않은 채 한 개 또는 두 개의 핵무기를 갖고 있을 수 있다. 사실 전체적으로 보아, 북한의 대외 행동은 최근 몇 년 들어 상당히 개선됐다. 미 정부 자료에 따르면, 테러에 대한 지원 행위는 실제로 전무하다. 미사일 실험 유예 조처도 계속되고 있으며, 무기 수출은 상당히 감소했다. 북한은 또 10년 전 일본 국민에 대한 납치 관련 역사를 깨끗하게 정리하고 있는 중이다. 북한은 일정치 않고 느리긴 하지만, 한국, 일본, 미국 및 일반적인 외부 세계와 관계하고 있다. 확실히 북한은 미국 또는 미국의 동맹을 공격하지 않고 있다. [74]

워싱턴의 내분이 치열해지면서, 미국이 한데 묶으려고 했던 공동전선 회원국들 사이에서도 워싱턴 내분 이상으로 긴장이 뚜렷해지기 시작했다. 중국·러시아, 그리고 한국은 북한의 안보 관심사에 응답할 필요성을 강조했다. 자신의 역사 경험을 통해 필사적이고, 고립되어 있으며, 지도자를 숭배하고, 고도로 군사화된 정권이 봉쇄 또는 절대적으로 중요한 자원 공급을 중단당할 경우 과연 무슨 짓을 할지를 너무도 잘 아는 일본은 미국에게 협상을 거부하는 강경 노선을 재고하라고 촉구했다.[75] 「아사히신문」은 2003년 6월 "일반인들은 잘 알지 모르지만, 사실 도쿄는 워싱턴이 북한에 대한 정권 교체 계획에 비밀리에 입안해 실행하지 못하도록 가능한 모든 기회를 이용해 설득하고 있다"라고 보도했다.[76] 일본 외무성이 자발적으로 평양에 제공할 유인책들(안전보장과 중유 공급 약속)을 입안하자, 콜린 파월 국무장관은 일본이 미국 의중의 테두리를 넘어섰다고 판단했다.[77] 또한 한국도 협력을 골간으로 한 햇볕정책으로 맞섰다.

| 베이징, 2003년 8월 |

중국의 중재를 통해 제2차 베이징회담이 2003년 8월말 3일간 베이징에서 열렸다. 이번에는 러시아·일본·한국·미국·중국·북한이 참가한 '6자회담'이었다.[78] 세부 진행 과정은 비밀에 붙여졌지만, 회담이 끝난 당일, 적어도 대표들의 주요 입장에 대해 실질적이고 매우 정확한 설명을 발표한 쪽은 놀랍게도 북한의 중앙통신이었다.[79] 이같은 예상치 못했던 행동은 북한이 과거 평양회담과 베이징회담 때, 회담 진행 과정에 대한 미국 측 설명에 적절히 대응하지 못해 곤욕을 치렀다는 판단에 따른 것일 공산이 매우 높다.

회담의 기조 발언을 가장 길게 한 사람은 다름 아닌 제임스 켈리로서, 그는 '완전하고, 검증 가능하며, 돌이킬 수 없는 방식'으로 북한 핵 프로그램을 폐기하는 것에 대해, 그리고 '미사일, 재래식 무기, 위조 및 마약 밀매, 테러, 인권 및 납치' 문제에 대해, 북한과 (협상이 아닌) '회담할 준비'가 되어 있음을 거듭 강조했다. 그런 문제가 해결되어야만, 다른 문제로 옮겨갈 수 있다는 것이다. 평양 측의 핵심 요구인 불가침조약에 대해, 켈리는 '적절하지도, 필요하지도 않다'며 묵살했다. 이같은 비타협적인 개막사는 부시 정부의 입장에 전혀 변화가 없었음을 시사했다. 2002년 10월 평양에서 협상 상대에게 제임스 켈리가 그랬듯이, 북한의 협상 대표 김영일 외무성부상을 그 때와 똑같이 자극하기 위한 것이었는지도 모른다. 그러나 김영일은 자신의 기조 발언에서, 큰 외교 무대에서는 처음으로 '대담한 제안'을 내놓으면서, 북한이 통상 즐겨 쓰는 과장과 수사적인 용어 대부분을 과감하게 생략한 평이한 글을 사용했다.

한반도 비핵화는 조선인민민주주의공화국의 전체적인 목표이다. 핵무기를 갖는 것은 우리의 목표가 아니다. 한반도의 비핵화는 우리의 구상이었고, 우리의 일관된 자세였으며, 온 조선인

은 이를 실현하고자 열망한다. 그러나 미국은 자신의 길을 고집하
고 있다……

부시 정부는 조선인민민주주의공화국을 '악의 축'의 하나로,
그리고 '선제 핵 공격' 명단에 올리면서 핵무기를 쓸 수도 있다는
생각을 공개적으로 밝혔다. 이는 우리를 자극하여, 부시 정부가
힘으로 우리 체제를 억누를 것이라고 판단케 했으며, 이에 맞서기
위해 강력한 억지력을 건설해야 한다고 결론 내리게끔 했다. 우리
는 이에 따라 그 억지력을 보유하기로 결정했다. 우리의 억지력은
그 누구를, 합당한 이유 없이 공격하려는 것이 아니다. 그것은 우
리의 주권을 지키기 위한 자위 수단의 하나다.

우리는 미국이 우리에 대한 적대 정책을 전환하고, 우리를 위협
하는 태도를 취하지 않는다면 핵을 폐기할 수 있다. 미국이 더 이
상 우리를 적대시하지 않는다는 우리의 판단에 대한 기준은 조선
인민민주주의공화국과 미국 사이에 불가침조약이 체결될 때에만,
양국의 외교 관계가 열릴 때에만, 그리고 미국이 다른 나라와 우
리의 경제적 거래 관계를 방해하지 않을 때에만 제공될 것이다.

우리가 요구하는 불가침조약은 단순히 '안전보장'을 요구하는
것이 아니라, 양측 서명 당사국이 불가침을 공약하고, 이에 대해
법적 구속력을 갖는 불가침조약을 맺자는 것이다. 미국은 기본 합
의의 이행을 중단한 데 대한 책임을 피할 수 없다. 우리는 기본 합
의의 채택 이래 우리의 핵 시설을 동결한다는 의무를 완전하게 이
행해왔다.

조선인민민주주의공화국에 2002년 10월 부시 대통령의 특사로 왔던 켈리는, 당시 어떤 '증거'도 내놓지 못한 채, 위압적인 말과 거친 행동으로써 동방의 관습을 무시하면서 우리를 비판했다. 그는 우리가 비밀리에 기본 합의를 위반하고 우라늄 농축 프로그램을 추진해왔다고 주장했다.

이 점에 대해 우리는 비밀 핵 프로그램은 없으며, 다만 농축우라늄에 기반 한 것보다 더 강력한 핵무기도 보유할 권리가 있음을 명백히 했다. 우리는 일심단결을 포함하여 강력한 무기를 갖고 있다. 켈리의 평양 방문 뒤, 미국은 여론을 오도해, 우리가 비밀 핵 프로그램을 자인했다고 말하면서, 2002년 11월 연료용 석유 공급을 중단했다. 따라서 1994년 10월 체결된 조-미 기본 합의는 미국의 자국 공약의 이행에 대한 일방적인 거부로 무효화됐다.

조선인민민주주의공화국은 우리나라와 미국간 핵 문제 해결을 위한 조처가 동시 행동을 통해 이행되어야만 한다는 원칙을 지켜왔다. 이 행동은 한반도 비핵화를 실현시키는 현실적인 길을 제공한다.

회담 당사국들은 어떤 합의에도 이르지 못했으며, 심지어 최종 성명도 나오지 못했다. 회담 사흘째와 마지막 날 주최국 대표인 중국 외교부 부부장 왕이는 6개항의 '의견 일치 사항'을 발표했다. 그는 당사국들이 회담을 계속해 나가고, 한반도의 비핵화라는 목표에 어떤 해로운 행위도 하지 않기로 한 데 동의했으며, 당사국들은 북한의 안보 관심사에 상응하는 단계를 밟는 한편, 각 당사국들 간 격차를 메워나가기 위해 상호간 '평행적이고 동시적인 단계'를 밟아나감으로써 정당하고 현실적인 해결책을 찾기로 했다고 발표했다.[80]

이같은 회담 결과 발표는, 그때까지 단계적 수순을 통한 북핵 문제 해결을 '공갈에 대한 굴복'이라고 거부하며 반대했던 미국의 입장을 누르고, '평행적이고 동시적인'이라는 공식을 채택한 것이다. 이는 다시 말해, 평양이 먼저 무장해제를 해야 하며, 북한의 안전보장은 (켈리가 말한 것처럼) '적절하지도 필요하지도 않다'는 미국의 장기간 고수해온 입장을 거부한 것이다. 이는 워싱턴이 평양에 대한 다자적이고 불가피한 압력 수단으로 여겼던 6자회담 무대가 확실히 이와 다르게 변했음을 뜻한다. 6자회담 틀은 오히려 미국으로 하여금 근본적인 정책 변화를 하도록 압박하는 수단이 된 것이다. 협상의 중심 또한 워싱턴으로부터 미묘하게 이동했다. 베이징의 역할이 중대해졌으며, 베이징 – 서울 – 모스크바 라인의 중요성이 커졌다. 미국은 진행 과정을 전체적으로 조율하기는커녕, 오히려 회담이 끝난 뒤 비난에 시달렸다. 왕이는 최대 장애가 무엇이었는가라는 질문을 받자 "미국의 대북 정책, 이것이 우리가 당면한 최대의 문제다"라고 답했다.[81]

회담 당사국 중에서 같은 언어를 공유한 쪽은 오직 남 · 북한이었다. 흥미로웠던 사실은 북한 대표단이 미국 입장의 뉘앙스 이해에 어려움을 겪자, 남측 파트너와 개별회담을 갖고 이를 확인하기도 했다는 것이다. 다른 긍정적인 보도로는 한국과 러시아, 그리고 여러 미국인들(비정부 쪽)이 협력하여, 사할린 섬으로부터 한반도로 천연 가스를 끌어오도록 파이프라인을 건설함으로써 북한의 에너지 및 통신 문제를 건설하자는 논의에 관한 것도 있다. 이 계획은 동북아 지역 전체의 평화와 협력 분위기가 있을 때에만 실현 가능한 것이었다.[82] 북한을 통과해 철도를 연결·복원하려는 한국과 러시아의 관심은 잘 알려져 있었다. 이 외에도 남·북한 경제 대표들 사이에 경제 협력의 전체 범위를 둘러싼 집중적인 논의가 계속됐다.

| 협상이냐, 파국이냐? |

김정일정권을 옹호할만한 여지는 없다. 그러나 북한을 폭력적인 개입을 통해 변화시키려는 것은 문제를 풀기보다는 이라크와 아프가니스탄을 휩쓸고 있는 것과 같은 일종의 혼돈을 야기할 공산이 훨씬 더 크다. 여기서 문제는 궁극적으로, 한국민과 남북한만이 풀 수 있는 것이다. 한국민들이 문제를 풀 수 있는 전제 조건은 지금까지 너무나 오랫동안 대면하기를 주저하거나 무시해왔던 한반도의 '정상화'이다. 한반도는 아직 한국전을 끝낼 평화조약이 없다. 북한과, 북한의 장래와 동북아의 장래에 열쇠를 쥐고 있는 다른 두 나라, 즉 미국과 일본 사이에는 아직도 외교 관계가 없다. 더욱이, 지난 반세기 동안 북한 인민의 삶을 찌들고 마르게 했던 군사적 긴장 관계의 해소는 김정일 독재정권이 스스로를 지탱해 나가게끔 호조건을 조성했다.

제임스 켈리의 평양 방문 이듬해, 지난 10년간 동결됐던 시설들이 재가동되었다. 그런가 하면, 전부는 아닐지 몰라도 플루토늄 연료봉의 최소한 일부는 냉각조에서 꺼내어져 플루토늄을 추출했고, 아마도 핵무기로의 제조 과정을 밟고 있을 것이다. 1990년대 이래 잠복해 있었을 프로그램은 조지 W. 부시 정부가 미국의 수도 워싱턴에서 권력을 잡은 이후, 잇단 외교의 실패 결과로 활동이 재개됐을지 모른다.[83]

역설적으로 북한이 공격 의사를 가졌다고 비난하는 나라는 없다. 주변국들은, 일본이라는 제한적인 예외까지 포함해, 북한이 아닌 미국을 더 걱정하는 경향이 있다. 워싱턴만 빼고 대부분의 국가들은 서울의 통일부 주장에 찬동한다. "저들의 진짜 목표는 핵 개발 프로그램을 계속하자는 것이 아니라, 미국과의 관계에서 돌파구를 마련하는 것이다"라는 것이다.[84] 한 노련한 북한전문가에 따르면, 저들의 행동은 '비합리적인 벼랑 끝 전술'이라기보다는, '치밀하게 사전 계획된 강압 외교'로 이해하는 편이 더 낫다.[85] 외교적 해결 시도의 실패, 이라크가 정확히 대량살상무기를 갖고 있지 않았기 때문에 침공당한 것이라는 데 대한 확신으로 인해, 평양은 오직 핵 보유(또는 이와 똑같은 수준으로 핵을 가진 적을 납득시킬 수 있는 능력)만이 미국의 공격을 저지할 수 있다고 믿게 됐을 것이다. 한국사가 브루스 커밍스의 표현대로, 평양은 1953년 미국이 이끈 연합군이 진군을 멈춘 이후로 지난 50년간, 미국의 '박멸론적 증오'의 대상이 되어왔음을, 오늘날에도 느끼고 있다. 아울러 북한은 안전만 확보할 수 있다면, 자신이 가진 어떤 핵 프로그램과도 맞바꿀 용의가 있음을 거듭 밝혀왔다. 북한의 의지는 클린턴 정부에 의해 한 차례 시험받은 바 있다. 일반적으로 이해받지 못하고 있긴 하지만 북한은 여전히 흥정하려는 자세를 고수하고 있다.

미국의 전 레이건 대통령이 옛 소련을 '악의 제국'이라고 부른 지 20년이 넘었다. 당시의 '악의 제국'이 오늘날 미국에게 (러시아인) 친구와 동반자가 될 수 있다면, 똑같은 일이 북한에 대해 일어날 수 없다고 생각할 이유가 없다. 그러나 그런 일이 일어나기 위해선 합리적 계산이 증오를 대신해야 하며, 평양의 정당한 불만과 우려에 대해 귀담아 들을 필요가 있다. 미국에 의해 강제됐던 한반도 분단이야말로 현대 한국 위기의 궁극적 원인으로서 일종의 '원죄'임이 인정되어야만 할 것이며, '정상적인' 관계는 북·미간은 물론 북·일간에도 열려야 할 것이다. 이같은 작업의 최종 결과는 아마도 한반도 문제의 평화적 해결에 사활이 걸린 나라들, 즉 한국 일본 중국 러시아가 미국의 일방적인 압력에 얼마나 저항하고, 반대로 자신들의 '역압력'을 어느 정도 가할 수 있는지에 달려 있을 것이다. 이 과정은 이미 진행 중에 있음이 명백하다.

조지 W. 부시 대통령의 미국이 북한 문제를 다자화한 것은 분명하다. 하지만 그것이 워싱턴이 의도하는 결과, 즉 평양을 꼼짝달싹 못하게 압박해 굴복하게 만드는 일을 가능케 할지는 매우 불확실하다. 베이징회담의 당사국들은 무력에 의한 문제 해결을 배제함으로써, 압도적인 군사력을 지닌 워싱턴 측을 효과적으로 궁지로 몰아넣었다. 북·미 양자 대립을 대신하여 새롭게 대두하고 있는 확장된 형태의 지역 구도에서는, 기존의 양자 대화에서보다, 북한의 구호 요청에 대해 훨씬 더 많은 이해와 공감이 있을 수 있다. 베이징 프로세스의 당사국들은, 평양이 그토록 원하는 불가침 보장과, 궁극적으로 외교적 승인 요구를 들어주도록, 미국에 압력을 가하기 시작했다.

2003년 10월말 태국 방콕에서 열린 아시아태평양경제협력회의 (APEC) 회의에서, 북한에 '가능하면 문서 형태의 안전보장'을 약속할지를 고려할 수 있다는 조지 W. 부시의 의사 표시는 워싱턴에 대한 공동의 압력이 효과를 보고 있음을 시사했다. 베이징회담 각국이 동시에 북한과 협력적 관계를 강화해나간다면, 그래서 북한의 위기감과 포위당하고 있다는 느낌을 덜어준다면, 그들은 전면적인 관계 정상화의 맥락에서 첫 출발점이라고 할 수 있는 핵 프로그램의 중단을 확보하는 데 성공을 거둘 수 있을 것이다. 이는 또, '요새 국가'를 해체시키고, 동북아 지역 전체를 비핵화하며, 북한 인민을 해방시키는 가장 실현성 높은 길이기도 하다. 이는 또 한반도에서 더 이상의 유혈 사태를 피하는 거의 유일한 길이며, 지역 협력과 발전을 가져다 줄 극적인 반전 계획임이 분명하다.

전쟁이냐, 평화냐?

"나는 전쟁은 필요 없고, 생각할 수도 없다고 생각한다. 그러나 불행하게도 전쟁은 전적으로 가능하다." [1] 국제연합의 모리스 스트롱Maurice Strong (북한문제 특별 보좌관)이 지난 2003년 4월, 코피 아난 사무총장에게 이렇게 보고한 이래, 북한을 둘러싼 상황은 안정됐으며 전쟁 위협은 적어도 일시적으로는 물러갔다. 대체로 베이징 6개국 회의 방식이 극단적인 대립을 특징으로 한 북·미 양자 관계를 대신했던 덕분이다. 그러나 안정성은 기껏해야 깨지기 쉬운 것일 뿐이다. 워싱턴의 영향력 있는 인사들은 회담이 근본적으로 변화시킨 것은 아무것도 없다고 주장한다. 그들은 북한이 '미국의 대도시에 핵무기를 터뜨릴 수 있는 임박한 위협'이 되고 있으며, 북한의 위협에 대해 최후에는 무력을 동원해야 한다고 믿고 있다. [2] 그들은 평양의 굴복을 강제하기 위해 압력을 집중하는 과정에서 중국의 협력에 의존하려는 현 부시의 책략에 의구심을 품고 있으며, "요컨대, 우리는 공격을 감행하는 것이 아니라, 전쟁을 승리로 이끌 준비가 되어 있어야 한다"라고 믿고 있다. 이들 전문가들은 한반도 상황에 무력을 채택할 경우, '더욱 더 신속하고, 더욱 더 파괴적이어야' 한다고 생각하며, 이라크에 가했던 '충격과 공포'(shock and owe · 미국이 이라크 침공 작전에 붙인 작전명이기도 함) 보다 규모 면에서 5배(즉 800소티가 아닌 4,000소티/소티는 공습을 위한 출격 횟수) 이상이 되는 상황을 그리고 있다. 이들이 질색하는 것은 북한의 대량살상무기 뿐만 아니라, 질곡에 허덕이는 사람들이 자유로워질 수 있도록 가능한 한 모든 수단을 동원해서 신속하게 전복시킬 필요가 있는, 말 그대로 용서받을 수 없고 사악한 체제 그 자체이기도 하다. 이를 아마 이라크 식 해법이라고 부를 수도 있겠다.

　미국 도시에 대한 핵 공격 발상은 무시무시하다. 이런 위협이 실행되는 것을 막기 위해 가능한 모든 수단이 취해져야 한다는 것 또한 논란이 필요 없는 명제일 수 있다. 그러나, 미국 도시에 대한 핵 위협이 천인공노 할 만행이라면, 사실은 다른 도시와 국민에 대한 핵 위협 또한 만행이며, 모든 사회와 국민이 그러한 위험으로부터 벗어날 수 있도록 서로 협력하는 일이야말로 인간의 도덕적 의무일 것이다. 그러나 이같은 생각은 북한에 대해서만큼은 미국의 정치 또는 여론 지도자들의 상상력 또는 공감의 한계를 벗어나 있다. 미국인들은 북한이 국가로서 거의 전 역사를 통해 정확히 그런 위협 속에서 살아왔다는 사실을 알게 되면 경악할 것이다. 오늘날, 미국의 관심사는 바로 이같은 북한의 관심사를 충족시키거나 이에 응답하지 않고서는 해결될 수 없다. 북한은 지금까지 어떠한 핵 위협도 가한 적이 없으며, 핵은 그만두고라도 어느 국가(물론 유일 합법성을 두고 경쟁하는 한국은 제외)에 대해서도 침략을 위협한 바 없다. 반면 북한은 1994년 클린턴 정부가 미국은 비핵 국가를 공격하기 위해 핵무기를 쓰지 않을 것이라고 다짐할 때까지 근 40년 동안, 모의 군사훈련을 통해 정기적으로 연습된 핵 공격 위협에 시달려야 했다. 북한을 둘러싸고 현재까지 이어지는 위기를 촉발한 것은 바로 2001년, 조지 W. 부시에 의해 되풀이된 위협이었다.

오늘날 미국과 북한 양측은 모두 똑같이 핵 파멸이라는 '데모클리스의 칼'(신변에 늘 따라 다니는 위협을 뜻함)을 벗어날 동등한 권리를 갖고 있으며 또한 이를 추구하고 있다. 미국인들이 다른 나라에 자기네가 공포의 대상이 된다는 것을 거의 인식하지 못한다는 사실은 제국의 중심과 주변 사이의 거리가 그만큼 멀다는 것을 뜻한다.

태평양전쟁 말기의 일본처럼, 고립무원에 처한 북한은 필사적으로 생존을 도모하고 있으며, 중심 가치만 유지할 수 있다면 거의 모든 것을 희생할 용의가 있다는 신호를 보내고 있다. 1945년의 일본에 그 중심 가치란 천황제였다. 현재의 북한에 그것은 '수령' 또는 지도자 체제, 그리고 김정일에 의해 보존되고 있는 유격대 국가의 신화이다. 73세 먹은 일본의 한 노인 여성은, 일본의 주요 일간지 독자 투고

란에, 자신의 유년기, 즉 전전의 일본을 빼다박은 한 국가가 아직도 존재한다는 사실에 놀라움을 표시하면서 다음처럼 말하고 있다.

> 비록 식량은 극도로 귀했지만, 우리는 천황폐하에 대한 신성한 의무를 다할 수 있게끔 우리 몸을 길러야 된다는 뜻에서 식용 들풀 종류를 열심히 암기해야 했다. 매달 1일과 8일, 우리는 교육칙어를 암송했으며 천황폐하에 대해 충성서약을 했다. 아침과 저녁마다 우리는 학교 정문에 있는, 천황폐하의 초상이 모셔진 신사 앞에서 절을 했다. 육체적으로나 정신적으로 너무 고단했던 시절이었지만, 그래도 우리는 여전히 우리의 삶이 최고, 최선이라고 믿었다.[3]

그녀는 우리에게 60년 전 미국이 오늘날의 김정일 못지않게 공격적이고, 누구나 빨리 망하기를 손꼽아 기다리면서도 월등히 더 위험스러웠던 동아시아 국가와 싸운 사실을 상기시켜 준다. 일본의 천황 히로히토는 당시 숭배의 대상으로서 그의 초상에 대해서는 경례를 해야 했고, 그의 말은 경전처럼 떠받들어졌으며, 국가는 천황 및 천황의 가계와 동일시되었다. 그러나 전쟁이 끝났을 때 워싱턴은 심사숙고 끝에, 천황제와 히로히토 천황을 유지키로 결정했다. 사실 미국은 히로히토의 보호야말로 민주국가로서 일본의 전제 조건이라고 여겼다. 바로 그 결과 천황제는 실제로 보존되었지만 천황을 둘러싼 모든 것은 변했다. 특히, 군부의 위협은 제거되었다. 북한을 위한 낙관적 시나리오 중 하나는 포괄적인 개혁 과정의 일부로서, 북한에도 일본과 유사한 체면 유지용 개혁안이 주어질 수 있지 않느냐는 것이다. 그러나 북한에 대해서는, 체제 자체는 쉽사리 부정할지언정(북한이 어떤 사회인지 너무 잘 아는 앞의 일본 여성이 그렇듯), 북한 인민을 상상하거나 이들에 공감할 수 있는 능력이 미국에서는 실종된 듯하다.

외부 세계에서는 거의 아무도 평양 정권을 변호하려들지 않는다. 지난 50년간의 실정과 대중 조작, 억압, 자국민에 대한 기만 끝에 김정일 가문은 통치 권리를 상실했다. 김정일정권은 신뢰성도 떨어지고 점점 정통성도 결여되고 있다. 국민에게 기초적인 생존의 조건조차 제공하지 못하기 때문이다. 그러나, 이 국가가 놓여 있는 구조는 복잡하며, 이 국가에 대한 책임 또한 한 가문 탓으로 돌리기에는 너무나 여러 방면에 산재해 있다. 오늘날 북한에는 2천2백만 명이 살고 있으며, 좋든 싫든 많은 사람들이 여전히 한두 가지 점에서 자기들이 알고 있는 유일 정권과 자신을 동일시하고 있다. 부시 대통령은 김정일이 대중적 지지가 없는 독재자라고 생각하고 싶어 하지만, 2003년 3월 「워싱턴 포스트」의 보도에 따르면, 미국 중앙정보국(CIA)은 "북한의 독재자에 대한 상당한 반대가 있다는 평가를 철회"했다.[4] 일본 국민들이 지난 1945년 히로히토정권을 지지했던 것처럼, 오늘날 많은 북한 주민들은 김정일정권을 지지하고 있다. 순항미사일이나 정밀 유도 폭탄이 북한을 화염에 휩싸인 체르노빌로 만들지 않고서도,

모든 핵관련 시설을 파괴할 수 있는 방법이 있더라도(물론 진짜 그럴수 있을 것인지는 불확실하지만), 폭력만큼은 북한 국민에게 자유를 전해줄 수 없다.

평양은 지금 변화에 대해 전례 없는 열의를 보이고 있다. 자본주의 체제와의 관계 진전 희망은 느리지만 돌이킬 수 없는 방식으로 북한 경제를 자본주의 체질로 바꾸어 놓고 있다. 이런 북한에 대해 미국은 전면적이고 신속한 '정권 교체'를 고집스럽게 추구하고 있다. 조지 W. 부시가 자국의 국민들을 먹여 살리지 못하는 북한의 실패에 대해 특별한 분노를 표시하지만, 이는 북한이 한때 농업 모범국 이었음을 잊은 소치이다. 그는 또 1990년대의 기아와 농업(그리고 산업) 붕괴가 적어도 부분적으로는, 세계 금융 및 기술 시장에 대한 장기간 지속된 미국 주도의 배제, 이웃 러시아(옛 소련)와 중국에서의 '사회주의' 붕괴, 그리고 유례없는 피해를 가져다준 자연재해의 연속 등 정권이 통제할 수 없는 요소에 기인한다는 사실을 무시하고 있다.

주변국들이 무서워하는 대부분의 나라들과 달리, 영토 확장이나 이웃나라에 대한 정치적 개종 따위에 북한은 전혀 관심이 없었다. 1930년대와 1940년대 히로히토의 일본과 달리, 김일성과 김정일의 북한은 이웃 나라를 침략하지 않았으며, (한국과 똑같이 민족통일이라는 목표를 가진 것 외에는) 영토적 야심도 없다. 기본적으로 자족(하루에 이밥 두 끼)이라는 소박한 목표를 가진 그런 국가를 위협적이라고 보기는 어렵다. 다만 '주체의 나라'는 기괴하고 이해하지 못할 나라로서, 어느 정도는 핵무기라는 간판을 내걸고 화성에서 와서 지구에 도전하는 나라로 이해될 수 있는 것 또한 사실이다.

이 책에서 확실히 설명되어야 할 것은, 북한이 사실 정상이 아닌, 어떤 측면에서는 기괴한 나라이지만, 그 국민만큼은 민주화된 한국의 경제적·정치적 기적을 이뤄낸 국민들과 똑같다는 사실이다. 그들의 행동은 서로 다른 최근의 역사적 경험에 의해 결정되어졌기 때문에 다를 수밖에 없다. 북한의 '건국의 아버지'들은 과거, 그리고 현재에도 상당 정도로, 처음에는 일본을 상대로, 그 뒤에는 미국과 그 동맹들을 상대로, 국가적 독립과 단결을 위한 투쟁을 이끈 주인공들로 존경받고 있다. 바로 이때문에, 김일성은 '북한의 조지 워싱턴'으로 존경받게 됐다. 이 국가를 지탱해온 모든 신화는 엄청난 고난을 무릅쓴 영웅적 저항의 신화이다. 그 세계관은 극단적인 과대망상처럼 보이는 것도 사실이다. 하지만 이 세계관이 실재하는 위협에 의해 지속되는 것 또한 사실이다. 북한은 다른 국가와 마찬가지로, 이같은 지속적인 위협에 직면하면 앞으로도 지도자 중심으로 단결할 것이다. 1930년대 항일투쟁을 이끈 빨치산 영웅들은 북한인들에게 영감의 원천이다. 오직 관계 정상화를 통해서만, 북한 인민에게 '모든 적을 물리치자'고 가르쳐온 쓰라린 역사는 비로소 의식의 밑바닥으로 사라질 것이다.

이는 조지 W. 부시와 김정일은 서로 역설적인 공생 관계에 있다는 것을 뜻한다. 부시의 김정일과 핵 위협에 대한 혐오는, 고립과 포위 상태를 유지시켜 결국 김정일이 자신의 통치를 정당화하고, 국가적 지지를 동원하며, 반대 세력을 짓밟을 수 있는 공간을 만들어준다. 부시 자신은 또, 이를 통해 동북아에 대한 통치와 지배를 도모할 수 있다. 북한의 위협은 한국과 일본으로 하여금 어쩔 수 없이 미국의 보호를 찾거나, 주체 세계의 기괴함과 거의 다름없는 워싱턴의 '핵우산' 아래에서 피난처를 구하게끔 만들어주는 것이다.

미국의 일거수일투족을 지켜보고 분석하지 않으면 안 되는 상황에서, 북한은 워싱턴이 다음과 같은 사실에 대해서는 결코 인정하려 들지 않는다는 교훈을 얻었다. 세계, 특히 누구보다도 미국은 다른 무엇보다 군사력을 존중하며, 특히 핵무기와 대륙간 탄도탄에 대해서는 그렇다. 아울러 북한은 미국이 비록 한국전 이후 지난 40년간 북한과의 대화를 거부해왔지만 노동미사일이 발사된 지난 1993년 갑작스럽게 대화에 응했으며, 1998년 대포동 위성 발사의 경우는, 클린턴 정부로 하여금 2000년 10월 두 나라 관계를 정상화 직전의 단계까지 가게 한 정책 검토 과정을 착수하게 만들었다는 사실을 깨달았다. 부시 정부에 의해 위협받고 농락당하면서, 북한은 사담 후세인 체제 하 이라크의 운명을 눈여겨보게 됐다. 북한은 핵무기의 보유만이 생존을 보장할 수 있다고 결론 내린 듯하다. 결국 북한은 확고하게 안전을 보장받는 경우에만, 자신이 가진 핵 자산(그것이 무엇이든)을 팔아치우기로 작정했다.

소위 북한의 위협은 핵무기와 미사일, 그리고 또 다른 종류의 대량살상무기와 이를 생산하거나 실전 배치하기 위한 프로그램들로 구성되어 있다. 미국은 10년 이상, 북한이 '한 개 또는 두 개'의 핵무기를 가지고 있다고 주장해왔다. 그러나 2003년, 미국의 정부 기관은 한국 러시아 중국의 견해를 받아들이는 쪽으로 종래 입장을 수정했다. 북한은 핵무기를 가지고 있지 않다는 것이다. 대신 이 정보 당국은 북한이 핵무기 개발에 몸이 달아 있으며 조만간 핵무기를 갖게 될지 모른다고 말했다. 북한이 핵무기, 즉 자신의 '억지력'을 갖고 싶어 하는 것은 거의 확실한 사실이다. 하지만 북한은 자신의 안보 요구가 기본 합의로 만족스럽게 충족되었다고 판단되자 핵 생산 노력을 중지했으며, 부시 정부의 출현 및 기본 합의의 파기로 미국이 진로를 변경했을 때에만 자신의 진로도 변경했다. 미사일의 경우, 노동 미사일은 1993년 딱 한 차례 성공적으로 발사됐으며, 장거리 미사일인 대포동의 경우는 1998년 궤도 진입에 실패해 바닷물에 처박혔고, 2002년에는 (한국 측 정보에 따르면) 발사대에서 폭발했다. 그러나 이같은 그다지 대단치 않은 노력도 일본에서는 테러에 버금가는 격한 반응을 일으키기에 충분했다.

오늘날 평양은 지붕 위에 올라 자신의 각종 프로그램들, 특히 핵 억지력과 핵무기를 만드는 데 필요한 플루토늄을 위한 영변원자로의 사용 후 핵 연료봉 처리에 대해 큰 소리로 외치고 있다. 그러나 북한이 미국의 주의를 끌기 위해 지나치게 거칠게 저항하거나 엄포에 호소하고 있다는 생각에도 일리가 있다. 북한은 핵무기를 보유하려는 이유가 전적으로 방어적이라고 주장해왔으며, 만약 자기네가 완벽한 안전보장과 세계의 주요 경제 대국 및 국제 기관과의 관계 '정상화'를 확보할 수만 있다면, 핵을 팔아치울 용의, 심지어 열의까지 있다고 밝히고 있다.

남들에게는 그것이 아무리 잘못된 것으로 비춰질지라도, 핵무기는 평양에게 50년 묵은 포위를 풀기 위한 길로 여겨지고 있다. 평양은 다른 카드가 없으며, 초강대국 미국의 관심을 끌만한 것이 아무것도 없다. 평양은 자신의 안보만 보장된다면, 미국의 모든 안보 사항을 만족시켜줄 준비가 되어 있다고 줄곧 주장하고 있다. 1994년 평양은 갖고 있는 모든 프로그램을 동결시켰으며 외교적 해법을 선택했다. 그리고 오늘날에도 똑같이 할 용의가 있다고 공언하고 있다.

워싱턴측은 평양이 비밀 우라늄 농축 프로그램을 개발함으로써 자신의 약속을 깨트렸다고 주장하고 있다. 하지만, 1998년 또는 1999년 북한이 사들였다는 프로그램은 기본 합의의 파기를 막기 위한 증거로 채택될 수도 있었다. 2003년까지 북한은 분명하게 무기를 생산하는 것은 말할 것도 없고, 실질적으로 어떤 우라늄도 농축하지 않았다. 영변원자로의 경우, 플루토늄 발전 프로그램과 원자로의 핵 폐기물 수조는 1994년부터 2003년까지 약속대로 동결되어 있었다. 평양이 기본 합의(나아가 NPT)의 일방적인 위반으로, 그래서 자신의 생존에 대한 명확한 위협으로 간주한 것은 다름 아닌 부시 정부의 다양한 위협 행위, 예컨대 핵 공격 목표에 북한을 포함시킨 것이나 '악의 축' 발언 따위였다. 미국의 경수로 지원 및 경제·정치적 정상화 약속이 빈껍데기였음이 드러나면서, 북한은 더 이상 자신의 의무를 지킬 필요를 느끼지 않게 된 것이다.

오늘날, 동족상잔의 전쟁을 치른 뒤로 줄곧 북한과 군사적 대치 상태에 있던 한국이 이제는 북한을 가장 덜 걱정하고 가장 많이 이해하는 한편, 북한은 변화할 수 있으며 나머지 군사적 위협도 적절하게 봉쇄될 수 있다는 믿음 아래, 협력의 길을 선택한 것은 괄목할 만한 일이다. 북한이 '악'을 대표한다는 식의 흑백 논리, 선악관, 도덕적 잣대는 서울에서는 낯설다. 미국은 요구만 내놓고 협상은 거부함으로써, 그리고 상대의 체면은 무시하고 자신의 막강한 힘을 투사할 수 있다는 자신감으로만 변화를 강제하려고 한다. 한편 한국의 '햇볕' 접근법은 인간 본성은 복잡하긴 하지만 악한 것은 아니라는 유교 가치관의 맥락에서 나왔으며, 이에 따르면, 가난한 자나 자포자기한 자, 소외된 자들도 존중받고, 자신의 긍지와 체면을 손상당하지 않을 권리가 있다. 2003년 북한과 대결 국면에 접어들면서, 미국이나 일본은 모두 북한의 '체면'을 위해 양보할 생각이 없었으며, 비뚤어진 것이긴 하지만 북한을 움직이고 있는 정신적 고통이나 정의감을 역사적 맥락에 비춰 보려하지 않았다.

평양의 텔레비전방송 뉴스캐스터의 격한 목소리와 성명을 전하는 과장 선전 및 화술은 호전적인 이미지를 전달해준다. 하지만 이는 수십 년에 걸친 전쟁 동원 상태, 경제 실패, 그리고 거듭되는 대중 캠페인에 따라 붙는 공포와 극도의 체력 고갈 상태에 더 가까울지 모른다. 이같은 거친 언사에도 불구하고, 비밀주의, 동원, 사령관에 대한 절대 충성, 군 제일주의 등 유격대 모델을 청산하려는 조짐과 북한판 페레스트로이카를 추구하려는 조짐, 다시 말해 고립무원에서 빠져나오려는 조짐도 적지 않게 있었다.

그러나 지속적인 고도의 긴장 상태에서는 어떤 식의 개혁도 불가능하다. 중국도 한국과 마찬가지로 북한과는 윤리나 도덕성 측면에서 문화적 바탕을 공유하고 있으며, 북한의 현재에서 자신의 과거를 보고 있다. 이와 같은 감수성이 중국으로 하여금, "북한이 외부 세계에 서서히 눈 뜨도록 하고, 북한 사람들로 하여금 북한 당국의 선전이 가르쳤던 것처럼 자기네가 세계에서 가장 행복한 국민이 아니라는 사실을 깨닫게 하며……개인숭배가 영원히 북한에서 계속되지 않게" 단계를 밟아나가게 하고 있다. 이는 중국 지린(吉林)성의 성도 창춘(長春)의 한반도 문제 전문가 쉬원지(徐文吉 · 지린대학 동북아연구중심 연구교수)가 모택동 시절 중국의 경험을 인용해서 한 말이다. 중국 정부는 한반도 비핵화라는 목표에 대해서는 타협하지 않겠지만, "조선인민민주주의공화국이 체면을 살릴 수 있게끔" 무대 뒤에서 으름장 대신, 설득하는 길을 선택할 것이라고, 그는 덧붙였다.[5] 그는 또, 미국과 일본의 변화에 대한 요구는 실제로는 변화 가능성을 차단하는 것인 한편, 북한 체제의 변화를 유도하는 최선의 방법은(이는 정확히 서울의 입장이기도 하다) 변화를 가능케 하는 조건을 만들어주는 것이라고 슬쩍 내비치기도 했다. 러시아 또한 북한은 굳이 자신의 입장을 간청할 필요 없이, 존재를 보장받을 자격이 있음을 분명히 해왔다. 앞으로 평화적인 해결을 위한 최선의 희망은 베이징회담의 이들 국가들이 미국에 대해 공동의 입장을 관철시키는 것이다. 모든 국가들이 한반도 비핵화를 지지하고 있다. 아무도 공개적으로 미국에 반대하지는 않지만, 북한의 이웃 네 나라는 가면 갈수록 기본 입장을 공유하는 쪽으로 나아가고 있다. 특히 북한의 안전 문제가 진짜 심각하며, 이 문제는 무력이 아닌 다른 방법으로 풀어야 한다는 것이다. 또 하나 이들이 아마도 공유하고 있을 견해는, (당시 외교부 부부장이었던 왕이가 8월 베이징회담에서 그랬듯이) 비록 중국만 공언했지만, 진짜 문제는 북한이 아닌 미국의 태도와 정책이라는 것이다.

현재의 위기에는 세 가지 가능성이 있을 수 있다. 첫째, 평양이 원자로의 퇴역과 플루토늄 전량 및 우라늄 관련 시설의 완전 제거, 그리고 비확산 레짐으로의 복귀를 받아들이는 대신, 안전보장과 경제 협력 및 지원을 받는 것이다. 이는 이미 무너진 기본 합의를 통해 보아온 낯익은 길이다. 이는 또 평양이 되풀이 제안해왔고, 미국이 지금까지 고려하기를 거부했던 안과도 가깝다고 할 수 있다. 이같은 합의를 이행하는 타이밍은 매우 중요할 수 있다. 미국은 북한이 다른 조처에 앞서 먼저 일방적으로 공약을 실천하기를 원하는 반면, 평양은 동시적이고 점진적인 이행을 바라고 있기 때문이다. 비록 합의가 성사되고 나더라도, '검증 가능하고 돌이킬 수 없는 방식'으로 약속이 이행되어야 한다면 장기간 불확실성의 시기가 예상될 수도 있다. 그렇더라도 북한 정권은 계속될 것이다.

두 번째 시나리오는, 협상이 실패로 돌아가면서, 유엔 안보리 결의에 의한 것이든 아니든, 북한에 제재가 가해질 수 있다는 것이다. 이 경우, 경제적 포위와 핵 및 미사일 프로그램의 포기를 강제할 목적으로 압박이 가해질 수 있다. 이는 북한을 도발해, 그들이 선제적 차원의 전쟁을 일으킬 위험성을 수반할 수 있다. 이같은 제재의 길은 주변 4국의 협력이 보장되어야만 고려될 수 있는 것으로서, 현재 상황에서는 얼마간 실현 가능성이 미약하다고 볼 수 있다.

세 번째 가능성은, 최악의 파국으로서 협상이 깨져 핵 시설과 미사일 발사장, 기타 핵관련 장소를 파괴하고, 정권을 전복시킬 목적으로 미국 또는 미국이 이끄는 연합군이 북한을 공격하는 것이다. 이는 바꿔 말해 '폭격을 실행하는 것이 아니라, 전쟁을 이기는 것'이다. 이같은 사태 발전의 '최적'의 결과, 즉 신속한 군사적 승리는 그러나 최악의 '상처뿐인 영광'이 될 수 있다. 북한이 취하는 저항의 정도에 따라, 그리고 북한이 한국, 일본, 또는 양국 모두에 반격을 가할 수 있는지의 여부에 따라, 인명 피해는 최소 수천 명 단위에서 아마도 수만 명, 그리고 대참화가 발생할 경우, 수백만 명 단위가 될 수 있다. 물질적인 피해도 엄청날 것이다. 한국과 아마도 일본 경제는 엄청난 시련을 겪게 되고, 한반도 지역의 대부분은 미국이 투하한 열화우라늄 탄두 '정밀' 무기로 오염될 것이며, 이는 향후 몇 세대에 걸쳐 환경과 공중보건에 중대한 결과를 초래할 것이다. 열화우라늄의 반감기는 48억년인 것이다.[6] 그렇게 되면 한국의 '고요한 아침'은 박물관에서나 찾아 볼 수 있게 될지 모른다.

이같은 '성공적인' 전쟁에 대한 암울한 진단 너머에 폭력이 지역과 세계의 정치 구도를 파괴하거나 전환시킬 수 있는 또 다른 복잡한 길이 있다. 한국은 전쟁에 호소하는 것을 혐오하는 것이 거의 확실하지만, 군사적 '승리'(거의 의심할 나위가 없다)를 통해 한반도에 대한 지배권이 주어질 수도 있다. 하지만 이때 한반도 대부분은 철저하게 파괴되어 있을 것이다. 본격적인 대결 상황이 벌어지기 전인데도 이미 한국에는 반미감정이 강하다. 전쟁이 벌어진 뒤에는 적대감이 확실히 더 커질 것이다. 미국은 전쟁을 단순히 북한 내 적대 세력을 제거하는 간단한 방법 정도로 생각할지 모른다. 하지만 미국은 그 전쟁이 비록 통일은 달성했지만 분노에 차있으며, 경제적으로 처참해진 더 큰 적대 세력을 만들어낸 전쟁임을 깨닫게 될지도 모른다.

부시 정부 하에서, 동아시아의 미군기지 구조는 평양의 위협에 의해 한국과 일본에서 각각 정당화되고 있다. 평화적으로 해결 가능한 것이든 아니든 '북한의 위협'이 없다면, 워싱턴의 전략가들은 기지의 존속과 엄청나게 비싼 요격미사일 체제의 일본(또는 한국, 또는 호주) 건설을 위해 새로운 정당화의 구실을 생각해내야만 할 것이다. 일부 논자는 중국을 진정한 적이라고 지정하고 싶을지 모르지만, 대중국 봉쇄와 대결이라는 의도가 있는 미국과의 군사동맹은 현재 한국(또는 일본)에서 거의 지지를 받지 못할 것이다. 역설적으로 미국이 현재 북한에 대해 하고자 하는 것, 즉 정권 교체를 이룬다면, 이때문에 오히려 미국은 자신의 동아시아 지역 지배력이 약화됐다는 사실을 깨달을 것이다.

2003년, 한국과 일본은 각자 파병을 약속하며 미국이 이끄는 이라크 점령에 대한 지원을 다짐했다. 특히 일본의 경우는, 상당한 액수의 전비 지원까지 약속했다. 그러나 이들의 진정한 의도는 전략적 비전을 공유했다기보다는 차라리 북한에 대해 갑작스러운 위기 상황이 벌어질 경우 미국의 지원을 보장받아야 할 때를 대비해 초강대국의 분부에 따른 것이다. 2003년 한국에서, 미군이 38선 이남으로 재배치되고, 미군의 역할이 '인계철선', 즉 북한의 남침이 있을 경우 미군의 즉각적 개입에서, 멀리는 중앙아시아 또는 중동까지 배치가 가능한 고도의 기동군 형태로 전환된다는 사실이 발표됐다. 이같은 재조직에 대해 한국 정부가 동의한 것은, 순전히 한반도 사무로 미국인들이 한국에 있어야한다는 것과 남북간의 미묘한 군사적 균형이 깨어져서는 안 된다는 강력한 희망에 따른 것이었다. 한국 · 일본에서의 미국 주둔은 중국인들의 속담을 빌자면 '동상이몽'에 해당된다 할 것이다. 부시 정부는 북한 위협을 제거하고자 하지만, 이는 역설적으로 동아시아의 두 주요 국가를 미국의 아시아 영역에 통합 · 복속시키는 데 용이한 위협의 존치에 다름 아니다.

미국의 탈냉전 사고는 한국과 일본에게, 한마디로 북한 혹은 중국에 대한 적대감에 입각한 미래 세계를 받아들이라는 것이다. 오직 그 길만이 군사, 정치, 경제적인 문제에 대한 대미 의존의 지속을 보장한다는 것이다. 일본은 이같은 질서에서 동아시아의 영국이라는 역할을 주문받고 있다. 한국 또는 통일 한국에 대해서는 아직까지 명확하게 표명된 역할이 없다. 하지만 한국에 어떤 역할이 주어질 것인가가 일본의 역할 다음이라는 것은 의심할 바가 없으며, 아마도 그 역할이란 동아시아의 북아일랜드쯤 되는 셈일 것이다. 그러나 동아시아는 유럽과 마찬가지로 나름의 리듬과 나름의 역학이 있다. 유럽에서와 마찬가지로 동아시아에도, 상호 협력과 자립을 향한 복잡하지만 진지한 욕구가 있다. 미국에 지속적으로 의존해왔으며, 지역 내 합의보다는 미국과의 양자 협정을 중심으로 판이 짜여 있고, 기본 골격은 다음 세기로까지 끄떡없이 이어질 수도 있다는 동아시아다. 그러나 지금 동아시아의 반응은 어느 정도는 '노 쌩큐' 로 나올 수 있다. 의존적 동맹 구조는 일본이 패전의 치욕으로부터 벗어나고, 절망적인 빈곤 상태에서 허덕이며 경제와 정치면에서 거의 전적으로 미국에 의존했던 한국이 냉전의 최전선 국가가 되었던 50년 묵은 환경의 산물로서, 일본이 경제적인 초강대국이 되어 있고, 더불어 한국은 경제 성장의 새로운 모델이 되어 있으며 지리학적 규모만 빼놓고서는 어느 모로도 동북아에서 꿀릴 것이 없는 존재가 된 현재의 상황과는 더 이상 어울리지 않는다. 이미 이 지역에서는 기존의 군사적 안보 논의 대신, 정의 · 인권 · 인간의 기본적 욕구에 대한 만족에 기초한 새로운 안보 논의를 더 강조하며, 이미 늦었지만 안보 이슈에 대한 다자적·지역적 재검토를 시작해야 한다는 목소리가 점점 커지고 있다.

미국의 지역 정책과 세계 정책은 부정적인 우선순위만 있다. '반테러' '반악(anti-evil)' 이 그것이다. 반면 동아시아에서는 부시 정부의 세계 지배관과는 좀처럼 쉽게 조화되기 어려운 대안적이고 비제국주의적인 새로운 가치관이 출현할 조짐을 보이고 있다. 침울함과 분노, 그리고 '북핵 위기' 의 높아지는 긴장 너머로, 동아시아는 이미 진화의 방향을 유럽 쪽으로 잡았다는 조짐이 있다. 지난 10년 동안, 한국과 일본의 몇몇 지식인들은 구체적인 비전을 그려내기 위해 애써왔다.[7] 이들은 동아시아가 왜 , 20세기 전반에는 일본의 '대동아 공영권' , 그리고 20세기 후반에는 미국 지배의 '자유세계' 를 뛰어넘어 발전하지 못했는가를 묻고 있다. 전자는 재앙으로 끝났고, 후자는 그것을 탄생시킨 냉전이 사라짐에 따라 갈수록 변칙이 되어갔다. 21세기 초, 외부 지향적인 의존 상태가 여전히 동아시아 경제와 안보 질서의 상당 부분을 특징짓고 있다. 그것은 바로, 일본·대만·한국과의 상호 방위 관계를 통해 확실히 알 수 있듯이 미국시장과 안전보장에 대한 의존이었다. 동아시아 지식인들은 탈냉전 시대 유럽의 진화 과정을 살펴보며, 왜 아시아는 비슷한 길을 따를 수 없는지를 묻고 있다.

'동북아시아 공동의 집' 이라고 부르는 새 질서의 건설에서는, 안보·경제 그리고 환경 협력의 그물이 전체 지역을 하나로 묶을 것이다. "민주주의를 기초로 한……화해와 통합" 이후의 남과 북, 즉 코리아는 일본·중국·러시아·미국을 포함한 이 공동체의 중심이 될 것이다. 대만·오키나와, 그리고 쿠릴 열도 등 도서지역은 하와이 섬과 함께, 이 지역의 대단히 복잡한 인종적·종교적·철학적·경제적 구성을 대표하며, 협력과 개방의 중심 마디들이 될 것이다. 이는 모호하고 이상적인 꿈으로 비춰질 수 있다. 하지만 이는 또한, 지난 시기 아시아 태평양 지역의 경제·금융 협력 기구들의 발전을 통해 명백하게 알 수 있듯이, 강한 경제적 차원을 지니고 있기도 하다. 1990년대 초반, 아시아 통합을 위한 다양한 제안들이 미국의 의구심과 일본의 망설임으로 수포로 돌아갔다. '아시아 금융 위기'를 맞은 1997년에는 '아시아 국제통화기금(Asian IMF)' 발상이 논의됐지만 똑같은 장벽에 부딪친 바 있다. 그러나 1990년대 종반까지, 한국·일본·중국이 전 세계 달러의 70%를 보유하고 있으면서도, 수직 상승하는 적자를 가진 미국에 구조적으로 의존했다는 사실은 분명히 불합리한 것이었다. 2003년 6월, 아시아의 중앙은행 총재들이 구조적 협력의 가능성과 아시아 화폐(원, 엔, 위안, 바트)로 표시되는 '아시아 채권'의 발행을 논의하기 위해 태국 치앙마이에서 만났다. 이때부터 장래의 적절한 시기, 달러화와 유로화에 필적하는 아시아 화폐의 출현이 전혀 실현 가능성이 없는 생각만은 아니게 됐다. '아시아공동체(the Asian Community)' 발상은 중국과 일본에, 독일과 프랑스가 유럽공동체에 느끼는 것과 같은 종류의 매력을 갖고 있다. 이같은 공동체는 다른 나라에 의한 지역 전체 지배에 대한 불안감을 줄여주기 때문이다. 이같은 공동체는 또 한국과 대만 같은 중간 크기의 국가들에게도, 좀 더 넓은 범위의 지역 차원에서 확대된 역할을 보장해준다.[8]

유럽에서와 마찬가지로 아시아에서도, 일종의 무의미함과 전쟁에 대한 공포, 19세기와 20세기 식 민족주의 충돌을 뛰어넘으려는 욕구가 이같은 미래관에 영감을 불어넣고 있다. 2002년, 아시아 공동체 구상은 최초로, 남북한과 일본의 지도자들이 행한 공식 발언에서 각각 공식 인정받았다. 노무현의 대통령 취임 연설과 더불어, 김정일과 고이즈미의 평양 공동 성명이 동북아 공동체 구상에 찬성한 것이다. 김정일과 고이즈미는 역내 국가간 상호 신뢰를 바탕으로 한 협력 관계 확립의 중요성에 대해 말했다. 이는 특히 일본의 최고 국가 원수급 인사의 입에서 지역 공동체의 목표가 언급된 것으로는, 과거 불행했던 대동아 공영권의 붕괴 이후 거의 60년 만에 처음 있는 일이었다. 그 제안이 북한 지도자와의 공동 선언에서 나왔다는 사실은 중요성을 더해준다. 한국의 노무현은 20분짜리 취임 연설에 '동북아' 개념을 무려 열일곱 번에 걸쳐 언급했다. 그는 한반도 남쪽 끝인 부산역에서 파리행 기차표를 끊은 뒤, 서울과 평양을 거쳐, 중국·몽골·러시아를 가로질러 가는 미래의 한 시점을 내다보았다.[9] 그는 2003년 6월 베이징에서, 동아시아가 한때 대륙을 분열시켰던 '의심의 벽'을 허물어버린 유럽연합을 본받을 수 있는 길에 대해 다시 한 번 연설했다.[10] 유럽의 선례는, 그런 공동체의 기관들 중 적어도 몇몇 기관은 한국 땅에 세워질 것임을 시사하고 있다. 유럽 모델의 경우, 핵심 기관들은 룩셈부르크나 벨기에와 같은 작은 나라에 설치하는 것을 우선하기 때문이다.

20세기는 한국에서 비극으로 시작해 비극으로 끝났다. 이 시기 한국은 식민지 종속물로서 제국주의 세계 질서에 합병되었고 분단되었으며, 결국 세계전쟁의 대리전이 된 내전으로 돌진했고, 무장했으며, 아마도 핵무장화 했을지도 모른다. 21세기 초, 전망은 결코 밝지 않지만, 수많은 해결되지 못한 모순이 한반도에 집중되어 세계의 이목을 끌고 있다. 전쟁은 상상도 할 수 없는 것이며, 인간성 실패의 최종 표현이다. 한반도 문제에 관련된 나라들의 합법적인 이해는 기본적으로는 서로 상충하지 않는다. 결코 해법이 성취될 수 없는 것만도 아니다. 북한은 안전만 보장된다면 핵무기를 원치 않겠다고 말하고 있다. 미국은 북한이 핵 프로그램을 버려야만 북한의 관심사를 들어줄 것이라고 말한다. 그 간격을 메우는 데 비상한 재주가 필요한 것은 아니다. 다만 어느 쪽이든 전쟁에 호소한다면 이는 범죄 행위가 될 것이다. 일단 현재의 위기에서 평화적인 진전의 길이 발견된다면, 지난 두 세기의 유산이 마침내 청산된 새로운, 진정한 21세기 아시아의 건설 가능성이 열릴 것임은 두말할 나위가 없을 것이다.

순항미사일로 주어진 자유는 기껏해야 며칠 가겠지만, 이 지역의 관계 정상화는 북한 인민들에게 해방의 길을 열어줄 것이다. 남녘의 동포와 긴밀한 협력을 통해, 그들은 언제 창문을 열어젖힐지, 어떤 정부와 어떤 이념을 믿어야 자기네들에게 최선인지를 선택할 것이다. 전쟁은 50년 전 아무 것도 해결해주지 못했다. 그 뒤 바뀐 것은 전쟁의 파괴력이 상상도 못할 정도로 커졌다는 사실이다.

　　나는 개번 맥코맥 선생이 쓰신 『타겟 노스코리아』를, 동아시아
현대정치사, 무엇보다도 현대 한국사의 바른 이해를 위한 필독서라
생각하여 우리말로 옮길 결심을 했다. 나는 이 책을 번역하면서, 또
번역 작업 이전과 이후, 번역 작업 중간 등 전 과정에 걸쳐, 수 십 통
에 걸친 이메일 서신 교환, 몇 번의 전화 통화, 또 몇 번의 직접 대면
등 직접 교류를 통해 맥코맥 선생의 학자적 풍모와 체취를 가깝게 느
낄 수 있었다. 이에 근거해 판단하자면 선생은 '바른말 정신'에 진정
으로 철두철미한 분이시다.

　　그의 바른말 정신은, 여기에 옮기는 『타겟 노스코리아』에 그 진
가가 유감없이 발휘되어 있다. 여기서 말하는 바른말 정신이란, 오늘
날 흔히 하는 말로 바꾸자면 '비판 정신'이요, 동양의 고전 · 고대 역

사 서술 용어로 말하자면 '춘추 필법'이 될 것이다.

　그의 바른말 정신 앞에서는 과거 일본 제국주의의 영광도, 현재 유일 초강대국 미국의 영예로움도 빛을 잃는다. 북한의 형편없이 과대포장된 주체 세상의 자부심도 허울을 벗는다. 맥코맥 선생은 오늘날의 북한에 대해, 마피아를 소재로 한 미국 텔레비전 드라마의 이름을 따 '소프라노 국가'라고 부르며 '범죄성'을 부각시키는 미국을, '바리톤 국가'로 되받아치면서, 오히려 미국이 저질러온 범죄성이 더 중한 것이 아니냐고 따져 묻는다. 지난 1990년대 이래 미국은 북한 핵 프로그램을 흔들며, 북한을 압박해왔다. 하지만 맥코맥 선생은, 미국의 대표적인 한국 현대사가인 브루스 커밍스 선생과 마찬가지로, 북한은 자신의 '핵 의도'와는 전혀 상관이 없던 1950년대부터 이미 미국의 가공할 핵 위협 표적이 되어 끊임없이 시달려왔음을 상기시킨다.

　그의 바른말 정신이 특히 빛을 발하는 대목은, 한반도 문제와 관련해 현대 일본의 행위에 대한 그의 날선 비판이다. 맥코맥 선생이 이 책에서 집중적으로 파고드는 일본의 위선은, 과거 태평양전쟁 때 2천만 한국인 전체를 대상으로 저질렀던 반인륜적 전쟁 범죄에 대해서는 언제나 모르쇠로 일관하면서, 일본 국민 불과 십 수 명에 대해 북한이 저질렀던 납치라는 범죄에 대해서는 국가 차원의 '보상'을 외치며 흥분하는 일본이다. 그는 또한, 오늘날 일본의 비정상적 측면은, 일본의 우익들이 외치는 것처럼 과거 군국주의 때의 강대하고 위협적인 무력행사 권리를 제약받고 있다는 데 대한 피해의식이 아니라, 지난 50년간 미국의 렌즈를 통해서만 동아시아 이웃 나라와 세계를 이해하고 대응해온 '대미 의존성'에 있다고 날카롭게 꼬집고 있다.

일본에 유학했고, 일본사에 정통하며, 일본에서 일본을 가르치기도 한 맥코맥 선생이 예리하게 잡아낸 진실은, 오늘날 일본인이 더럽다고 코를 싸쥐는 '일그러진 북한'이, 사실은 1930년대~1940년대 역사상 가장 기형적으로 변했던 무렵의 일본인들 자신의 모습이라는 것이다. 그때 일본은 천황을 떠받들고, 국가를 신성시 또는 절대시했으며, 국민은 천황의 결사대가 되어야 했다. 그렇게 선량한 국민을 전쟁터로 내모는 수법, 그것이 바로 35년간 한반도를 지배하며 일본 자신이 남·북한에 물려준 부인하지 못할 유산이라는 사실, 현대 일본의 정치 엘리트들이 이를 일관되게 외면하고 있는 사실을, 맥코맥 선생은 예리하게 꼬집는다.

그의 미국·일본 비판은 가차없지만, 그렇다고 그의 바른말 정신이 항상 미국·일본에게로만 향하느냐 하면, 그렇지 않다는 데 맥코맥 선생의 객관성이 빛을 발한다. 맥코맥 선생은 북한의 실패를 두둔하지 않는다. 그는 또 이미 오래 전 시효가 만료되었어야할 '주체'를 부여잡고 21세기의 과제에 맞서려는 북한의 시대착오를, '현생 국가들 사이의 네안데르탈 국가'라고 적절히 비판하고 있다. 다만 그는, 북한이 좀 더 정상적인 모습을 찾기 위해서라도 주변 국가들은 북한을 안심시키고 격려할 필요가 있으며, 바로 이런 점에서 북한 정상화의 관건이 되는 나라들, 예를 들어 미국과 일본이 북한과의 관계를 정상화할 필요가 있음을 역설하고 있다.

맥코맥 선생의 책에서 특히 귀담아 들어야 할 것은 북한 문제 해법에 대한 그의 충고이다. 그는 '핵 위협을 제거하고 안전을 보장하는 길이야 말로 북한 핵 문제 해결의 지름길'이라는 점을 누누이 강조한다. 여기서 한국이 할 일은 '햇볕정책의 국제화'이다. 미국에 대해 맥코맥 선생은, 대북 강경책은 역설적으로 북한 독재정권의 생존과 유지를 돕는 길에 다름 아니라며, 이를 철회할 것을 제안하고 있다. '지속적인 고도의 긴장 상태에서는 개혁도 불가능하다'는 것이다(영문판 8장). 북한의 위협을 구실로 과거 군국주의로 돌아가려는 일본에 대해서, 그는 패전의 교훈을 잊지말라고 충고한다.

나는 이 책을 통해 지은이 맥코맥 선생의 뜨거운 평화주의적 열망과 한반도 문제의 평화적 해결이라는 명제에 대한 진정한 공감과 성원을 확인할 수 있었다. 이는 그가 한반도 문제는 '2+2'니, '5+1'니, '6자'니 하는 복잡한 방정식이 아닌, '1(남)+1(북)=1(한국)'이라는 간명한 방식으로 풀릴 수 있고, 또 풀려야 한다(영문판 4장)고 주장한 데에서도 쉽게 확인된다. 그는 한마디로 한반도 문제의 한반도화를 한반도 문제의 평화적 해결을 위한 최선의 해법으로 간주하고 있다.

나는 이 책의 번역 과정에서 맥코맥 선생의 명성이 우리 사회에 조용히, 그러나 의외로 두루 깊게 퍼져 있음을 여러 경로를 통해 실

감할 수 있었다. 그는 올해 상반기에만 두 차례 국내에서 열리는 중
요한 학술행사에 초청되어 한국을 방문했다. 또한 나는 북한의 당국
자들 입에서 그와 그의 책 이름이 오르내린다는 사실을 간접적으로
전해 듣기도 했다. 그만큼, 남북 양쪽의 지식계나 관련 학계는 물론,
정책 결정자나 당국자들까지 그의 발언이나 주장을 눈여겨 보고 있
거나, 그 같은 발언 주장에 공감을 표시하고 있는 셈이다. 이런 것들
을 목도하면서, 나는 번역 작업의 최종 결과와는 무관하게, 최소한
그의 책을 번역한 사실만큼은 나름의 의미가 있다고 자부한다.

하지만 번역의 정확성과 질적 수준에 대해서는, 맥코맥 선생 자
신의 직접적인 격려와 조언, 의심나는 대목에 대한 나의 성가신 질문
에 매번 인내심을 갖고 답변해준 점 등 최선의 도움을 받았음에도,
솔직히 자신하지 못하는 바이다. 부자연스런 문장이나 사소한 실수
는 논외로 치고, 나도 모르게 문장의 진의를 왜곡한 식의 큰 실수가
없기를 바랄 뿐이다.

끝으로, 나는 미국 내이션 북스Nation books 출판사가 펴낸
2004년판 『Target North Korea : Pushing North Korea to the
Brink of Nuclear Catastrophe』을 번역 저본으로 삼았으며, 지난
해 나온 일본어판 『北朝鮮をどう考えるのか(북조선을 어떻게 생각할
것인가)』(헤이번샤, 요시나가 후사코 옮김)〉으로부터도 많은 도움을 받았
음을 밝혀둔다.

● chapter 1

1. Bob Woodward, 『Bush at War』, New York, Simon and Schuster, 2002. p.340.
2. 2002년 5월 미공화당 상원의원과 만난 Howard Fineman, "나는 어떤 정치 낌새를 느끼고 있다" 「Newsweek」(미국판), May 27,2002.
3. "전쟁에 대비한 경우", 「The Nation」, February 13, 2003.
4. Marcus Noland, 『Avoiding the Apocalypse : The Future of the Two Koreas』, International Economic Institute, 2000, p. 350.
5. "Newsstation," TV Asahi, June 20, 2003.
6. 잘 알려진 일본인 시사 해설자 Funabashi Yoichi는 호저 대신 달팽이에 비유하고 있다 — 예기치 않았던 사물과 조금만 접촉해도 자기 껍질 속으로 숨어드는. (船橋洋一 "KEUOという外交手品"「아사히 신문 朝日新聞」, July 3, 2003.)
7. 영국하원의원 Glyn Ford는 인권 문제에 대한 북한과 EU 간의 대화를 보고하고 있다 : Glyn Ford. "'네오콘'은 재난을 위한 비책이다." 「Japan Times」, July 5, 2003.
8. Peter Hayes, "a Korean Krakatoa를 피하기 위한 마지막 기회", Nautilus Institute, Nautilus Policy Forum Online, August 11, 2003.
9. UNICEP Briefing Note, Beijing, March 11, 2003.

● chapter 2

1. Stewart Lone 과 개번 맥코맥, 『Korea Since 1850』, New York, St. Martin's Press, 1993, p. 96.
2. Mark Gayn, 『Japan Diary』, Tokyo, 1982, p. 263.
3. Charles Armstrong, 『The North Korean Revolution, 1945-1950』.Ithaca and London,

Cornell University Press, 2003, pp. 241, 245.

4. 캐나다와 호주의 반대에 대하여. Australian Delegation to the United Nations to Department of External Affairs, Cablegram, 24 February 1950, http://www.info.dfat.gov.au/info/historical/HistDocs.nsf/vVolume/DE97D896985C 1853CA256CD9001653EA . 또한 Leon Gordenker, 『The United Nations and the Peaceful Unification of Korea, The Politics of Field Operations』, 1947-1950, The Hague, 1969, p. 71.을 보라

5. K.P.S. Menon, 『Many Worlds: An Autobiography』, London, 1965, p.259.

6. Ralph Harry (of Australia's Department of External Affairs) 『Cold War Hot War』, p. 46.

7. 제주에 대해선, John Merrill, 'The Cheju-do Rebellion,' 「Journal of Korean Studies」, vol. 2, 1980, pp. 139-97.을 보라. 간략한 설명은 또한 브루스 커밍스 Bruce Cumings, 『Korea's Place in the Sun— Modern History』, New York, W.W. Norton, 1997, pp. 217-22.을 보라

8. Kathryn Wethersby, "New findings on the Korean war, translation and commentary," Cold War International History project (hereafter CWIHP), 1993, http://www.seas.gwu.edu/nsarchive/cwihp.

9. (호주의) Patrick Shaw, dispatch from Tokyo, 12 July, 1949, 맥코맥 인용, 『Cold War Hot War』, p. 57.

10. 브루스 커밍스, 『The Origins of the Korean War』, 2 vols, Princeton University Press, 1981 and 1990, vol 2, p. 227에서 인용.

11. Department of External Affairs to Washington (Australian Embassy), cable, 24 March 1949, 맥코맥, 『Cold War Hot War』, p. 56.

12. Kathryn Wethersby, cit.

13. Chen Jian, "The Sino-Soviet alliance and China's entry into the Korean War," Cold

War International History Project, "Working Paper No. 1, 1992, CWIHP virtual archive.

14. NHK 取材班, 『朝鮮戰爭』, Tokyo, 1990, pp. 94-95.

15. Trygve Lie. 『In the Cause of Peace : Seven, Years with the United Nations』, New York, 1954, p. 329.

16. 맥코맥, 『Cold War Hot War』, p. 75.

17. 세부적인 논의에 대해선 맥코맥, 『Cold War Hot War』, pp. 75-84.을 보라

18. Jon Halliday 와 브루스 커밍스, 『Korea—The Unknown War』, London and New York, Penguin Viking, 1988, p. 73.

19. "Linked States Objectives and Programs for National Security, 14 April 1950," Thomas Etzold and John Lewis Gaddis, eds., 『Containment : Documents on American Policy and Strategy, 1945-1950』, New York, 1978, pp. 385-87 ; 또한 커밍스, 『The Origins of the Korean War』, vol. 2, pp. 177-81.에서의 논의를 보라.

20. Anatoly Torkunov, The War in Korea 1950-1953, 『Its Origin, Bloodshed and Conclusion』, Tokyo, ICF Publishers, 2000, p. 88.

21. Lobov, N11K, p. 107에서 인용 ; 또한 Jon Halliday, "Airoperations in Korea : The Soviet side of the story," William J. Williams, ed, 『A Revolutionary War Korea and the Transformation of the Postwar World』, Chicago, Imprint Publications, 1993.을 보라

22. Halliday와 커밍스, p. 132.

23. 이 부대는 후에 해군소장이 된 오쿠보 다케오 大久保가 지휘했다. (大久保, 『海鳴りの日タ』, Tokyo, 1978, 그리고 저자와의 인터뷰들, Tokyo, 1981.)

24. Joseph C. Goulden, 『Korea : the Untold Story of the War』, New York, 1982, p. 49.

25. 커밍스, 『Korea's Place in the Sun』, pp. 290-1.

26. William Stueck, 『Rethinking the Korean War : A New Diplomatic and Strategic

History』, Princeton and Oxford, Princeton University Press, 2002, p. 165.

27. Callum MacDonald, 『Korea: The War Before Vietnam』, Houndmills and London, MacMillan, 1986, p. 132.

28. Ibid., p. 177.

29. Ibid., p. 179.

30. 다음의 간단한 설명에 대한 상세한 자료는 맥코맥, 『Cold War Hot War』, pp. 147-58, 혹은 Lone와 맥코맥, pp. 115-118.에서 찾아 볼 수 있다.

31. Halliday 와 커밍스, pp. 128-29.

32. the Cold War International History Project at the Woodrow Wilson Center in Washington의 후원받아 『Cold War International History Project Bulletin』에서 발표되고, 웹상의 http://vvww.seas.gwu. edu/nsarchive/cwihp에 전재된 Milton Leitenberg 와 Kathryn Wethersby의 다양한 논문을 보라. 또한 Milton Leitenberg, "Resolution of the Korean War biological warfare allegations," 『Critical Reviews in Microbiology』, Vol. 24, No. 31998, pp. 169-194,을 보라. 이 곳에 문서들 전문이 인용되고 있다.

33. Halliday 와 커밍스, p. 185.에서 인용

34. 헨리 키신저 Henry Kissinger, 『Nuclear Weapons and Foreign Policy』, New York, Harper and Brothers, 1957, p. 376.

35. 맥코맥, 『Cold War Hot War』, pp151-154.에서의 논의를 보라.

36. MacDonald, pp. 234-5.

37. Walter Karig, Malcolm Cagle 와 Frank A. Manson, 『Battle Report: The War in Korea』, New York, 1952, pp. 111-112.

38. MacDonald, p. 234.

39. 커밍스, 『Korea' s Place in the Sun』, p. 294.

40. MacDonald, p. 235.

41. 와다 하루키 和田春樹 『朝鮮戰爭全史』, Tokyo, Iwanami 岩波書店, 2002, p. 370.

42. Ibid., p. 391.

43. MacDonald, p. 241.

44. 박명림, 『한국 1950 : 전쟁과 평화』, 서울, 나남, 2002, p. 324. (박명림씨에 따르면 이러한 명령들은 '최고위급'에서 내려졌으며 지리적 지역에 제한되지 않았다.)

45. Ambassador Muccio to U.S. 8th Army commander Lt. General Walton L. Walker, August. 25, 1950, Sang-hun Choe, "1950년의 증언 문서에 따르면 남한 당국은 수천 명의 죄수들을 사살했다", Associated Press, April 21, 2000, http://www.wire.ap.org/Appackages/nogunri/executions.html.

46. Gregory Henderson, 『Korea : The Politics of the Vortex』, Cambridge, Mass., 1968, p. 167.

47. William F. Dean, 『General Dean's Story』, London, 1954, p. 68.

48. John Riley 와 Wilbur Schramm, 『The Reds take a City : The Communist Occupation of Seoul, with Eyewitness Accounts』, New Brunswick, 1951, pp. 35, 65-7, 118.

49. 커밍스, 『The Orgins of the Korean War』, vol 2, pp. 668-73.

50. 1950년 9월에서 10월 한강에 인접한 서울 북쪽의 양평과 두포리에서 북한의 후퇴와 남한의 재점령이 이루어지는 시기에 양측에 의해 저질러진 것으로 생각되는 대량학살과 관련된 UN군 감시단의 증거에 대해선 맥코맥, 『Cold War Hot War』, pp. 141-2을 보라.

51. 박명림, pp. 614-5.

52. T. R. Fehrenbach, 『This Kind of War』, London, 1963, pp.200-201.

53. 커밍스, 『The Origins of the Korean War』, vol 2, p. 702.

54. Ibid., p. 719.

55. Ibid., p. 282.

56. Ibid., p. 721.

57. "Korean Historical Report," War Crimes Division, Judge Advocate Section, Korean Communications Zone, APO 234, Cumulative to 30 June 1953, copy in Australian

Archives, Victorian division, MP 729/8, Department of the Army, Classified Correspondence Files, 1945-1957, File 66/431/25.

58. 예를 들어 「Daily Telegraph」(시드니), October 30, 1953.을 보라.

59. 박명림, p. 324.

60. Extract from the Peach/Rankin report carried in Dispatch by A. B. jamison, Head of Australian Mission in Tokyo, to Can-berra, 10 August 1950, Australian Archives 3123/5, Part 4.

61. Peach, 저자와 인터뷰, 시드니, August 14, 1982.

62. Rankin은 1982년 8월 12일 저자와의 인터뷰에서 자신의 1950년 일기를 언급하면서 이러한 설명을 확인했다.

63. Stephen Simmons (언론인)와 사진작가 Haywood Magee, "War in Korea," Picture Post, vol 48, No. 5, July 195Cp. 17. (사진에 대한 설명은 그 사건을 "유엔 감시단이 조사한 문제"로 기술하고 있다.)

64. Philip Deane, 『Captive in Korea』, London, 1953, p. 83. (1953년 미군 보고서는 알려진 것처럼 북한군 사령부가 대전에서 9월 "가톨릭 미사" 중 대량학살에 대해 책임이 있다고 주장하고 있다.)

65. 박명림, p. 324 (quoting from U.S. National Archives).

66. 노가원, "대전형무소 4천3백 명 학살 사건", 「말」, February 1992, pp. 122-31.

67. 박명림 (p. 337)은 노근리에서 7월 26일에서 29일 사이에 4백 명이 살해됐다는 1950년 8월 10일 「조선인민호」에 실린 북한 보고서를 포함해 자신의 여러 가지 자료 분석을 통해 결론을 내리고 있다.

68. Elizabeth Becker, "군은 한국에서 미군이 시민들을 살해했다는 사실을 확인하고 있다", 「New York Times」, January 12, 2001. 공식 조사 보고서인 "노근리 리뷰 No Gun Ri Review" 전문은 웹상의 http://www.anny.mil/nogunri/.에서 볼 수 있다. 원 조사보고서 저자들은 이 보고서로 퓰리처상을 수상했으며 이어 그것을 책으로 출판했다. Charles J.

Hanley, Sang-Hun Choe, 그리고 Martha Mendoza, 『The Bridge at No Gun Ri—A Hidden Nightmare from the Korean war』, New York, Henry Holt, Owl Books, 2002. 또한 BBC는 이 조사를 훌륭한 텔레비전 다큐멘터리로 제작했다 : "Timewatch: Kill 'em all," January 31, 2002. 또한 브루스 커밍스, "Occurrence at Nogun ri Bridge: An enquiry into the history and memory of a civil war," 「Critical Asian Studies」, vol. 33, No. 4, November 2001, pp. 509-526.

69. NHK, p. 205.에서 인용.

70. Evan Luard, 『A History of the United Nations』, Vol. 1, 『The Years of Western Dominance, 1945-1955』, London, 1982, p. 263

71. 전쟁포로문제에 대해선, MacDonald, pp. 134-146; 또한 와다 하루키의『朝鮮戰爭全史』, p. 342.을 보라.

72. Admiral C. Turner Joy, 『How Communists Negotiate』, New York, 1955, p.152.

73. 개번 맥코맥, "Wilfred Burchett's Thirty Year War: Korea" in Ben Kiernan (ed.), 『The Other Side of the World: The Reporting of Wilfred Burchett, 1939-1983』, London, Quartet Books, 1986, pp.162-211.

74. Halliday와 커밍스, p. 178.

75. 맥코맥, "Wilfred Burchett's Thirty Years War, Korea," p. 175.

76. Rosemary Foot, 『A Substitute for Victory: The Politics of Peace-making at the Korean Armistice Talks』, Ithaca and London, Cornell University Press, 1990, p. 191.

77. 와다, 『朝鮮戰爭全史』, p. 464.

78. 그들의 이어진 운명에 대해선: Foot, p. 196.

79. 맥코맥, "Wilfred Burchett's Thirty Years War, Korea," p.179.

80. Halliday 와 커밍스, p. 180; 맥코맥, 『Cold War Hot War』, pp. 142-5.

81. Halliday 와 커밍스, p. 176.

82. Department of External Affairs, Canberra, to Australian Mission (New York), 3 November 1953. Australian Archives, Al 838/T184, 3123/5/7/2, pt 1.

83. Halliday 와 커밍스, p. 181.

84. Halliday 와 커밍스, pp. 187, 197; 와다, 『朝鮮戰爭全史』, pp. 433ff.

85. MacDonald, p. 192.

86. Foot, p. 191.

87. 박명림, pp. 743-6; Kathryn Wethersby, "North Korea and the Big Brother," Minnesota Public Radio, July 2003,http://www.americannetworks.org/features/korea/c6.html .

88. Ben Fenton, 'Korean War deaths cut," 「Daily Telegraph」, 5 June, 2000 (펜타곤 자료 인용).

● chapter 3

1. 와다 하루키, 『金日成と滿洲抗日戰爭』, 平凡社 Heibonsha, 1992.

2. 普天堡에 대해선, Ibid, pp. 185ff.

3. 브루스 커밍스, 『The Origins of the Korean War』, 2, vols, 1981와 1990, Princeton University Press, vol. 1, p. 402.

4. 초기 수십 년간의 공개적 비밀 시스템에 대한 세부적인 논의에 대해선 로버트 스칼라피노 Robert Scalapino 와 이정식, 『Communism in Korea』, 2 vols., University of California Press 1972, vol. 2, The Society, pp. 818 ff.을 보라.

5. Charles A. Armstrong, "Revolution, subjectivity and self-reliance: North Korea and the world, 1945-2002," Unpublished paper, Cornell University, New York, September 26 2002.

6. 「노동신문」, 「Far Eastern Economic Review」 July 4, 1975.에서 인용.

7. 『The Path of Great Love』, 평양, FLPH, 1977, p. 139.

8. "Introduction," NKnet (북한 민주주의와 인권을 위한 네트워크 Network for North Korean Democracy and Human Rights), http://www.nknet.org/en/book-introduction.php.

9. Marcus Noland, 『Avoiding the Apocalypse: The Future of the Two Koreas』, Washington, D.C., Institute for International Economics, 2000, p. 62.에서 인용

10. Konstantin Pulikovsky, 『Vostochnii Ekspress: Po Rossii's Kim Chen Irom』 (동양특급: 김정일과의 러시아 횡단), Moscow, Gorodets, 2002, p. 46.

11. John Gorenfeld, "The producer from hell," 「The Guardian」 April 4, 2003.

12. 가무라 모토아키 神浦元彰의 "韓半島有事はあるのか" 『マンガガでわかった北朝鮮問題』, Tokyo, マイウェイ出版 Maiwe:shuppan, 2003, pp. 92-99, p. 98.에서 인용. 최은희와 신상옥에 대한 이야기의 주요 출처는, 『闇からの谺 —拉致, 監禁, 脱出』, Tokyo, 2 vols., 池田書店, 1988-9.

13. "Film Guru Shin Sang Ok Tells of Kirn Jong Il," 「Seoul Times」, November 2001.

14. 자신의 키에 대해 무심결에 내뱉는 자기 비하에 대한 언급은 특별한 감성을 암시하고 있다. 신상옥과 최은희는 김정일의 키가 163cm라고 기록하고 있다. 북한 외교관들은 대개 김정일의 키를 170 cm라고 말하고 있다. 남한은 김정일의 키가 167 cm일 것으로 그리고, 김대중은 2000년 회담에서 돌아 온 뒤 김정일의 키가 173 cm되어 보인다고 평가했다. (Pulikovsky, 「Vostochnii Ekspress」, p. 145.) 나폴레옹은 168 cm인 것으로 전해진다. (five foot six inches in British measure).

15. 최은희와 신상옥, vol. 2, p. 279.

16. 최은희와 신상옥, vol. 2, p. 82.

17. 푸틴 러시아 대통령의 극동 연방 지역 특별 보좌 Konstantin Pulikovsky, "Book to shed light on Kirn's visit to Russia," 「Vladivostok News」, March 26, 2003. Pulikovsky의

상세한 설명에 대해선, 「Vostochnii Ekspress」

18. Pulikovsky, Vostochnii Ekspress, p. 59.

19. David R. Sands, "김정일의 식욕은 책을 쓸만한 재료다", 「Washington Times」, July 9, 2003. 후지모토 겐지 藤本健二, 『金正日の料理人』, Tokyo, Fusosha, 2003.을 보라.

20. 伊集院敦, p. 172.

21. Alexandre Y. Mansourov, "Korean Monarch Kim Jong Il: Technocrat ruler of the hermit kingdom facing the challenges of modernity," Nautilus Institute, The DPRK Briefing Book, 2003.

22. 성혜랑의 『北朝鮮はるかなり－金正日官邸で暮らした20年』, Tokyo, 文春文庫, 2003, pp. 400-401.에서 요약. 최근 성혜랑과의 인터뷰에 대해선 Adriana Lee, "Secret Lives," 「Time」, June 30, 2003, pp. 28-33.

23. 성혜랑, pp. 413, 421-3, 458, 471, 500.

24. 伊集院敦, p. 200.

25. "'김정일의 아들' 도쿄의 소프랜드를 시험하다", 「Japan Today」, May 21, 2003.

26. His ring-name was "大同山叉道 ("金正日總書記の妻の父はプロレスラー"「Tokyo Sports」, July 10, 2003.)

27. 와다 하루키, 『北朝鮮―遊撃隊國家の現在』, 岩波書店 Iwanami shoten, 1998, pp. 141ff.

28. Andrew C. Nahm, 『North Korea Today: Her Past, Reality and Impression』, Kalamazoo, 1978, p. 86.

29. Aidan Foster-Carter, "North Korea: Development and Self-Reliance: A Critical Reappraisal," 개번 맥코맥과 Mark Selden 編에서, 『Korea North and South: The Deepening Crisis』, New York, Monthly Review Press, 1978, p. 123.

30. 주체에 대해선 Han S. Park, 『North Korea―The Politics of Unconventional Wisdom』, Boulder and London, Lynne Rienner, 2002.을 보라. 또한 와다 하루키의 『북조선』, pp.

150ff. 을 보라.

31. 김일성, "On the Thirtieth Anniversary of the Korean Workers' Party," October 9, 1975, 평양, FLPH, 1975.

32. Li Jong Ryong, president of Kumsong Political University와 U Dal Ho, director of the Kim Il Sung Party Academy, Pyongyang, March 1982, 『People's Korea』, April17, 1982, p.5. 의 연설

33. 와다, 『金日成と滿洲抗日戰爭』, pp. 6ff; Adrian Buzo, 『The Guerrilla Dynasty: Politics, and Leadership in North Korea』, St. Leonards, New South Wales, Alien and Unwin, 1999.

34. 와다, 『北朝鮮─遊擊隊國家の現在』, pp. 294-5.

35. NKnet, http://www.nknet.org/enknet/ekeys/ekeys6/e-606.htm. 의 어법에서 약간 변형에 인용.

36. 사이토 이치로 劑藤一朗編, ed., 『金正日獨裁國家の正體』, Tokyo, たま出版 Tama shuppan, 2003, pp.116-7.

37. Haruhisa Ogawa, "Correlation between Juche ideology and political prison camps in North Korea," paper presented at First International Conference on North Korean Human Rights and Refugees, Seoul, 1999, http://www.chosunjournal.com/haruhisaogawa.html.

38. 1960년대엔 이 같은 강제 수용소가 2개뿐이었지만 '유일 이데올로기'의 강요와 김정일 승계가 진행되면서 더 많은 강제 수용소가 설치되었다. 1990년까지 북한엔 20개 정도의 강제 수용소가 설치되었다. (윤대일, 『北朝鮮國家安全保衛部─金王朝を支える恐怖の人民抑壓システムの現在』, Tokyo, 文藝春秋, 2003, Hagiwara Ryo역, p. 37.)

39. Thomas Omestad, "Gulag Nation: Unseen by the outside world, North Korea runs vast prison camps of unspeakable cruelty," 「U.S. News and World Report」, June 23, 2003.

40. 윤대일, pp. 40, 192. 또한 강철환과 Pierre Rigoulot의 『The Aquariums of Pyongyang—Ten years, in the North Korean Gulag』, Yair Reiner가 불어로 된 책을 영역, New York, Basic Books, 2001.를 보라.

41. 윤대일, p. 76.

42. Lone와 맥코맥, p. 182.

43. 윤대일, pp. 197-8.

44. 「People's Korea」, April 17, 1982, p. 5.

45. Sheila Miyoshi Yager, "A Vision for the Future; or Making Family History in Contemporary South Korea," 『Positions』,Vol. 4, No. 1, Spring 1996, pp. 31-58, 특히 p. 53.

46. Seki Hiroharu (전 도쿄대 교수이자 일본 평화연구에 지도적 인물), presentation to the International Political Studies Association Conference, Seoul, August 1997. 더 초기의 이 같은 명료한 입장은 Seki Hiroharu, "新しい國際政治を開くジュチュ思想"『Kim Il Sung shugi kenkyu』(Studies in Kimil-sungism, Tokyo, Journal of the Japan Studies in Kimil-sungism Society), No. 53, April 1990, pp. 113-125.을 보라.

47. Han S. Park, p. 63.

48. Han S. Park, pp. 75-82.

49. 최은희와 신상옥에 따르면, vol. 2, p. 268.

50. Deputy Prime Minister Kim Dal Hyon, quoted in Simon Darlin, "North Korea opens cautiously to the West," 「Asian Wall St. Journal」, May 13, 1992.

51. 니시보리 테케미치 西堀岳路, "大學教授, 高官, 强制收容所幹部まで逃げ始めた"「週刊朝日 Shukan Asahi」, February 7, 2003.

52. 서재진, "Class conflict and regime crisis in North Korea," IPSA Conference, Seoul, August 1997.

● chapter 4

1. 伊集院敦, pp. 103, 109.

2. Joan Robinson, "Korean Miracle," 『Collected Economic Papers』,Oxford, B. Blackwell, 5 vols., 1951-1979, vol. 3, p. 208.

3. Gordon White, "North Korean Chuch'e: The Political Economy of Independence," 「Bulletin of Concerned Asian Scholars」, vol. 7, No. 2, April-June 1975, pp. 44-54, at pp. 49,52.

4. Aidan Foster-Carter, "North Korea: Development and Self-Reliance: A Critical Appraisal," 개번 맥코맥과 Mark Selden 編, 『Korea North and South: The Deepening Crisis』, New York, Monthly Review, 1978, pp. 115-149.

5. United States Central Intelligence Agency, National Foreign Assessment Center, 『Korea: The Economic Race between the North and the South』 (ER 78-100008), Washington DC,1978.

6. FAO, 『Yearbook-Production』, vol. 44, 1990, Rome 1991, table17, p. 73.

7. Ibid., table 106, pp. 290-1. Revised figures in the 1991volume at p. 238.

8. 와다 하루키, 『北朝鮮―遊擊隊國家の現在』, pp. 266ff.

9. "白梅の夢―崩壞した主體農法 〔連載〕北朝鮮の素顔(3), 經濟 (2)," 「아사히 신문」, July 23, 2003.

10. Hazel Smith, "Overcoming Humanitarian Dilemmas in the DPRK (North Korea)," United States Institute of Peace, Washington, Special Report No. 90, July 2002, 와 또한 Smith's presentation, "Media myths and the DPRK," to Foreign Correspondents' Club of Japan, Tokyo, May 29, 2003.을 보라.

11. 김재호, "UN Warns of Aid Shortage for North Korea,"「조선일보」, December 9, 2003.

12. Smith, "Media Myths."

13. 伊集院敦, p. 88.

14. Joseph S. Chung, "Economy of North Korea," 『The Far East and Australasia 1990』, London, 1989, p. 539.

15. 백낙청의 『朝鮮半島統一論』, Tokyo, Kurein, 2001, p. 51. 을 보라.

16. 한국은행 평가, 「News Review」 (서울), August 22, 1992, p. 15.

17. Noland, p. 79.

18. Smith, "Overcoming Humanitarian Dilemmas."

19. Estimates by Nautilus Institute and Korea Energy Economic Institute (KEEI), Barbara Demick이 인용, "N. Korea curses the dark," 「Los Angeles. Times」, February 11, 2003.

20. 毛峰 Mao Fang, "中國―北朝鮮關係に變化あるか"「世界」, May 2003, pp. 155-163, at p. 159.

21. 와다, 『北朝鮮―遊擊隊國家の現在』, pp. 234-6 (2000일은 1987-93년 계획에 의해 설정된 목표에 도달하기 위해 최대한으로 노력한 시기를 말한다.)

22. Foster-Carter, p. 140 (footnote).

23. 와다, 『北朝鮮―遊擊隊國家の現在』p. 238.

24. 고영환, 『평양25시―北朝鮮亡命高官の告白』, 德間文庫 Tokuma bunko, 1997. (고영환은 1991년 망명할 때까지 콩고주재 북한 대사관 1등 서기관이었다.)

25. "Ratsiraka: 'Big man' cut to size," BBC News, July 5, 2002.

26. Inagaki Takeshi, 『北朝鮮に憑かれた人タ』, PUP, 2003, p.150.

27. 1997년 연설에서, quoted in Noland, p. 85. 211

28. 伊集院敦, p. 43.

29. 와다, 『北朝鮮―遊擊隊國家の現在』, pp. 244-5, 252.

30. 伊集院敦, p. 57.

31. Ibid., p. 64.

32. Marcus Noland, 『Avoiding the Apocalypse : The Future of the Two Koreas』, Washington, D.C., Institute for International Economics, 2000, p 139.

33. 「아사히 신문」, 15 July 2003.

34. "Pyongyang Square" : http://www.pyongyang-suare.com/economy/sinuiju.html. 에서 인용.

35. "현대 아산의 협력사업", 현대, 서울, July 2003. (2003년 7월 8일 서울에서 인터뷰한 현대 아산 임원에 따르면 자유로운 숙박시설과 요리는 물론 중국어와 한국말 모두 유창한 조선족을 단순 노무는 월 220달러, 버스 운전사와 그 비슷한 업무는 월 330달러에 고용할 수 있다)

36. 현대 아산 임원, op. cit. 37. Ibid.

38. 연간 임대 수입은 1억4천8백만 달러로 추정된다. 伊集院敦, p. 78.

39. 伊集院敦, p. 13.

40. '市長の風, 嫁ざで平價―貧富擴大〔連載〕北朝鮮の素顔 (3), 經濟 (1)', 「아사히 신문」, July 22, 2003.

41. 古谷浩一 Furuya Koichi, '北朝鮮, 闇市場を定式承認', 「아사히 신문」, June 8, 2003.

42. Maxim Kozlov (김영남의 말을 인용하면서), "한 마디로 뭐냐구요? 개혁과 북조선 인민민주주의공화국이죠", 「Business News Bulletin」 (베이징). Vol. 4, No. 27, July 2, 2003.

43. "서구가 압력을 가하자 평양은 중앙 통제를 완화하고 있다" 「Asian Wall St. Journal」, June 20, 2003.

44. Yoshiharu Asano, "북한은 미사일 수출로 2001년에 5억8천만 달러를 벌어들였다", Daily Yomiuri Online, May 13, 2003.

45. 윤대일, pp. 252.

46. 황장엽, "황장엽은 말하고 있다", NKNET (북한의 민주주의와 인권을 위한 네트워크), http://www.nis.go.kr/eng/north/defecto_index.html.

47. 노무라 하타루 野村旗手編, 『北朝鮮利權の眞相』, 別冊宝島, No. 049, 2003, p. 127.

48. Noland, p. 119.

49. 노무라 하타루 野村旗守, p. 127.

50. Richard Paddock and Barbara Demick, "North Korean drug smugglers take aim at Australia," 「Japan Times」, June 5, 2003.

51. 시게무라 도시미츠 重村智計, 『北朝鮮ってどんな國?』, Tokyo, PHP, 2003, pp.38-9.

52. 김아영, "A narcotic state," 「International Herald Tribune」, June 18, 2003.

53. Pulikovsky, pp. 131-2.

54. Alexandre Y. Mansourov, "Korean monarch Kim Jong Il: technocrat ruler of the hermit kingdom facing the challenge of modernity," Nautilus Instiute, The DPRK Briefing Book, July2003.

55. 사카지리 노부요시 坂尻信義, "資金源締め上げへ―ミサイル, 痲藥阻止狙う", 「아사히 신문」, June 3, 2003.에서 인용

56. Noland, p. 121.

57. 고영환, Francis Deron, "China's dilemma as North Korea holds out the begging bowl," 「Le Monde」, October 9, 1991. Ko, 황민기遍 『金日成調書―北朝鮮の支配者 その罪と罰』 (김일성 파일), 光文社에서 인용, 1992, pp.250-303.에서 더 상세히 언급.

58. 와다, 『北朝鮮―遊擊隊國家の現在』, p. 208.

● chapter 5

1. Haksoon Paik, "What to do with the ominous cloud over the Korean peace process?" Northeast Asia Peace and Security Network, 특별 보고서, February 19, 2002, ftp://ftp.nau-tilus.org/napsnet/special_reports/paik_DPRKbush.txt.

2. "North Korean economic survey team to visit South Korea," AP, 서울, October 24, 2002.

3. 서울의 통일부에 따르면 2002년 남한은 1만13 달러 북한은 762달러. ("北朝鮮危機50年目の緊張(3)—國論割れる韓國",「니혼게자이 신문」, 25 July 2003.)

4. 백낙청, "Habermas on National Unification in Germany and Korea,"「New Left Review」, No. 121, September-October 1996, p.18.

5. Victor Cha and David C. Kang, "The Korea Crisis,"「Foreign Policy」, May-June 2003, pp. 20-28, at p. 24.

6. 「Financial Times」, November 8, 2002.

7. 林東源韓國大統領特使, Joseph Coleman, "South Korea struggles with diplomatic role," AP, 서울, January 30, 2003,에서 인용.

8. Kiyoshi Hasaba, "Resume Japan—N. Korea talks anytime possible,"「아사히신문」, February 8, 2003.

9. "South Korea stopped US strike on North Korea: former president," Agence France Presse, 서울, May 24, 2000.

10. Don Oberdorfer, 『The Two Koreas: A Contemporary History』,London 1998, p. 324.

11. "Possible high casualties mute war talk versus North Korea,"「The Korea Herald」, December 19, 2002.

12. "The Two Koreas,"「Newsweek」, December 23, 2002.

13. Howard French, "Seoul vote hinges on relations with north,"「International Herald Tribune」, December 19, 2002.

14. BBC, September 25, 2003. 인용.

15. Chalmers Johnson, "Korea, South and North, at Risk," Japan Focus, April 2003, http://www.japanfocus.org/032.html.

16. 神浦元彰 의 "韓半島有事はあるのか", Himuki Fuminori 編, 『マンカガでわかつた北朝鮮問題』,Tokyo, マイウェイ出版 , 2003, pp.92-99, at p.93.

17. Richard Perle (인터뷰), "國運に力も意思もない—北朝鮮には壓力", 「아사히 신문」, May 1, 2003.

18. Kamoura, p. 93.

19. Sir Hugh Cortazzi (British ambassador to Japan, 1980-84), "Pyongyang—Keep the gloves on for now," Japan Times, July 2, 2003.

20. "Military comes first—no matter what," 「아사히 신문」, June 28-29, 2003.

21. Colin Robinson and Stephen H. Baker, "Stand-Off with North Korea: War Scenarios and Consequences," Center for Defense Information, Washington, May 9, 2003, http://www.cdi.org/index.cfm. 또한 John Feffer, "Is North Korea Next?" 「Foreign Policy in Focus」, March 24, 2003, 과 Chalmers Johnson, "Korea, South and North, at Risk." 을 보라.

22. Charles P. Vick, "Nodong," Federation of American Scientists, updated May 13, 2003, http://www.fas.org/nuke/guide/dprk/missile/nd-1.htm.

23. John Pike, Director of the Federation of American Scientists' space program, quoted in "Satellite photos show N. Korean launch site to be primitive," 「Korea Times」, January 12, 2000.

24. Webmaster와 Tim Brown, "No-dong, N40°51'17" E129°9'58", Federation of American Scientists, updated March 25, 2000, http://www.fas.org/nuke/guide/facility/nodong.htm.

25. Webmaster와 Tim Brown, cit.

26. Leon V. Sigal, "The method to the madness," 「Newsweek」, October 9, 1999.

27. Webmaster와 Tim Brown, http://www.fas.org/nuke/guide/facility/nodung.htm.

28. "北朝鮮 'ノドン' 200基?", 「아사히 신문」, April 25, 2003.

29. 에야 오사무 惠谷治, 오타 히로유키 大田啓之가 인용, "ノドン發射への手入て", 「Aera」, April 7, 2003, pp. 83-85, at p. 84.

30. Ota Hiroyuki, p. 84.

31. The Brookings Institution, Center for Northeast Asian Policy Studies, 2003 Spring Forum, "Tension on the Peninsula: Korea, Northeast Asia, and the United States," Washington D.C., April 24, 2003.

32. David C. Wright, "Assessment of the N. Korean missile threat,"DPRK Briefing Book, Nautilus Institute, March 18, 2003. 215

33. Richard V. Alien, "韓國よ! 北朝鮮の'通譯'になるか, アメリカ同盟の國になるのか選擇せよ", 「Sapio」, October 8, 2003, pp. 8-10.

34. 「Yomiuri Daily News」, January 11, 2003.

35. Takao Hishinuma, "US, ROK divided on North Korea," Daily Yomiuri Online, January 10, 2003.

36. Don Kirk, "Seoul advises patience on North," 「International Herald Tribune」, December 11, 2002.

37. Meredith Woo - 커밍스, "South Korean anti-communism,"Japan Policy Research Institute (San Diego), Working Paper No. 93, July 2003.

38. "North Korean ties at a crossroads," 「Asian Wall St. journal」, December 16, 2002.

39. "New poll paints U.S. as arrogant superpower,"「Japan Times」, June 19,2003.

40. "North Korean ties at a crossroads," 「Asian Wall St. journal」, December 16, 2002.

41. Takuji Kawata, "Challenge of America Nukes North's hedge against U.S. attack," Daily Yomiuri Online, January 11, 2003.

42. Anthony Faiola, "Yearning for unification eclipses fear of aggression," 「Japan Times」, September 12, 2003.

43. "Korean leader Roh gambles on risky vote of confidence,"Agence France-Presse, October 10, 2003.

44. Moon Ihlwan 와 Brian Bremmer, "The other Korean crisis,"「Business Week」,

January 20, 2003.

45. Alexandre Y. Mansourov, "Security dilemma, war trap, and the South protectorate over the North," Northeast Asia Peace and Security Network, Special Report, February 10, 2003, http://nautilus.org/for a/security/02138A_Mansourov.html.

● chapter 6

1. 다양한 일본 미디어 자료, 특히 2003년 9월 13, 15 그리고 28일자「아사히」사설

2. 일본 내 한국인 학교에 다니는 2만7천 명의 학생들을 조사한 결과 자신을 방어할 수 없으며 특히 악영향을 받을 수 있는 소녀와 어린 소년들과 함께 있을 때 욕설이나 공격을 받았던 적이 있는 사람은 20%이하로 나타났다. (후지타 유타카 藤田裕, "在日朝鮮人の子供たちに對する嫌がらせ實態調査",「世界」, October 2003, pp. 248-254.)

3. 이에 대한 흥미로운 견해는 "Struggle for control of development project,"「Weekly Post」, September 23-29, 2002.을 보라.

4. "Pyongyang Declaration," September 17, 2002, http://www.mofa.go.jp/region/asia-paci/n_korea/pmv0209/pyongyang.html.

5. 「한겨레 신문」, September 18 and 24, 2002, 참조. 윤건차, "それでもゆっぱり日朝の正常化を"「주간금요일」, October 18, 2002, p. 10.을 보라.

6. 와다 하루키, "北朝鮮のペレストロイカは成功するか 북조선이 개혁을 성공할 수 있을까?"「세계」, November 2002, http://japanfocus.org/005.html.

7. Daily Yomiuri Online, September 30, 2002.

8. "引き上げられた武裝工作船, 大解剖", 에야 오사무, 『世界テロ戰爭』, 도쿄, 小學館, 2003, pp.8-9.에서 그 배와 그 세부 내용들.

9. 1997년 남한으로 망명한 국제문제를 담당하고 있는 조선 노동당 비서 황장엽에 따르면, "간첩의

모든 임무는 그의 승인을 받아야 한다. 따라서 중요한 테러 공격은 분명 그의 지시에 따라 이루어진다. 김정일은 테러리즘의 귀재다." 1987년 KAL기 폭파로 유죄선고를 받은 김현희도 김정일이 공격 명령을 했으며 그것은 서울에서 열리게 될 올림픽 경기를 망치기 위해 테러 분위기를 조성하기 위해 계획되었다고 주장했다. 「Far Eastern Economic Review」, October 15, 1998.

10. 2002년 10월 3일 NHK 텔레비전 뉴스에서 가족 대표들 중 한 명의 말.

11. 납치에 대한 공식 보고서와 의혹을 받고 있는 40명의 추가적 피랍자 명단에 대해선 the Asahi site, http://www.asahi.com/special/abductees/report.html(downloaded June 5, 2003).을 보라.

12. Korean Institute for National Unification (서울), 「White Paper on Human Rights in North Korea」, 2001, p. 118.

13. 자민당 가네마루 신이 1990년 각 정당 대표 국회의원들을 이끌고 평양으로 갔을 때 논의 되었던 액수가 80억 달러다 : 「아사히 신문」, September 16, 2002. 미국무성 대표 리처드 아미티지는 2002년 8월 27일 도쿄에서 고이즈미를 만났을 때 1백20억 달러가 적절한 액수라고 말했던 것을 전해지고 있다. : 「Weekly Post」, September 9-15, 2002.

14. 북한 언론 매체에서 인용, 伊集院敦, p. 127.

15. At an electoral meeting, 「마이니치 신문 毎日新聞」, October 14, 2002.

16. 야마즈미 마사노리 山口正紀, 「주간 금요일」, September 27, 2002.

17. 福田康夫 관방장관, October 24, 2002,http://www.mofa.go.jp/region/Asia-paci/n_Korea/ccs0210.html.

18. 소가 히토미와 그녀의 미국인 남편인 찰스 젠킨스의 17살과 19살 짜리 두 딸은 다르다. 그들은 소가 히토미가 일본으로 떠날 때 공항까지 어머니를 배웅했으며 자신들의 아버지와 함께 2003년 초 일본 언론인들을 만났었다.

19. 상세한 설명은 와다 하루키의 "拉致問題の交渉を打開する道", 明石康編『どうなる日朝國交交渉』, 彩流社, 2003, pp. 22-29, at p.24-5, 혹은"Recovering a Lost Opportunity : Japan-North Korea negotiations in the wake of the Iraq crisis," translated from May

2002 Sekai by Mark Caprio, Japan Focushttp://japanfocus.org/036.htm.을 보라.

20. November 14, 2002, 와다의 "Ratchi mondai." p25.에서 인용.

21. 「아사히 신문」, October 18, 2002.

22. 「아사히 신문」, October 23, 2002.

23. 「아사히 신문」, April 16, 2003.

24. NHK Documentary, "拉致." September 21, 2003.

25. 1984년 이후 발표된 북한 관련 서적의 전반적 목록은 와다 하루키와 高崎宗司Takasaki Soji 編., 『北朝鮮本をどう讀むか』, 明石書店, 2003, pp. 198-233.을 보라.

26. 大田修 Ota Osamu, "非政治的哲學者を裝う大物亡命者" 와다와 高崎編, pp. 80-91, at p. 91.

27. 박용연, 북조선외무성 제4국부국장, "拉致を認め, 經濟協力方式を採 '經濟困難' による讓 步ではない", 「주간금요일」, December 13, 2002, pp. 20-21.

28. 이 같은 행동들은 1994년 핵 교착상태, 1998년 북한의 대포동 미사일 발사와 2002년에서 2003년 사이 납치와 핵 위기 같은 한국의 위기 시에 발생하는 경향이 있다.

29. 오와쿠 마사시 大和久將志와 토야마 토시키 外山俊樹, "'北朝鮮は威脅'の" 「Aera」, April 14, 2003, pp. 19-21.

30. Okonogi Masao of Keio University, Owaku and Toyama, p. 20.에서 인용.

31. "朝鮮の行爲, ほとんど暴力團", 「아사히 신문」, June14,2003.

32. 국제판, June 10, 2002.

33. Zaimay Khalilzad et al., "The United States and Asia: toward a New U.S. Strategy and Force Posture" ["The Rand Report"], Washington, 2001, p. 15.

34. Institute for National Strategic Studies, "The United States and Japan: Advancing toward a Mature Partnership," Washington, National Defense University, October 11, 2000, commonly known as the "Armitage Report," http://www.ndu.edu/ndu/srjapan.html.

35. The National Security Strategy of the United States of America,"September 17, 2002, http://www.whitehouse.gov/nsc/nss.pdf.

36. 나의 『The Emptiness of Japanese Affluence』, New York, 2001.의 수정판 2판 서문을 보라.

37. Asai Motofumi, "The Bush strategy and Japan's war contingency laws," 「Japan Focus」, posted June 2, 2003, http://www.zmag.org/content/showarticle.cfmPSectionID=44&ItemID=3713.

38. For Taniguchi and Takeoka: 「世界」, July 2002, and 「日本の進路」, March 2002.

39. Terashima Jitsuro, "'謎の作品' 1938 年爲に', 「세계」, August 2002, and "Japan should not follow U.S. logic of force," 「아사히 신문」, July 13, 2003.

40. "危うい正義に警戒心", 「아사히 신문」, September 4, 2002.

41. 伊田浩之 Ida Hiroyuki, "日本ネオコンの 素顔", 「주간 금요일」, April 18, 2003, pp. 26-7.

42. 나카니시 中西는 문학 평론가 후쿠다 카즈야 福田和也와 함께 "Nuclear Declaration for Japan" in the January2003 issue of the journal 「Voice」.를 발표했다.

43. 영향력있는 우익 잡지「Sapio」 2003년 6월 11일판은 "金正日の核には核を"(김정일의 핵무기를 핵무기로 처리하라).의 주제에 할애 되고 있다. 「아사히 신문」의 조사 (March 30, 2003)에 따르면 국민의 43%가 "전쟁 위험"이 있다는 견해가 갖고 있으며 이 수치는 2002년에 조사한 것보다 12% 늘어난 수치였으며, 분명 북한이 염두에 두고 있는 유일한 국가다. 2002년 9월 위협 인식에 대한 국제적 조사에 따르면 미국에서 이라크를 위협으로 인식한 비율이 29%였던 데 비해 일본에선 북한을 위협으로 인식하는 경우가 49%였다. 일본 국민이 위협으로 인식하고 있는 비율은 분명 그 이후로 증가하고 있다 (「아사히 신문」, September 4, 2002).

44. 노로타 野呂田와 니시무라 西村에 대해선 나의 "New tunes for an old song: nationalism and Identity in Post-Cold War Japan,"in Roy Starrs, ed. 『Nations under Siege: Globalizalion and Nationalism in Asia』, New York and Basingstoke, 2002, pp.137-

168, p. 151을 보라; 후쿠다 福田와 아베 安倍에 대해선: 「世界」, August 2002, pp. 53-4; 오사와 小擇에 대해선: 「주간금요일」, June 7, 2002, p. 8.을 보라.

● chapter 7

1. Halliday와 커밍스, pp. 128, 163.

2. A. J. Mazarr, North Korea and the Bomb: A Case Study in Non-proliferation, London, Palgrave Macmillan, 1995, pp. 16-19.

3. 1994년 그곳을 방문한 미국 핵 전문가가의 설명과 사진에 대해선 Robert Alvarez,"North Korea: No bygones at Yongbyon," 「Bulletin of the Atomic Scientists」, July/August 2003, pp. 39-45.을 보라.

4. 이종원, "韓半島脫冷戰への道"「세계」,November 2003, p. 162.

5. Oberdorfer, p. 261.

6. 이종원.pp. 154-172, p. 160.

7. 이종원, p. 160. 신기술들에 대해선 Oberdorfer, pp. 270-271.

8. 당시 주한미군 총 사령관 Gary Luck장군의 평가, Oberdorfer, p. 324.

9. "Agreed Framework between the DPRK and the US," Geneva, October 21, 1994, http://www.kimsoft.com/2002/geneva-1994.htm.

10. Oberdorfer, p. 336.

11. Oberdorfer, pp. 289-290.

12. William J. Perry, "Review of United States Policy toward North Korea: Findings and Recommendations," October 12, 1999, http://www.state.gov/www/regions/eap/991012_northkorea_rpt.htmls.

13. Selig Harrison, 「Korean Endgame: A Strategy for Reunification and U.S.

Disengagement』, Princeton and Oxford, Princeton University Press, 2002, pp. 229–230.

14. US Department of State, 『Patterns of Global Terrorism 2001』,Washington, Department of State, 2002.

15. Powell to a Senate Foreign Relations Committee hearing, February 5, 2002, http://www.armscontrol.org/factsheets/dprkchron.asp.

16. 『The Right Man: The Surprise Presidency of George W. Bush』, New York, Random House, 2003.

17. International Court of Justice, advisory opinion on the legality of the threat or use of nuclear weapons, July 9, 1996, paragraph97, http://www.mint.gov.my/policy/treaty_nuclear/icj9623_nucthreatopinion.htm.

18. Paul Rogers, "Iran and North Korea: The Next targets?" Open Democracy, October 15, 2003, http://www.opendemocracy.net.

19. Alexandre Mansourov, "The Kelly Process," Nautilus Institute, October 22, 2002, http://www.nautilus.org/fora/security/0206A_Alexandre.html.

20. "From Iraq to North Korea? Hyped Intelligence," 『The Oriental Economist』, July 23, 2003.

21. 神浦元彰 의 "韓半島有事はあるのか"『マンカガでわかった北朝鮮問題』, Tokyo, マイウ エイ出版 , 2003, pp. 92-109, at p. 97.

22. "North: Uranium Device Not Used," 「아사히 신문」, October29,2002.

23. Kenneth Quinones, "Beyond collapse, continuity and change in North Korea," unpublished paper, Korean Peninsula Pro-gram Director, International Center, Washington, D.C.,November 2002.

24. KEDO는 남한과 일본이 자금을 모두 지원하지만 미국 행정부 관리자가 주도하고 있다.

25. Global Security Newswire, October 25,

2002,http://www.nti.org/d_newswire/issues/2002/10/25/4s.html.

26. 유재석, "S. Korean envoys to head north for talks," Associated Press, January 24, 2003.

27. Ann Marie Pecha, "North Korea 11: Pyongyang Never Admitted Nuclear Program, Expert Says," Global Security Newswire, November 15, 2002, http://www.nti.org/d_newswire/issues/2002_ll_15.html.

28. Don Oberdorfer, "My private seat at Pyongyang's table,"「Washington Post」, November 10, 2002.

29. "S. Korea rift widens over Pyongyang nuclear program,"Agence France-Presse, October 25, 2002.

30. Ibid.

31. Richard Armitage「아사히 신문」에 인터뷰, interviewed in Asahi shimbun, January 17,2003. 또한 Sakijiri Nobuyoshi, "火力轉換强める米對北朝鮮發電所建設"「아사히 신 문」, January 23, 2003.

32. Hartcher와 Taylor, cit.

33. Ibid.

34. State of the Union address, January 29, 2003,http://www.whitehouse.gov/news/releases/2003/01/20030128-19.html.

35. KCNA (평양), January 28, 2003.

36. Peter Hartcher와 Lenore Taylor, "UN engulfed in twin Iraqiand Korean crises," 「Australian Financial Review」, February 14,2003.

37. Colum Lynch, "UN Council stalled in N. Korea,"「Washington Post」, April 10, 2003.

38. Joseph Coleman, "Korean nuke issue seen as new flash-point," Associated Press, Seoul, February 11, 2003.

39. Statement by the Korean Anti-Nuke Peace Committee, Pyongyang, January 28, 2003, Nautilus Institute, Special Report, February 7, 2003, http://nautilus.org/pub/ftp/napsnet/special_reports/KANPC-3critical2.txt.

40. "A long bumpy road,", 「아사히 신문」, April 25, 2003. 사실에서 인용

41. "Military-first ideology is an ever-victorious banner of our era's cause of independence," Nautilus Institute, Northeast Asia Peace and Security Network, Special Report, April 11, 2003.

42. Nicholas D. Krist의 "North Korea's nukes," 「International Herald Tribune」, April 30, 2003.에서 인용

43. Kenneth C. Quinones, 北朝鮮の核危機 ― 最終局面で何グ起きるり, 「세계」, April 2003, pp.119-133, at p.122.

44. Takao Hishinuma, "US, ROK divided on North Korea," Daily Yomiuri Online, January 10, 2003.

45. Desaix Anderson, "Crisis and North Korea: The US Strategic Future in East Asia." Nautilus Institute, Policy Planning Online, March 27, 2003.

46. 전주한미대사인 이러한 중국의 역할을 강조한다; 「니혼게이자이 신문」, July 27, 2003.에서의 인터뷰를 보라.

47. 「아사히 신문」, April 29, 2003.

48. 외교소식통을 인용해 「요미우리 신문」이 편집한 것처럼, "北の '身勝手' 4단계", 「요미우리 신문」, June 27, 2003. 또한 "北朝鮮, '不可侵約束' を", 「아사히 신문」, April 29, 2003.을 보라.

49. Steven R. Weisman, "U.S. scoffs at latest offer from North Korea," 「International Herald Tribune」, April 30, 2003.

50. Howard H. Baker, interview, daily Yomiuri Online, May 5, 2003.

51. 北朝鮮取材班, "核兵器保有の衝撃" 「Aera」, May 12, 2003, pp.8-10.

52. David Wall, "Kelly's 'fairies' threaten peace," 「Japan Times」, May1, 2003; see also Gregory Elich, "The Nuclear Frame-up of North Korea", Centre for Research on Globalization, July 4, 2003,
http://www.globalresearch.ca/articles/EL1307A.html.

53. 「아사히 신문」, April 26, 2003.

54. Jonathan Pollack, "The United States, North Korea, and the end of the Agreed Framework'," 『Naval War College Review』,Summer 2003, vol. LVI, No. 3,
http://yaleglobal.yale.edu/about/pdfs/USnorthKorea.pdf.

55. Christopher Torchia, "South Korea's Prime Minister does not believe the north has nukes," Associated Press, Seoul, February 11, 2003; Jae-Yun Shim, "Roh not sure of North Korea's nuke possession," 「Korea Times」, June 2, 2003.

56. David E. Sanger, "U.S. fears warhead gains by Pyongyang," 「Sydney Morning Herald」, July 2, 2003.

57. Julian Borger와 Jonathan Watts, "North Korea offers to lift nuclear threat,"
「Guardian Weekly」, May 1-7, 2003.

58. Curt Weldon, "A North Korea Peace Initiative," Foreign Policy Research Institute, June 26, 2003, http://www.fpri.org.

59. 「아사히 신문」, June 4, 2003.

60. BBC Monitoring, Seoul, October 21, 2003.

61. "Talking it out in Korea," editorial, 「Boston Globe」, June 15,2003.

62. William J. Perry, "It's either nukes or negotiation," ed., 「Washington Post」, July 23, 2003.

63. Thomas E. Ricks 와 Glenn Kessler, "U.S., N. Korea drifting toward war, warns Perry," 「Washington Post」, July14,2003.에서 인용.

64. Marian Wilkinson, "US prepares to open door to flood of North Korean refugees,"

「Sydney Morning Herald」, July 30, 2003.

65. Martin Chulov and Cameron Stewart, "North Korean scientists defect," 「Weekend Australian」, April 19-20.

66. C. Kenneth Quinones, "The North Korea Nuclear Crisis : Contingency Planning for the 'End Game'," Unpublished Paper, International Center, Washington, January 6, 2003.

67. Chulov and Stewart, cit.

68. "From Iraq to North Korea : Hyped intelligence," 「The Oriental Economist」, July 23, 2003.

69. On "Operations Plan 5030," see Bruce B. Auster 와 Kevin Whitelaw, "Upping the ante for Kim Jong Il," U.S. 「News and World Report」, July 21, 2003.

70. Australian Department of Foreign Affairs and Trade, "Proliferation Security Initiative, Brisbane Meeting, July 9-10, 2003." Countries involved : Australia, France, Germany, Italy, Japan, the Netherlands, Poland, Portugal, Spain, the UK, and the United States. http://www.dfat.gov.au/globalissues/psi/.

71. 합법적인 적송품인 스커드 미사일을 적재하고 예멘으로 향하던 북한 화물선 소산은 2002년 12월 아프리카의 모래톱 선단에서 600마일 떨어진 곳에서 미국의 요청으로 스페인 해군이 승선해 잠시 억류되었다.

72. Seymour Hersh, "The Cold Test What the administration knew about Pakistan and the North Korean nuclear program," The New Yorker, January 20, 2003. http://www.newyorker.com/printable/?fact/030127fa_fact.

73. "Top US official slams North Korea, demands end to nuclear drive," 「Agence France-Presse」, July 31, 2003.

74. Michael E. O'Hanlon, Susan E. Rice, and James B. Steinberg, "The New National Security Strategy and Preemption,' Policy Brief No. 113, Brookings Institution, July

2003, http://www.brookings.edu/comm/policybriefs/pbll3.htm.

75. "Peace Process: Japan push for U.S. to heed North Korea's 8-point plan," 「아사히 신문」, June 13, 2003.

76. Masaru Honda, "Japan must have its own scenario on North Korea," 「아사히 신문」, June 13, 2003.

77. "Tokyo eyes no-war pledge, aid," 「아사히 신문」, August 15, 2003.

78. 베이징과 평양 간의 연락에 대해선 "Hu Jintao writes to Kim Jong-il to open door to six-party talks," 「Hong Kong Economic Journal」, September 5, 2003, 을 보라. http://www.nautilus.org/pub/ftp/napsnet/special_reports/HuJinTao-I.etter.txt. 에 전재

79. "DPRK Puts Forward 'Package of Solutions' to Nuclear Crisis," Korean Central News Agency, August 29, 2003, reproduced in Nautilus Institute, Northeast Asia Peace and Security Net-work, Special Report, September 5, 2003, http://www.nau-tilus.org/pub/ftp/napsnet/special_reports/DPRK-PackageSolution.txt.

80. "ドキュメント激動の南北朝鮮—6者協議の成果とは?" 「世界」, November 2003, pp.165-172, at p. 169.

81. "South Korea, Russia wants diplomatic push, China blames US Policy," 「Agence France-Presse」, September, 1 2003.

82. 이 프로젝트에 대해 Exxon Mobil은 부시 행정부에 공격적으로 로비를 벌리고 있는 것으로 전해지면, 이 프로젝트는 4년에 걸쳐 5억 달러에서 40억 달러에 이르는 투자가 필요하게 될 것이며 공화당 의원 Kurt Weldon 은 프로젝트를 촉진하기 위해 계획된 2003년 10월 방문시 평양애서 김정일과 서울에서 노무현 대통령과 면담할 예정이었다. (Kwon Sun Taek, "US seeking to provide Sakhalin natural gas to North Korea," 「동아일보」, September 29, 2003.)

83. Alexandre Mansourov, "The North Koreans have come to the nuclear Rubicon now," Nautilus Institute, April 23, 2003.

84. Tetsuya Hakoda, "North Korea plays wild card,"「아사히 신문」, October 19, 2002.

85. Mansourov, "The Kelly Process," p. 3. See also Andrew Mack,"North Korea's Latest Nuclear Gambit," Nautilus Institute, Special Report, 21 October 2002.

86. "Endgame in Korea,"「The Nation」, November 18, 2002.

● chapter 8

1. Maurice Strong, special adviser to UN Secretary General. Kofi Annan, quoted in Tracy McVeigh, "North Korea and the US on a slide towards conflict,"「The Observer」, April 6, 2003.

2. R. James Woolsey (CIA director between 1993 and 1995)and Thomas G. McInerney (retired three-star Air Force lieutenant general and former assistant vice chief of staff), "The next Korean War,"「The Wall Street Journal」, August 5, 2003.

3. 이시쿠라 아야코 石倉綾子, "戰前思わせる, 北朝鮮の生活 (聲)",「아사히 신문」(Nagoya), January 23, 2003.

4. C. Kenneth Quinones, "Dualism in the Bush Administration's North Korea policy," February 2003, unpublished article("for「Asian Perspective」"), International Center, Washington.에서 인용

5. Xu Wenji, professor of the North-East Asia Research Institutein the Jilin provincial capital Changchun, Hamish McDonald, "The rogue next door,"「Sydney Morning Herald」,February 22, 2003.에서 인용

6. 1991년 걸프전 당시 DU(열화우라늄탄) 300톤이 사용되었고 아프가니스탄에선 700톤이 사용

된 것으로 추정된다. 북한 지하 깊이 건설된 시설들은 거의 틀림없이 D. U. 형 무기에 대한 사용
을 요구하게 될 것이다. 227

7. 와다 하루키, "East Asia and the Cold War: Reinterpreting its meaning in the new mil-
   lennium/" Chung-in Moon, Odd Arne Westad and Gyoo-hyoung Kahng, eds.,
   『Ending the Cold War in Korea: Theoretical and Historical Perspectives』, 서울, 연세
   대학교, 2001, pp. 69-88. 또한 와다의 "The Era of Northeast Asia,"「한겨레 신문」, 서울,
   March 10, 2003, "Japan Focus,"http://www.japanfocus.org, 와 그의 『東北アジア共同
   の家』, 平凡社 Heibonsha, 2003에서 영어 번역; 또한 姜尙中의 『東北アジア共同の家をめ
   ざして』, Heibonsha, 2001.을 보라.

8. "Asia Cooperation Dialogue," Chiang Mai, June 21, 2003. 또한 다나카 사카이 田中宇
   Tanaka Sakai, "靜かになるアジアの統合", "田中宇の國際ニュース解說", July 18, 2003,
   http://tanakanews.com.을 보라.

9. 이종원, "'東北アジア圈' 展望關け", 「아사히 신문」, June 4, 2003.

10. 노무현 북경청화대학에서의 강연, 베이징, July 9, 2003.

● Books

1. Ilbon chegukjui ui hyonhwang, Seoul, Han Madang, 1984, translated by Baek Kye-Moon. (Japanese Imperialism Today: Co-prosperity in Greater East Asia, co-authored with Jon Halliday, London and New York, Penguin and Monthly Review Press, 1974).

2. Nambukhan ni Pikyo Yongu, Seoul, Ilwon, 1988, translated by Chang Ul-byong et al. (Korea North and South, co-edited with Mark Selden, New York, Monthly Review Press, 1978).

3. Ilbon - Houl-ppunin P'ung-yo, Seoul, Changbi, 1998, translated by Han Kyung-koo and others. (The Emptiness of Japanese Affluence, Armonk, New York: M.E. Sharpe, 1996).

● Journal Articles

• The deaths of Korean B and C class war criminals according to Australian court records', Shin Dong, April 1992, pp.528
• Ilbonsahoesimch'ung kujokukjehwa', ChangjakPipyong, vol. 22, no 2, 1994, pp. 122
• Chap'e Sahoe Puk'an ui Amnal Un,' Chayu Kongnon, July 1995, pp. 220('Kim Country: Hard Times in North Korea', New Left Review, no 198, March1993, pp. 21
• 'Ilbon "Chayu-ui sagwan"-ui chongche', Ch'angjak kwa Pi'pyong, No 98, December 1997, pp. 75-94.

• 'Ilbon-ui "ch'or-ui samgak kujo"'

• Ch'angjak-kwa Pip'yong, No.116, (Summer 2002), pp.68-85.

• Bushiwi segyewa Koizumiwi Ilbon," Ch'angjak kwa pip'yong, vol. 32, No 2, (Issue No. 124), May 2004, pp. 393-402. ("Boots, Billions, and Blood: Koizumi's Japan in Bush's World")

• (with Wada Haruki), "The Strange Record of 15 Years of Japan-North Korea
• Negotiations," at http://pressian.com

범죄국가, 북한 그리고 미국

초판 1쇄 발행일 2006년 8월 1일
초판 2쇄 발행일 2006년 8월 15일

지은이 | 개번 맥코맥
옮긴이 | 박성준
펴낸이 | 채계병
펴낸곳 | 이카루스미디어

출판등록 제8-386호 2002년 12월 10일
122-080 서울특별시 은평구 신사동 32-8호
전화 : (02)303-7611 팩시밀리 : (02)302-9848
E-mail : icarusmedia@naver.com

ISBN 89-956395-3-9 03340
값은 뒤표지에 있습니다. 잘못된 책은 구입하신 곳에서 바꿔드립니다.